Prüfungsbuch für Friseure

Wiggelinghoff · Buhmann

2. Auflage

VERLAG EUROPA-LEHRMITTEL · Nourney, Vollmer GmbH & Co. KG
Düsselberger Straße 23 · 42781 Haan-Gruiten

Europa-Nr.: 62722

Autoren:
Bernhard Wiggelinghoff, Datteln
Gero Buhmann, Recklinghausen

Verlagslektorat:
Thorsten Lemanski, M. A.

Illustrationen:
Gabriele Timm, 41564 Kaarst

Technische Zeichnungen:
Wolfgang Herzig, 45134 Essen
Henriette Rintelen, 42555 Velbert

Fotografien:
Guido Adolphs, 42899 Remscheid

Das vorliegende Buch wurde auf der **Grundlage der neuen amtlichen Rechtschreibregeln** erstellt.

2. Auflage 2007
Druck 5 4 3 2 1
Alle Drucke derselben Auflage sind parallel einsetzbar, da sie bis auf die Korrektur von Druckfehlern untereinander unverändert sind.

ISBN 978-3-8085-6273-4

Alle Rechte vorbehalten. Das Werk ist urheberrechtlich geschützt. Jede Verwertung außerhalb der gesetzlich geregelten Fälle muss vom Verlag schriftlich genehmigt werden.

© 2007 by Verlag Europa-Lehrmittel, Nourney, Vollmer GmbH & Co. KG, 42781 Haan-Gruiten
http://www.europa-lehrmittel.de

Umschlaggestaltung: Grafik & Sound, Klaus Gierden, 50679 Köln
Satz: Satz+Layout Werkstatt Kluth GmbH, 50374 Erftstadt
Druck: Konrad Triltsch, Print und digitale Medien GmbH, 97199 Ochsenfurt-Hohestadt

Vorwort

Das vorliegende Prüfungsbuch soll Ihnen dabei helfen, sich auf die Zwischenprüfung und die Gesellenprüfung im Friseurberuf vorzubereiten. Es beinhaltetet den Lehrstoff aller Prüfungsfächer und der Fachmathematik, die integrierter Bestandteil der Prüfungen in den Fächern „Technologie" und „Beraten und Verkaufen" ist.

Die Seiten sind durchgehend in zwei Spalten gegliedert. Die linke Spalte enthält die Fragen und Aufgaben; in der rechten Spalte sind die entsprechenden Antworten bzw. Lösungen zu finden. Auf diese Weise ersparen Sie sich das lästige Nachschlagen in einem Lösungsteil am Schluss des Buches.

Am besten lernen Sie, indem Sie die rechte Spalte mit dem beiliegenden Lesezeichen abdecken und versuchen, die Antwort selbstständig zu geben. Um zu überprüfen, ob Sie richtig liegen, decken Sie die entsprechende Antwort auf.

Natürlich können Sie auch die Fragen und dazugehörigen Antworten erst einmal lesen und in einem zweiten Durchgang die zweite Spalte verdecken.

Darüber hinaus sind die Antworten in der Regel so formuliert, dass sie ohne die Fragen verstanden werden können. Der Abfolge der Themen ist in sich logisch. Sie können also auch lernen, indem Sie nur die rechte Spalte wie ein Fachbuch lesen.

Die Lösungen der Multiple-Choice-Fragen sind direkt am Ende des Fragenblocks aufgeführt, sodass auch hier ohne großes Nachschlagen die Antworten gefunden werden können.

Das Kapitel „Prüfungen" enthält Informationen zur Gesellen- und Zwischenprüfung sowie Prüfungsarbeiten mit Musterlösungen. Mithilfe eines Bewertungsschemas können Sie die Arbeiten selbst bewerten und Ihre Note feststellen.

Für zusätzliche Informationen stehen folgende Bücher des Verlags Europa-Lehrmittel zur Verfügung:

Technologie:	Haut und Haar (Friseurfachkunde)
Kundenberatung:	Beraten und Verkaufen für Friseure
Gestalten:	Zeichnen und Gestalten

Wir wünschen Ihnen bei der Arbeit mit dem Buch viel Freude und viel Erfolg bei Ihren Prüfungen!

Autoren und Verlag   Im Sommer 2007

Inhaltsverzeichnis

■ Technologie

1 Gesundheits- und Umweltschutz
- 1.1 Hygiene 7
- 1.2 Unfallschutz 8
- 1.3 Hautallergien 9
- 1.4 Umweltschutz 11
- 1.5 Multiple-Choice 12

2 Das Haar
- 2.1 Biologie des Haares 13
- 2.2 Haarfarbe 19
- 2.3 Physikalische Eigenschaften des Haares 20
- 2.4 Haarschaftveränderungen 22
- 2.5 Haarausfall 24
- 2.6 Haarwäsche und Haarpflege ... 27
- 2.7 Multiple-Choice 32

3 Haut und Nägel
- 3.1 Aufbau der Haut 35
- 3.2 Aufgaben der Haut 39
- 3.3 Störungen der Hautfunktionen ... 40
- 3.4 Schuppenbildung 41
- 3.5 Aufbau des Nagels 42
- 3.6 Veränderung des Nagels 43
- 3.7 Maniküre 44
- 3.8 Multiple-Choice 45

4 Chemische Grundlagen und Wirkstoffe
- 4.1 Wichtige chemische Substanzen ... 47
- 4.2 Chemische Vorgänge bei Facharbeiten 49
- 4.3 pH-Wert 51
- 4.4 Kosmetische Wirkstoffe 53
- 4.5 Multiple-Choice 55

5 Formveränderung
- 5.1 Haarschneidegeräte 59
- 5.2 Grundtechniken des Haarschnitts ... 60
- 5.3 Basisformen des Haarschnitts ... 61
- 5.4 Wasserwelle und Stylingprodukte ... 63
- 5.5 Dauerwelle 65
- 5.6 Multiple-Choice 70

6 Farbveränderung
- 6.1 Farbenlehre 73
- 6.2 Tönen 75
- 6.3 Pflanzenfarben 77
- 6.4 Blondieren 78
- 6.5 Färben 80
- 6.6 Multiple-Choice 83

7 Kosmetik
- 7.1 Pflegende Kosmetik 87
- 7.2 Dekorative Kosmetik 89
- 7.3 Multiple-Choice 91

■ Beraten und Verkaufen

1 Orientierung
- 1.1 Die Friseurin als Dienstleisterin ... 92
- 1.2 Wahrnehmung und Wirkattribute ... 93
- 1.3 Multiple-Choice 95

2 Körpersprachlicher Ausdruck – Reden ohne Worte
- 2.1 Die nonverbalen Ausdrucksmittel und Ausdrucksformen ... 97
- 2.2 Körpersprache im Beruf 100
- 2.3 Multiple-Choice 103

3 Verbale Kommunikation – Mit der Kundin sprechen
- 3.1 Der Sprechvorgang 107
- 3.2 Formen des Sprechens 108
- 3.3 Multiple-Choice 110

4 Typisierungen
- 4.1 Typisierung nach Charakter und Körperbau 111
- 4.2 Typisierung nach dem individuellen Erscheinungsbild 113
- 4.3 Kundentypen 115
- 4.4 Multiple-Choice 117

5 Die Bedeutung der Beziehungsstruktur für die Kommunikation
- 5.1 Grundregeln (Axiome) der Kommunikation nach Watzlawick 123
- 5.2 Eine Nachricht und vier Botschaften 125
- 5.3 Multiple-Choice 126

6 Gestalten von Gesprächssituationen
- 6.1 Kundenumgang – Telefonieren 128
- 6.2 Kundenumgang – Begrüßen und Verabschieden 130
- 6.3 Kundenbetreuung – Rahmenbedingungen für Gesprächssituationen im Salon 131
- 6.4 Multiple-Choice 132

7 Waren und Dienstleistungen – Der kundengerechte Verkauf
- 7.1 Das Sortiment 134
- 7.2 Verkaufsformen 135
- 7.3 Präsentation von Waren und Dienstleistungen 135
- 7.4 Kundenbedürfnisse und Kaufmotive 137
- 7.5 Multiple-Choice 138

8 Beratung und Verkauf
- 8.1 Das Beratungsgespräch und seine Bestandteile 139
- 8.2 Warenvorlage 141
- 8.3 Die Verkaufsargumentation 141
- 8.4 Preisnennung 142
- 8.5 Kundeneinwand 143
- 8.6 Multiple-Choice 145

9 Unternehmenskonzept
- 9.1 Marketing 148
- 9.2 Preisbildung 148
- 9.3 Werbung 150
- 9.4 Kundenverwaltung 152
- 9.5 Multiple-Choice 153

■ Gestalten

1 Formgestaltung
- 1.1 Gestaltungselemente 155
- 1.2 Gestaltungsprinzipien 157
- 1.3 Ziele der Formgestaltung 159
- 1.4 Multiple-Choice 164

2 Farbgestaltung
- 2.1 Farbenlehre 166
- 2.2 Wirkung von Farben 167
- 2.3 Multiple-Choice 169

3 Stil- und Frisurenkunde
- 3.1 Frisurengestaltung als Ausdruck des Zeitgeistes 170
- 3.2 Epochen der Frisurengeschichte 172
- 3.3 Multiple-Choice 175

■ Wirtschafts- und Sozialkunde

1 Ausbildung im Handwerksbetrieb
- 1.1 Berufsausbildung 176
- 1.2 Aufbau des Handwerks 177
- 1.3 Der Betrieb 180
- 1.4 Multiple-Choice 182

2 Soziale Absicherung
- 2.1 Sozialversicherungen 183
- 2.2 Arbeitslosengeld II 186
- 2.3 Individualversicherungen 187
- 2.4 Multiple-Choice 189

3 Rechtsgrundlagen im Arbeitsleben

3.1 Arbeitsrecht 191
3.2 Vertragsrecht 193
3.3 Tarifverträge 197
3.4 Multiple-Choice 199

4 Volkswirtschaftliche Grundfragen

4.1 Bedürfnisse, Güter 201
4.2 Geld 202
4.3 Ziele der Wirtschaftspolitik 204
4.4 Konjunktur 205
4.5 Wirtschaftsordnung, Marktformen .. 206
4.6 Multiple-Choice 208

Angewandte Mathematik

1 Basisrechnen

1.1 Grundrechnen 210
1.2 Dreisatzrechnen 211

2 Prozentrechnen

2.1 Einführung 213
2.2 Berechnen des Prozentwerts 213
2.3 Berechnen des Prozentsatzes 215
2.4 Berechnen des Grundwerts 216
2.5 Vermehrter und verminderter Grundwert 217

3 Zinsrechnen

3.1 Einführung 218
3.2 Berechnen der Zinsen 219
3.3 Berechnen des Kapitals 219
3.4 Berechnen des Zinssatzes 220
3.5 Berechnen der Zeit 221

4 Lohnberechnung 222

5 Verdünnen und Mischen

5.1 Verteilungsrechnen 223
5.2 Mischungsrechnen 225

6 Kalkulationsrechnen

6.1 Kalkulation von Facharbeiten 227
6.2 Kalkulation von Handelswaren 230

Prüfung

1 Gesetzliche Regelungen

1.1 Zwischenprüfung 232
1.2 Gesellenprüfung 233

2 Zwischenprüfungsarbeiten

Arbeit 1 235
Arbeit 2 240

3 Gesellenprüfungsarbeiten

Technologie 1 245
Technologie 2 249
Beraten und Verkaufen 1 254
Beraten und Verkaufen 2 257
Gestalten 1 260
Gestalten 2 263
Wirtschaftslehre und Sozialkunde 1 ... 267
Wirtschaftslehre und Sozialkunde 2 ... 269

4 Lösungen Zwischenprüfung .. 272

5 Lösungen Gesellenprüfung

5.1 Technologie 275
5.2 Beraten und Verkaufen 282
5.3 Gestalten 287
5.4 Wirtschaftslehre und Sozialkunde .. 291

6 Bewertung der Prüfungsarbeiten 295

TECHNOLOGIE

1 Gesundheits- und Umweltschutz

1.1 Hygiene

1 Erklären Sie den Begriff „Hygiene".

Unter „Hygiene" werden alle **vorbeugenden Maßnahmen** zusammengefasst, die der **Gesunderhaltung** dienen.

---

2 Welche Bereiche der Hygiene werden unterschieden?

Man unterteilt die Hygiene in drei Bereiche:
- **Öffentliche Hygiene:** Straßenreinigung, Müllentsorgung, Abwasser
- **Persönliche Hygiene:** Körperpflege, gesunde Ernährung, körperliche Betätigung (Sport)
- **Gewerbliche Hygiene:** Vermeidung von Infektionskrankheiten im Salon

---

3 Welche Hauptaufgabe hat die Hygiene im Friseurberuf?

Die Hauptaufgabe der Hygiene im Friseurberuf ist die **Vermeidung der Übertragung von Infektionskrankheiten** beim Umgang mit Werkzeug. Dieses wird durch Sauberkeit und Desinfektion der Werkzeuge erreicht.

---

4 Was versteht man unter einer Infektion?

Eine **Infektion** ist die Übertragung von Krankheitserregern, also eine Ansteckung mit einer Krankheit.

---

5 Welche Formen der Infektion kennen Sie?

Es werden zwei Formen der Infektion unterschieden: die **direkte** und die **indirekte Infektion**.
Bei der direkten Infektion werden Krankheitserreger unmittelbar von Mensch zu Mensch übertragen. Dagegen werden bei der indirekten Infektion Krankheitserreger durch einen Zwischenträger, wie z. B. Werkzeug, übertragen.

---

6 Was ist die „Inkubationszeit"?

Die Zeit zwischen der Infektion und dem Ausbruch der Krankheit wird als **Inkubationszeit** bezeichnet.

---

7 Welche Krankheitserreger werden unterschieden?

Krankheitserreger werden eingeteilt in:
- Bakterien
- Viren
- Pilze

Technologie

8 Durch welche Gesetze und Verordnungen wird die Hygiene im Friseurberuf geregelt?

Das **Infektionsschutzgesetz** nennt meldepflichtige Infektionserkrankungen. In diesen Fällen können die Behörden berufliche Tätigkeiten untersagen.

Die **Hygieneverordnung** enthält Bestimmungen zur Vermeidung von Infektionen bei beruflichen Tätigkeiten. Danach müssen

- Werkzeuge, die eine Verletzung der Haut vorsehen (Milienmesser), nach jedem Gebrauch desinfiziert werden.
- Werkzeuge, mit denen die Haut verletzt werden kann (Rasiermesser), einmal täglich und im Falle einer Verletzung unmittelbar desinfiziert werden.

9 Was bedeutet „Desinfektion"?

Unter „**Desinfektion**" versteht man das Unschädlichmachen von Krankheitserregern.

10 Welche Desinfektionsverfahren werden unterschieden. Nennen Sie jeweils Beispiele.

Physikalische Desinfektion erfolgt durch Auskochen, Verbrennen, Wasserdampf und UV-Strahlen.

Chemische Desinfektion erfolgt mit Desinfektionsmitteln. Die Haut wird mit 60–70%igem Alkohol desinfiziert.

1.2 Unfallschutz

11 Nennen Sie häufige Unfallursachen im Friseurbetrieb.

Die typischen **Unfälle im Friseurhandwerk** werden durch scharfe oder spitze Werkzeuge, Friseurchemikalien, hohe Temperaturen oder elektrischen Strom verursacht.

12 Wie ist die Unfallverhütung gesetzlich geregelt?

Zur **Verhütung von Unfällen** im Friseursalon hat die BGW (Berufsgenossenschaft für Gesundheitsdienst und Wohlfahrtspflege) Vorschriften erlassen. Sie regeln den Umgang mit gefährlichen Werkzeugen und Chemikalien. So dürfen z. B. keine spitzen und scharfen Gegenstände wie offene Messer oder Scheren in der Kleidung getragen werden.

13 Nennen Sie Grundregeln, die bei der Salonarbeit zur Vermeidung von Unfällen beitragen.

Grundregeln zur Unfallverhütung
- Scheren und Messer schließen
- Verschüttete Chemikalien aufwischen
- Wassertemperatur überprüfen
- Defekte Elektrogeräte nicht benutzen und nur vom Fachmann reparieren lassen
- Festes Schuhwerk tragen
- Verletzungsgefährliche Gegenstände nur verpackt in den Abfall geben

1.3 Hautallergien

14 Wie entstehen allergische Kontaktekzeme?

Die Allergie auslösenden Substanzen werden **Allergene** genannt. Sie gelangen durch die Oberhaut in tiefere Hautschichten. Im Körper beginnt die Produktion von **Antikörpern**. Dieser Vorgang wird als **Sensibilisierung** bezeichnet.

Nach einem erneuten Kontakt mit den Allergenen setzen die allergischen Reaktionen ein. Es entsteht das **allergische Kontaktekzem**.

15 Nennen Sie die einzelnen Schritte der Entstehung einer Allergie.

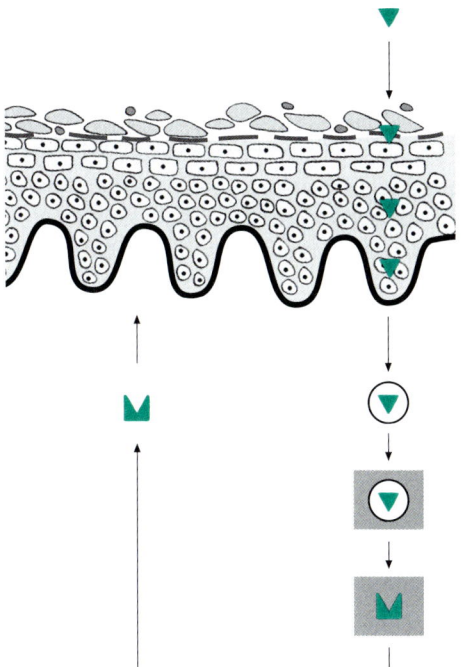

Allergene gelangen auf die Haut.

Allergene durchdringen die vorgeschädigte Haut.

Weiße Blutkörperchen nehmen die Allergene auf.

Allergene werden zu den Lymphknoten transportiert.

In den Lymphknoten werden Antikörper hergestellt.

Die Antikörper gelangen in die Haut.

16 Nennen Sie Merkmale eines allergischen Kontaktekzems.

Die **Merkmale von allergischen Ekzemen** sind:
- Rötung und Entzündung der oberen Hautschichten
- Juckreiz
- Bläschenbildung
- Nässen
- Krustenbildung

TECHNOLOGIE

17 | **Wie sind die Heilungschancen bei einem allergischen Kontaktekzem?** | Wird der Hautkontakt mit den Allergenen gemieden, heilt das Ekzem ohne Narben ab. Die Antikörper verbleiben jedoch im Körper. Eine Rückbildung der Antikörper (**Desensibilisierung**) ist bei der Hautallergie nicht möglich. Die Allergie ist also nicht heilbar.

18 | **Wie können allergische Kontaktekzeme vermieden werden?** | Allergische Kontaktekzeme können nur dadurch vermieden werden, dass ein Kontakt der Haut mit den Allergenen verhindert wird. Dies wird durch Schutzhandschuhe erreicht.

19 | **Welche Bedingungen müssen Schutzhandschuhe erfüllen?** | Schutzhandschuhe sollten
- Undurchlässig für Friseurpräparate sein,
- das Tastgefühl nicht beeinträchtigen,
- keine Hautreizungen verursachen.

20 | **Bei welchen Facharbeiten werden Handschuhe getragen, um Kontakt mit Allergenen zu vermeiden?** | **Handschuhe** werden bei folgenden Facharbeiten getragen:
- Handschuhe aus Naturkautschuk (Latex): Haarwäsche, Kopfmassage mit Haarwasser.
- Einmalhandschuhe aus Polyethylen (PE): Färben, Blondieren, Tönen, Dauerwellen, Fixieren.
- Haushaltshandschuhe aus Polyvinylchlorid (PVC): Nassreinigen und Desinfizieren von Werkzeugen und Räumen.

21 | **Welche Regeln müssen beim Tragen von Handschuhen beachtet werden?** | Folgende **Regeln sind beim Tragen von Handschuhen** zu beachten:
- Schutzhandschuhe sollten nicht über längere Zeit getragen werden.
- Nass- und Trockenarbeiten sollten in regelmäßigem Wechsel durchgeführt werden.
- Nach dem Tragen sollten Puderrückstände abgespült, die Hände abgetrocknet und eingecremt werden.

22 | **Welche Bestimmungen regeln den Hautschutz? Wie werden die Arbeitnehmer darüber informiert?** | Die von der BGW erlassene **Technische Regel für Gefahrstoffe (TRGS 530)** enthält die Bestimmungen zur Vermeidung von Krankheiten und Allergien im Hautbereich.
Die Arbeitnehmer müssen mindestens einmal im Jahr mündlich über die TRGS 530 informiert werden. Der Zeitpunkt der Unterweisung ist schriftlich festzuhalten und durch Unterschrift zu bestätigen.

1.4 Umweltschutz

23 **Durch welche Maßnahmen kann ein Friseursalon die Umweltbelastungen verringern?**

Durch umweltgerechtes Verhalten kann jeder Friseursalon einen Beitrag zur **Verringerung der Umweltbelastung** leisten. Hierzu gehören:
- Verringerung des Abfalls durch Verwendung von Großgebinden und Nachfüllsystemen
- Verwendung von Mehrwegverpackungen
- Sparsamer Umgang mit Präparaten
- Sparsamer Umgang mit Wasser und Energie

24 **Nennen Sie Beispiele für den sparsamen Umgang mit Energie.**

Durch folgende Maßnahmen kann der **Energieverbrauch** gesenkt werden:
- Waschmaschinen vollständig füllen
- Bei der Haarwäsche von kurzem Haar kleine Handtücher einsetzen
- Besonders sparsam mit warmem Wasser umgehen
- Raumtemperatur regulieren

25 **Was gehört zum Sondermüll und wie wird dieser entsorgt?**

Alle **Reste von chemischen Präparaten**, wie Oxidationshaarfarben, Dauerwellflüssigkeit, Fixierungen und Reste von angerührten Präparaten, müssen getrennt aufbewahrt und als Sondermüll entsorgt werden. Sie gehören nicht in das Abwasser.

26 **Welche Vorteile hat die Verwendung von Großgebinden gegenüber der von Portionsflaschen?**

Bei Verwendung von **Großgebinden** und **Nachfüllsystemen**
- wird die Umwelt geschont und
- die Betriebskosten werden gesenkt.

27 **Welchen Beitrag zur Luftreinhaltung kann ein Friseursalon leisten?**

Zum Umweltschutz gehört auch die **Reinhaltung der Luft**. Durch folgende Maßnahmen kann im Friseursalon ein Beitrag zur Verringerung der Luftbelastung geleistet werden:
- Verwendung von Pumpsprays
- Einsetzen von staubfreien Granulaten bei Blondierungen
- Absaugvorrichtungen im Bereich des Mischens von Färbe- und Blondiermitteln
- Rauchverbot im Salon

1.5 Multiple-Choice

1 Was versteht man unter „Hygiene"?
a) Größtmögliche Sauberkeit
b) Lehre von der Erhaltung der Gesundheit
c) Abtöten aller Keime
d) Gründliches Desinfizieren

2 Wer hat die Vorschriften zum Unfallschutz erlassen?
a) BGW (Berufsgenossenschaft für Gesundheitsdienst und Wohlfahrtspflege)
b) Gesetzliche Krankenkassen
c) Landesinnungsverbände der Friseure
d) Zentralverband des Deutschen Friseurhandwerks

3 Wie wird die Bildung von Antikörpern genannt?
a) Sterilisierung
b) Sensibilisierung
c) Desensibilisierung
d) Adstringieren

4 Wie sollten die Hände der Friseurin bei der Haarwäsche vor Allergien geschützt werden?
a) Latexhandschuhe
b) Einmalhandschuhe
c) Gründliches Abspülen der Waschmittelreste
d) Regelmäßiges Eincremen der Haut

5 In welchen Bestimmungen sind die Regeln für den Hautschutz enthalten?
a) Infektionsschutzgesetz
b) Hygieneverordnung
c) Bestimmungen zur Unfallverhütung
d) TRGS 530 (Technische Regeln für Gefahrstoffe)

6 Durch welche Maßnahme wird die Umwelt _nicht_ geschont?
a) Verwendung von Pumpsprays
b) Verwendung unterschiedlicher Handtuchgrößen
c) Verwendung von Deospray
d) Regulierung der Raumtemperatur

7 Die im Haarspray enthaltenen Kunstharze können die Atemwege belasten. Wie können Sie sich davor schützen?
a) Verwendung von Pumpsprays
b) Sparsamer und gezielter Umgang mit Haarspray
c) Verwendung von Haarsprays mit umweltfreundlichen Treibgasen
d) Benutzen des Haarsprays bei geöffnetem Fenster

Lösungen: 1b; 2a; 3b; 4a; 5d; 6c; 7b

2 Das Haar

2.1 Biologie des Haares

1 Wie kann das menschliche Haarkleid unterteilt werden?

Das **menschliche Haarkleid** lässt sich nach zwei Gesichtspunkten unterteilen:

Nach Länge und Stärke
- **Langhaar** (Kopf-, Bart-, Achselhaar, Schambehaarung)
- **Kurzhaar** (Augenbrauen, Wimpern, Nasen- und Ohrenbehaarung)
- **Wollhaar** (Behaarung der übrigen Körperstellen mit Ausnahme von Handinnenflächen, Fußsohlen und Lippen)

Nach dem Zeitpunkt des Entstehens
- **Primärbehaarung** (Haarkleid des Embryos)
- **Sekundärbehaarung** (das nachfolgende Haarkleid)
- **Terminalbehaarung** (endgültiges Haarkleid, das sich über Jahrzehnte aus der Sekundärbehaarung entwickelt)

2 Erklären Sie kurz, was Sie unter dem Begriff „Haarfollikel" verstehen.

Als **Haarfollikel** bezeichnet man die schlauchartige Einstülpung der Oberhaut, aus der das Haar wächst.

3 Beschreiben Sie die Entstehung des Haarfollikels.

Etwa im 3. Schwangerschaftsmonat bilden sich in der Oberhaut des Embryos schlauchartige Vertiefungen, die bis in die Lederhaut hineinwachsen.

4 Wie ist der Haarfollikel aufgebaut?

Der Haarfollikel setzt sich zusammen aus **Epidermisgewebe** und dem umgebenden **Bindegewebe** der Lederhaut.

Das Epidermisgewebe trägt die Bezeichnung „**Wurzelscheide**" und wird unterteilt in die **innere** und **äußere** Wurzelscheide.

Das Bindegewebe bildet den **Haarbalg**, der die Wurzelscheide umgibt.

Im unteren Teil des Haarfollikels befindet sich die **Haarpapille**, durch die das Haar mit Nährstoffen versorgt wird.

In der darüber liegenden **Haarmatrix** werden die Haarzellen gebildet.

TECHNOLOGIE

5 **Nennen Sie die Anhangsgebilde des Haarfollikels und deren Aufgaben.**

Die **Talgdrüse** produziert ein fettiges Sekret, das Haar und Haut mit Fett versorgt.

Der **Haaraufrichtemuskel** zieht sich bei Kälte und Gemütserregung zusammen, wodurch sich das Haar aufrichtet. Es entsteht die „Gänsehaut".

6 **Nennen Sie die Bestandteile des Haarfollikels.**

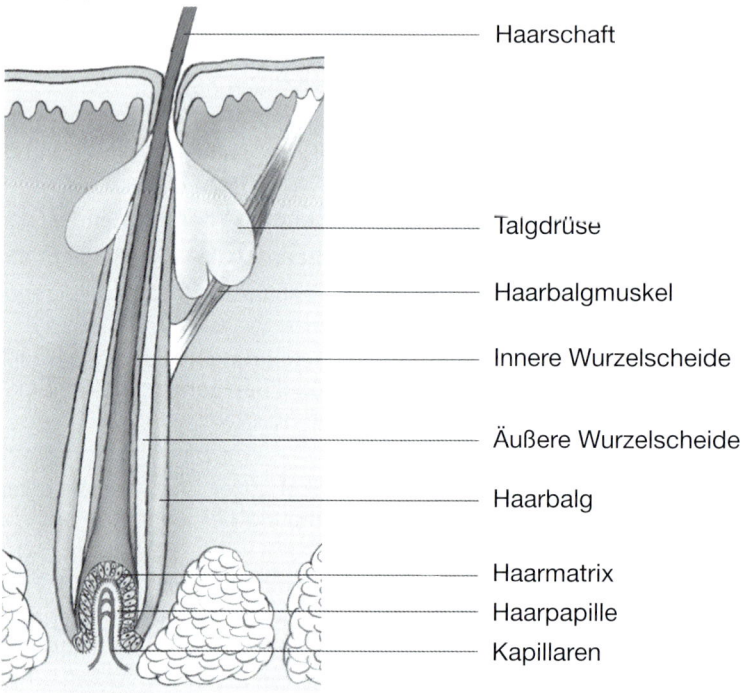

- Haarschaft
- Talgdrüse
- Haarbalgmuskel
- Innere Wurzelscheide
- Äußere Wurzelscheide
- Haarbalg
- Haarmatrix
- Haarpapille
- Kapillaren

7 **Aus welchen Schichten ist das Haar aufgebaut?**

Das Haar besteht aus drei **Schichten**:
- **Schuppenschicht** (Cuticula)
- **Faserschicht** (Cortex)
- **Mark** (Medulla)

8 **Beschreiben Sie die Schichten des Haares.**

Die äußere Schicht ist die **Schuppenschicht**. Sie besteht aus sechs bis acht Lagen von übereinander liegenden Cuticulazellen, die durch eine Kittsubstanz miteinander verbunden sind.

Den größten Teil der Haarmasse bildet die **Faserschicht**. Sie setzt sich zusammen aus länglichen Zellen (Spindelzellen), die eine faserige Struktur aufweisen.

Das **Mark** ist die mittlere Schicht des Haares. Es besteht aus rundlichen Zellen, die eine schwammige Masse bilden.

9 Beschriften Sie die Abbildung des Haares.

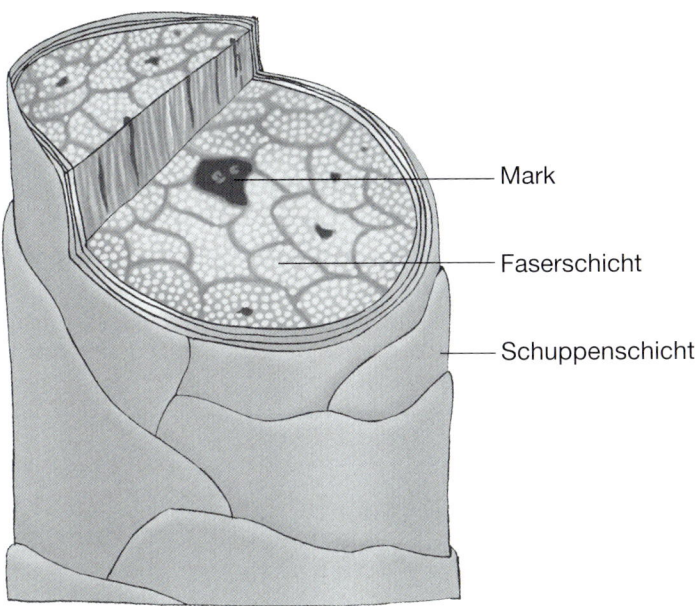

— Mark

— Faserschicht

— Schuppenschicht

---

10 Welche Bedeutung hat die Schuppenschicht für das Haar?

Die **Schuppenschicht** schützt das Haar vor äußeren Einwirkungen. Sie ummantelt die Faserschicht und verhindert so, dass die Haare aufspleißen.

Die **geschlossene** Schuppenschicht reflektiert das darauf fallende Licht, dadurch glänzt das Haar.

Die **geöffnete** Schuppenschicht absorbiert (verschluckt) das Licht oder reflektiert es diffus (ungleichmäßig). Das Haar ist stumpf und glanzlos.

---

11 Wie wird die Schuppenschicht bei Facharbeiten geöffnet und wieder geschlossen?

Die Schuppenschicht wird durch **Alkalien** beim Blondieren, Färben und Dauerwellen geöffnet sowie durch **Säuren** bei Nachbehandlungen wieder geschlossen.

---

12 Welche Bedeutung hat die Faserschicht?

Die **Faserschicht** ist die wichtigste Schicht des Haares. Ihr Zustand ist entscheidend für seine Reißfestigkeit und Elastizität. Außerdem bestimmt sie Form und Farbe des Haares. Verfahren zur Form- und Farbveränderung greifen daher in die Faserschicht ein.

TECHNOLOGIE

13 Wie ist die Faserschicht aufgebaut?

Die Faserschicht enthält je nach Stärke des Haares im Querschnitt 100 bis 200 **Spindelzellen**.

Diese bestehen aus einem Bündel von großen Fasern, den **Makrofibrillen**.

Die Makrofibrillen setzen sich aus einer Vielzahl von kleineren Fasern zusammen, den **Mikrofibrillen**.

Die Mikrofibrillen bestehen aus ca. 10 sehr kleinen Fasern, den **Protofibrillen**.

Diese wiederum sind aus ca. 5 **Peptidspiralen** aufgebaut.

Peptidspiralen sind spiralförmige Proteinmoleküle, die aus ca. 20 verschiedenen **Aminosäuren** bestehen.

14 Beschriften Sie die Abbildung.

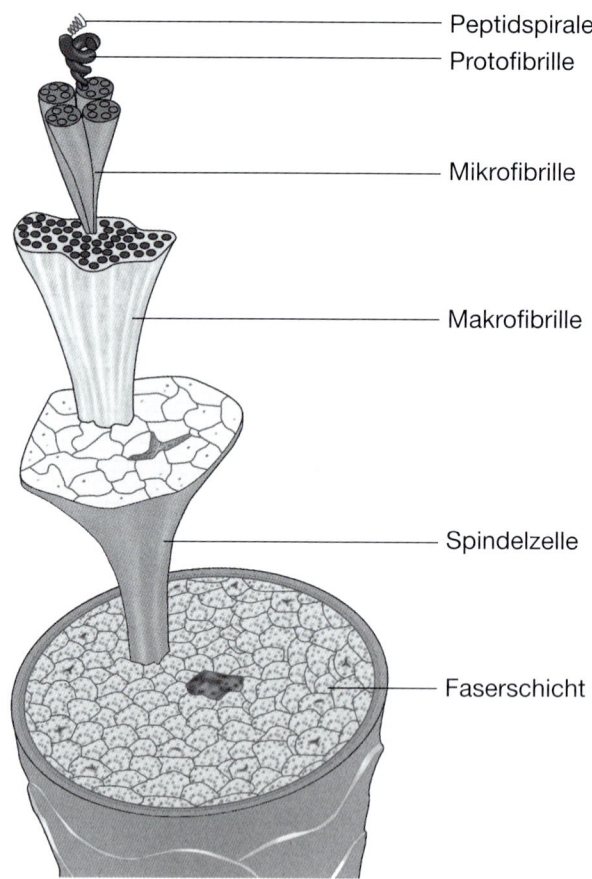

- Peptidspirale
- Protofibrille
- Mikrofibrille
- Makrofibrille
- Spindelzelle
- Faserschicht

Das Haar

15 Aus welchen Elementen besteht das Haar im Wesentlichen?

Das Haar besteht hauptsächlich aus den folgenden fünf **Elementen**:

- H (Wasserstoff)
- O (Sauerstoff)
- N (Stickstoff)
- C (Kohlenstoff)
- S (Schwefel)

(Merkwort HONCS)

---

16 Aus welchen Materialien besteht das Haar und welche Aufgaben haben diese für das Haar?

Das Haar besteht im Wesentlichen aus **Keratin**, **Fett** und **Wasser**. In einem gesunden Haar liegen diese Substanzen in einem ausgewogenen Verhältnis vor.

- Keratin ist die Grundsubstanz des Haares. Es gibt dem Haar die Struktur und sorgt für Festigkeit, Elastizität und Sprungkraft.
- Fett findet sich als Bestandteil der Zellen im Haar. Außerdem verteilt es sich als Sekret der Talgdrüsen um das Haar. Es verhindert das Austrocknen des Haares, hält es geschmeidig und verleiht ihm Glanz.
- Wasser befindet sich als Bestandteil der Haarzellen im Haar. Darüber hinaus gelangt Wasser beim Waschen und durch die Luftfeuchtigkeit von außen ins Haar. Es wird im gesunden Haar durch die **hygroskopische** (siehe Frage 40) Eigenschaft des Keratins gebunden. Wasser hält das Haar geschmeidig.

---

17 Nennen Sie die drei verschiedenen Brücken im Haarkeratin und deren Beeinflussung bei Facharbeiten.

Im Haar gibt es drei Bindungen bzw. Brücken, die bei Facharbeiten von Bedeutung sind:

- **Wasserstoffbrücken** formen die Peptidspiralen. Sie werden durch Wasseraufnahme gelöst und durch Wasserentzug beim Trocknen wieder geschlossen.
- **Salzbrücken** bilden sich zwischen Peptidspiralen aus. Sie werden durch Alkalien gelöst und durch Säuren wieder geschlossen.
- **Schwefelbrücken** befinden sich ebenfalls zwischen Peptidspiralen. Sie werden durch Dauerwellmittel gelöst und durch Fixiermittel wieder geschlossen.

---

18 Welche Bedeutung hat der natürliche Haarwechsel?

Der **Haarwechsel** verhindert, dass die Haare ihre genetisch festgelegte Länge überschreiten.

Technologie

19 Wie ist es zu erklären, dass trotz eines täglichen Haarausfalls von bis zu 100 Haaren keine Kahlstellen entstehen?

Die Haare sind in **Wachstumsgruppen** von drei bis vier Haaren angeordnet. Die Haare einer Gruppe fallen nicht gleichzeitig, sondern zeitlich versetzt aus. So können keine Kahlstellen entstehen.

20 Beschriften Sie die Abbildung.
Querschnitt der Kopfhaut

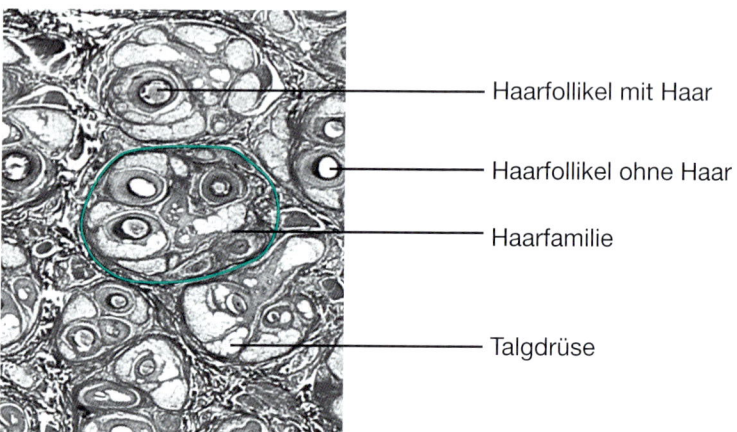

— Haarfollikel mit Haar
— Haarfollikel ohne Haar
— Haarfamilie
— Talgdrüse

21 Nennen Sie die Phasen des Haarwechsels.
- Wachstumsphase (Anagenphase)
- Übergangsphase (Katagenphase)
- Ruhephase (Telogenphase)

22 Wodurch sind die einzelnen Phasen gekennzeichnet?
- Wachstumsphase: Das Haar ist mit der Papille verbunden.
- Übergangsphase: Das Haar löst sich von der Papille.
- Ruhephase: Das Haar hat sich von der Papille gelöst und ruht im Follikel.

23 Wie lange dauern die einzelnen Phasen bei einem Kopfhaar?
- Wachstumsphase: 5–6 Jahre
- Übergangsphase: 2–4 Wochen
- Ruhephase: 3–4 Monate

24 Wie werden die Haare in der jeweiligen Phase bezeichnet?
- Wachstumsphase: Papillarhaar
- Übergangsphase: Übergangshaar oder Beethaar
- Ruhephase: Kolbenhaar

25 Wie hoch ist der Anteil der Haare an der Gesamthaarmenge?
- Papillarhaar: ca. 80–90 %
- Beethaar: ca. 1 %
- Kolbenhaar: ca. 9–19 %

26 Nennen Sie die Phasen des Haarwechsels und ordnen Sie sie den Zeichnungen zu.

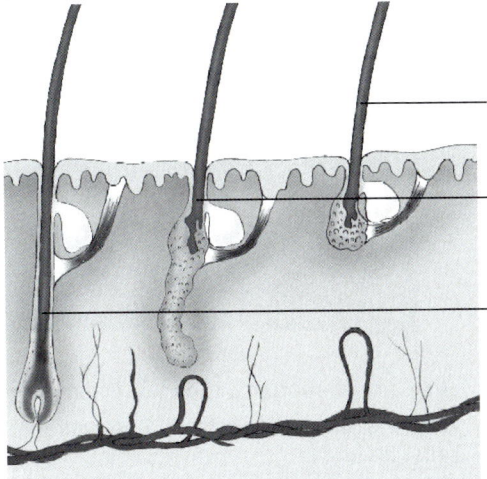

Haar in der Telogenphase

Haar in der Katagenphase

Haar in der Anagenphase

2.2 Haarfarbe

27	Durch welche Faktoren wird die natürliche Haarfarbe bestimmt?	Die **natürliche Haarfarbe** wird durch Menge und Mischung der Pigmente im weißen Keratin bestimmt.
28	Welche Pigmentarten werden unterschieden?	Es werden zwei Pigmentarten unterschieden: • Das dunkle Pigment, das den grau-braunen Farbstoff **Eumelanin** enthält. • Das gelblich-rote Pigment, das den rötlichen Farbstoff **Phäomelanin** enthält.
29	Wie entstehen die unterschiedlichen natürlichen Farbtöne?	Die Menge der dunklen Pigmente bestimmt die **Farbtiefe** (den Helligkeitsgrad) des Haares. Der Anteil der gelblich-roten Pigmente bestimmt die **Farbrichtung** (Farbnuance) des Haares: • Bei einem mittleren Anteil der gelblich-roten Pigmente liegen **Naturtöne (Grundtöne)** vor. • Bei einem erhöhten Anteil der gelblich-roten Pigmente entstehen die **Nuancen Gold** und **Rotgold**. • Bei einem geringeren Anteil der gelblich-roten Pigmente fehlt der leuchtende Reflex. Die Farbrichtung wird als **Asch** bezeichnet.
30	Wo werden die Pigmente gebildet?	Die Pigmente werden in den **Melanozyten** hergestellt. Diese befinden sich in der Haarmatrix.

TECHNOLOGIE

31 Erklären Sie den Ergrauungsvorgang.

Stellen die Melanozyten keine Pigmente mehr her, wird das einzelne Haar weiß, das Gesamthaar erscheint jedoch durch die Melierung (Mischung) von pigmentiertem und unpigmentiertem Haar grau.

32 Erklären Sie, wie es zu Farbreflexen eines Haares kommt.

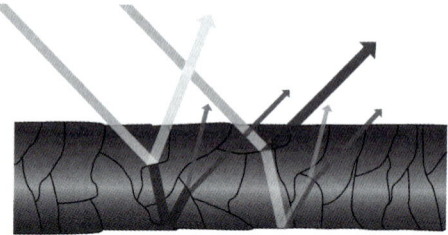

Die Cuticularänder wirken wie Prismen.

Sie zerlegen das Licht in die Spektralfarben und reflektieren sie.

2.3 Physikalische Eigenschaften des Haares

33 Was wissen Sie über die Reißfestigkeit eines Haares?

Die **Reißfestigkeit** eines Haares hängt von seiner Struktur und seiner Stärke ab. Bei einem gesunden Haar mit einem Durchmesser von 0,06 mm beträgt sie ca. 100 g.

34 Welche elektrostatischen Ladungen kann ein Haar aufweisen?

Ein Haar kann elektrisch neutral oder negativ geladen sein.

Ein elektrisch neutrales Haar weist negative Ladungen im äußeren und positive Ladungen im inneren Bereich des Haares auf (partielle Ladung).

Das Haar kann auch insgesamt negativ geladen sein. In diesem Zustand stehen die Haare ab; sie sind nicht frisierbar (Gesamtladung).

35 Welche Bedeutung haben die elektrostatischen Aufladungen des Haares für Facharbeiten?

Für bestimmte Facharbeiten ist die partielle Ladung des Haares erforderlich. Die negative Gesamtladung des Haares ist bei der Frisurengestaltung generell störend.

- Pflege- und Farbstoffe erhalten eine positive Ladung, damit sie gut an den negativen Ladungen des Haares haften. Die positiv geladenen Wirkstoffe werden als **kationaktiv** bezeichnet.
- Um eine negative Ladung des gesamten Haares zu vermeiden bzw. zu beseitigen, werden Shampoos und Nachbehandlungspräparaten kationaktive Substanzen zugesetzt. Dadurch wird das Haar „frisierwillig".

36	Erklären Sie die Bedeutung der negativen Ladung des Haares für die Facharbeiten.	Wirkstoffe mit positiver Ladung werden von den negativen Ladungen im Haar angezogen, gelangen in das Haar und haften dort.

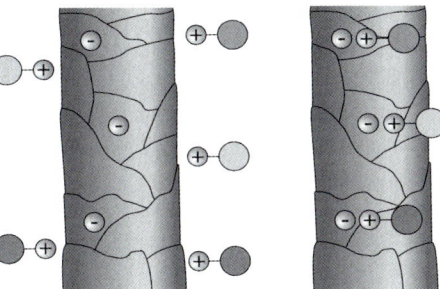

37	Was versteht man unter der Kapillarität einer Haarsträhne? Erklären Sie die in der Abbildung dargestellte Kapillarwirkung.	Kapillaren sind enge Röhrchen, in denen Wasser hochsteigt. Die Zwischenräume zwischen den einzelnen Haaren einer Haarsträhne wirken wie Kapillaren. In ihnen steigt das Wasser hoch und gelangt so von einem Glas ins andere.

38	Welche Bedeutung hat die Kapillarwirkung für das Auftragen von Wellflüssigkeit?	Nach dem Auftragen gelangt die Wellflüssigkeit aufgrund der Kapillarität vom Ansatz bis zur Spitze.
39	Warum ist die Saugfähigkeit der Haare eine wichtige Voraussetzung für alle chemischen Vorgänge im Haar?	Kommt das Haar mit Wasser in Berührung, saugt es sich damit voll. Dadurch gelangen auch alle im Wasser gelösten Wirkstoffe ins Haar. Die **Saugfähigkeit** des Haares wird also ausgenutzt, um mit dem Transportmittel Wasser Wirkstoffe ins Haar zu bringen.
40	Was verstehen Sie unter der Hygroskopizität des Haares?	Das Haar ist **hygroskopisch**, das heißt, es kann die Luftfeuchtigkeit aufnehmen. Deshalb werden bei hoher Luftfeuchtigkeit die Wasserstoffbrücken im Haar gelöst und die Frisur fällt zusammen. Ein gewisser Schutz vor diesem Effekt ist durch Wasser abweisende Finishprodukte möglich.

TECHNOLOGIE

2.4 Haarschaftveränderungen

41 Was sind die Ursachen von Haarschäden?

Haarschäden werden durch **chemische**, **mechanische** und **thermische** Einflüsse sowie durch **UV-Strahlen** verursacht.

42 Welche Arten von Haarschäden kennen Sie?

Haarschäden werden unterteilt in:
- **Strukturschäden**
  Strukturschäden umfassen alle Veränderungen des Haarkeratins und der Haarschichten. Sie reichen von leichter Porosität, wie abstehenden Cuticulazellen, bis hin zu starken Strukturverlusten.
- **Haarbruch**
  Haarbruch liegt vor, wenn ein großer Teil der Haare abgebrochen ist.
- **Haarspliss (Trichoptilosis)**
  Beim Haarspliss ist das Haar in Längsrichtung aufgespalten, sodass die Faserstrukturen der Cortex zu erkennen sind.

43 Benennen Sie die abgebildeten Haarschäden.

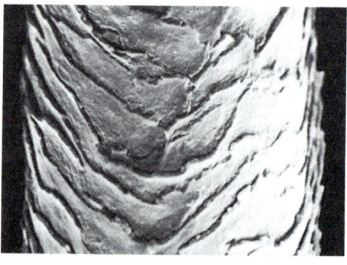

Poröses Haar

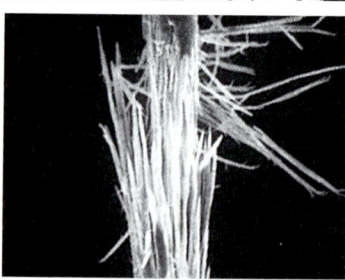

Haarbruch

Haarspliss

44	Was verstehen Sie unter „Haaranomalien"?	**Haaranomalien** sind genetisch bedingte Veränderungen des Haarschafts.

45	Beschreiben Sie die zwei bekanntesten Haaranomalien.	Die zwei bekanntesten Haaranomalien sind: • **Haarknötchen (Trichorrhexis nodosa)** Es liegen knötchenförmige Verdickungen des Haarschafts vor. Das Haar bricht an diesen Stellen leicht ab und franst pinselförmig aus. • **Bandhaar** ist stark abgeflacht im Gegensatz zum normalen Haar, das einen runden oder leicht ovalen Querschnitt aufweist. Das Haar hat keinen Stand. Es ist kaum formbar. Sehr selten vorkommende Haaranomalien sind **Ringelhaar** (pigmentierte und nicht pigmentierte Bereiche), **gedrehtes Haar** (um die Achse gedreht) und **Spindelhaar** (spindelförmige Verdickungen des Haares, spätere Kahlheit).

46 Benennen Sie die abgebildeten Haaranomalien.

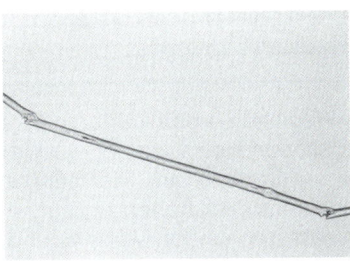

Haarknötchen

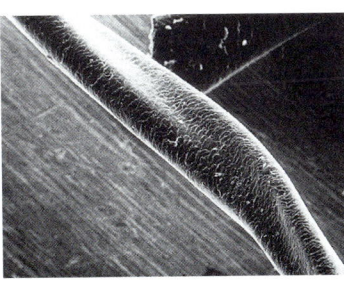

Bandhaar

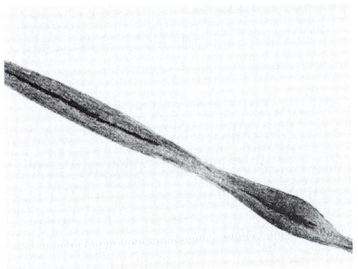

Spindelhaar

2.5 Haarausfall

47 Nennen Sie die drei Formen des Haarausfalls.

Es werden drei **Formen des Haarausfalls** unterschieden:
- Haarausfall des männlichen Typs (Glatze)
- Kreisrunder Haarausfall (Alopecia areata)
- Symptomatisch-diffuser Haarausfall

48 Unterscheiden Sie die verschiedenen Erscheinungsformen einer Glatze.

Die häufigste Form des Haarausfalls ist die **Glatze** mit ihren unterschiedlichen Erscheinungsformen:
- Kahlstellen im Bereich des Wirbels
- Geheimratsecken
- Stirnglatze
- Glatze mit verbleibendem Haarkranz

49 Welche Ursachen liegen einer Glatzenbildung zu Grunde?

Die Glatze entsteht durch das Zusammenwirken zweier Faktoren:
- **Androgenen** (männlichen Geschlechtshormonen)
- **Erblicher Veranlagung**

Die Glatze wird daher auch als **androgenetischer Haarausfall** bezeichnet.

50 Unter welchen Voraussetzungen können Frauen eine Glatze des männlichen Typs bekommen?

Nach den **Wechseljahren** nimmt die Produktion der weiblichen Hormone ab, wodurch der Anteil der Androgene am Hormonhaushalt steigt. Bei einem sehr hohen Androgenanteil und einer entsprechenden Veranlagung kann sich auch bei der Frau das Haar lichten.

51 Nennen Sie die Merkmale des kreisrunden Haarausfalls.

Der **kreisrunde Haarausfall (Alopecia areata)** ist erkennbar an oft mehreren, nahezu runden Kahlstellen.

Die betroffenen Haare verdünnen sich im Wurzelbereich; das Haar hat dann die Form eines Kommas **(Kommahaar)**. Innerhalb kurzer Zeit fallen diese Haare aus, was zu den beschriebenen Kahlstellen führt.

Eine Verschlimmerung der Alopecia areata stellt die **Alopecia totalis** dar. Dabei fallen die Haare am gesamten Kopf innerhalb weniger Monate aus (einschließlich Wimpern und Augenbrauen).

Die Ursachen der Alopecia areata und totalis sind bisher nicht bekannt.

52	**Wie sind die Heilungs-Chancen beim kreisrunden Haarausfall?**	Bei der **Alopecia areata** bestehen gute Heilungs-Chancen. Der Haarwuchs setzt in der Regel spontan wieder ein. Die Haare können zunächst farblos und flaumartig sein. In den meisten Fällen bekommen sie die alte Stärke und Farbe wieder.
		Bei der **Alopecia totalis** sind dagegen die Heilungs-Chancen sehr gering. In der Regel bleibt die Kahlköpfigkeit lebenslang bestehen.
53	**Was versteht man unter symptomatisch-diffusem Haarausfall und welche Ursachen hat er?**	Unter dem Begriff „**symptomatisch-diffuser Haarausfall**" fasst man alle Arten von Haarausfall zusammen, die zurückzuführen sind auf Krankheiten oder Veränderungen im Körper. Der Haarausfall ist dabei über den ganzen Kopf verteilt und nicht auf eine oder mehrere Stellen begrenzt.
		Der symptomatisch-diffuse Haarausfall kann folgende Ursachen haben: • Fiebrige Infektionskrankheiten wie Typhus, Scharlach oder Lungenentzündung • Einnahme von Medikamenten zur Verzögerung der Blutgerinnung, von Ovulationshemmern (Antibabypille) oder von Zytostatika (Krebsmedikamenten) • Vergiftungen durch Schwermetalle wie z. B. Thallium (Bestandteil von Rattengift) • Schwere seelische Belastungen (psychogene Alopecie) • Hormonumstellung nach Entbindung
		Sind die Ursachen für diese Formen des Haarausfalls behoben, setzt der Haarwuchs wieder ein.
54	**Durch welche äußeren Einflüsse können Kahlstellen hervorgerufen werden?**	Auch **äußere Einwirkungen** können zu dauerhaften Haarverlusten führen: • Durch andauernden Zug an den Haaren, wie z. B. bei einer Pferdeschwanzfrisur, kann die Haarmatrix zerstört werden, sodass im Bereich der Abteilung Kahlstellen entstehen. • Durch Haarrupfsucht kann es zur Zerstörung der Matrixzellen und somit zu bleibenden Kahlstellen kommen. • Verbrennungen können die Haut verätzen. Das zerstörte Gewebe wird durch Narben ersetzt, auf denen keine Haare wachsen.

TECHNOLOGIE

55 Welche Formen des Haarausfalls sind abgebildet?

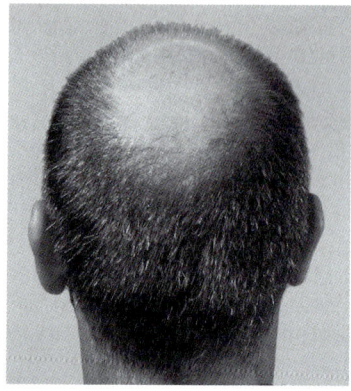

Männliche Glatze
(alopecia androgenetica)

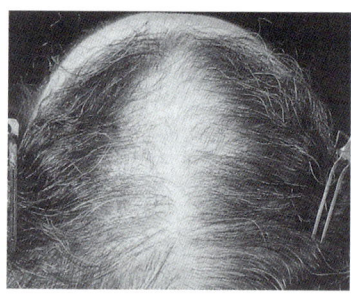

Glatze bei einer Frau

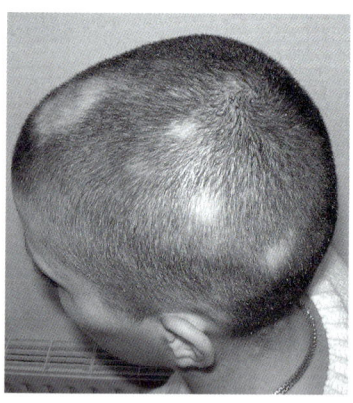

Kreisrunder Haarausfall
(alopecia areata)

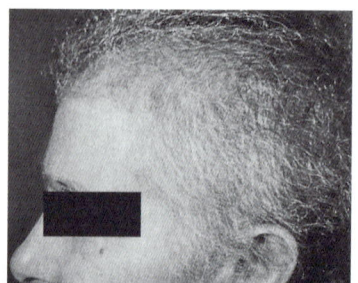

Haarausfall nach Medikamenteneinnahme zur
Verzögerung der Blutgerinnung
(symptomatisch-diffuser Haarausfall)

2.6 Haarwäsche und Haarpflege

56 Welche Gruppen von Wirkstoffen sind in Shampoos enthalten?

Alle Shampoos setzen sich aus **Basiswirkstoffen** und **speziellen Wirkstoffen** zur Lösung spezifischer Probleme, wie z. B. Schuppen, zusammen.

Als Basiswirkstoffe werden diejenigen Stoffgruppen bezeichnet, die in allen Shampoos enthalten sind:

- **Tenside**
- **Rückfetter**
- **Konditionierungsmittel**

57 Welche Aufgaben haben die Tenside im Shampoo?

Tenside, auch waschaktive Substanzen (WAS) genannt, sind Stoffe, die die Reinigung von Haar und Kopfhaut mit Wasser ermöglichen. Sie sind als wichtigster Wirkstoff in allen Shampoos enthalten.

58 Welche Verunreinigungen befinden sich am Haar und auf der Kopfhaut?

Haar und Kopfhaut sind in der Regel mit einem **Fettschmutz** verunreinigt, der sich aus mehreren Substanzen zusammensetzt:

- Natürliche Komponenten wie Talg, Schweiß und Hornpartikel
- Fremdsubstanzen aus der verschmutzten Luft
- Rückstände haarkosmetischer Produkte, wie Haarspray, Festiger und Gel

59 Wie ist die Waschwirkung der Tenside zu erklären?

Tenside sind langkettige Moleküle mit einer **lipophilen** (fettfreundlichen) und einer **hydrophilen** (wasserfreundlichen) Seite.

Die fettfreundliche Seite des Tensids dringt in den Fettschmutz ein, während die wasserfreundliche Seite eine Bindung mit dem Wasser eingeht. Dadurch wird der Fettschmutz vom Wasser eingeschlossen **(emulgiert)** und mit dem Wasser fortgespült.

Die festen Schmutzteilchen werden durch die Tenside vom Haar abgelöst und im Wasser fein verteilt **(dispergiert)**.

Durch den Schaum werden weitere Schmutzteilchen vom Haar und der Kopfhaut abgehoben und beim Abspülen entfernt.

Eine gute Schaumbildung beim zweiten Waschgang zeigt an, dass Haar und Kopfhaut sauber sind.

TECHNOLOGIE

60 Erklären Sie die abgebildeten drei Schritte bei der Reinigungswirkung der Tenside.

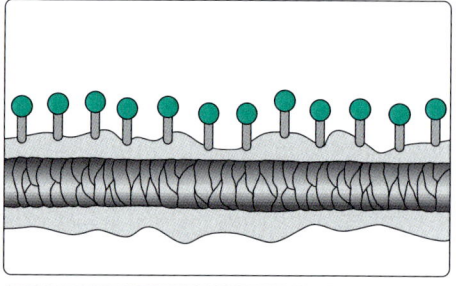

Die fettfreundliche Seite des Tensids dringt in das Fett.

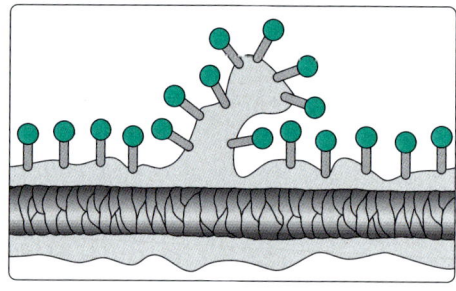

Das Fett wird vom Wasser eingeschlossen.

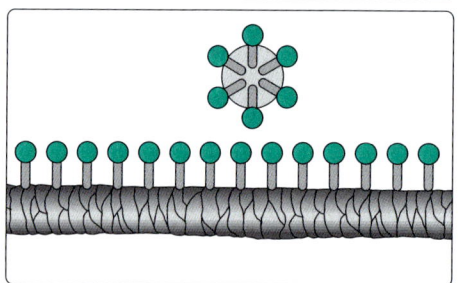

Es entsteht eine Ö/W-Emulsion.

---

61 Welche Merkmale haben die unterschiedlichen Tensidarten?

Die **Tensidarten** unterscheiden sich durch die unterschiedlichen Ladungen der wasserfreundlichen Seite:
- **Anionische Tenside** haben eine negative Ladung.
- **Kationische Tenside** sind positiv geladen.
- **Amphotere** haben eine positive und eine negative Ladung.
- **Nichtionogene Tenside** weisen keine elektrische Ladung auf.

| 62 | Benennen Sie die jeweils dargestellte Tensidart. |

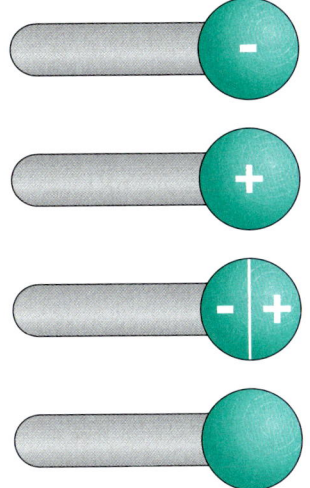

anionisches Tensid

kationisches Tensid

amphoteres Tensid

nichtionogenes Tensid

63	Welche Aufgaben haben die **Rückfetter** in einem Shampoo?	Beim Waschvorgang wird der Kopfhaut ein Teil des Hautfetts entzogen. Die in den Shampoos enthaltenen **Rückfetter** • geben der Haut Fett zurück und verhindern dadurch Spannungsgefühle und Juckreiz, • sorgen für natürlichen Haarglanz.
64	Welche Aufgaben haben die Konditionierungsmittel im Shampoo?	**Konditionierungsmittel** • verbessern die Kämmbarkeit, • verhindern eine elektrostatische Aufladung der Haare.
65	Welche Shampooarten stehen Ihnen zur Verfügung?	Je nach Zustand von Haar und Kopfhaut werden die folgenden Shampoos eingesetzt: • Shampoo für normales Haar • Shampoo für fettiges Haar • Shampoo gegen Schuppen • Shampoo für trockenes Haar • Shampoo für strapaziertes Haar
66	Nennen Sie die Merkmale eines Shampoos für normales Haar.	Ein Shampoo für **normales** Haar weist ein ausgewogenes Verhältnis von Tensiden, Rückfettern und Konditionierungsmitteln auf. Durch diese Kombination werden Haut und Haar besonders mild gereinigt. Deshalb eignet sich dieses Shampoo besonders für die tägliche Anwendung.

TECHNOLOGIE

67 Was sind die Merkmale eines Shampoos für fettiges Haar?

Ein Shampoo für **fettiges Haar** enthält zusätzlich Wirkstoffe, die das Fett in Kopfhautnähe binden. Dadurch soll ein schnelles Nachfetten der Haare verhindert werden.

Dagegen enthält es weniger Pflegestoffe als andere Shampoos, damit die Haare nicht zusätzlich beschwert werden und die Frisur ihr Volumen verliert.

Das eingesetzte Tensid verfügt über eine große Waschkraft.

68 Nennen Sie die Wirkstoffe eines Shampoos gegen Schuppen.

Schuppenshampoos sollen die Schuppen auflösen, die erneute Schuppenbildung hinauszögern und den durch Schuppen bedingten Juckreiz beseitigen. Sie enthalten die folgenden Wirkstoffe:

- **Schwefel** und die noch besser geeigneten neueren **Pyrithionverbindungen** wirken keratolytisch (hornlösend).
- **Salicylsäure** wirkt ebenfalls keratolytisch und fungizid (pilztötend).
- **Teerverbindungen** und **Menthol** lindern den Juckreiz.

69 Erklären Sie die Wirkungsweise eines Shampoos für trockenes Haar.

Shampoos für **trockenes Haar** enthalten einen höheren Anteil an Rückfettern, die der Kopfhaut und dem Haar bei der Haarwäsche Fettstoffe zuführen.

An das Haar werden gleichzeitig Schutzstoffe angelagert, um zu verhindern, dass es spröde und brüchig wird.

Die eingesetzten Tenside sind sehr mild, wodurch eine starke Entfettung vermieden wird.

70 Wie wirkt ein Shampoo für strapaziertes Haar?

Ein **Shampoo für strapaziertes Haar** (Pflegeshampoo) enthält besondere Pflegemittel, um die geschädigten Stellen am Haar zu schließen und einen schützenden Film um das Haar zu legen.

Zu diesen Wirkstoffen gehören haarfreundliche Fette und Substanzen, die in ihrem Aufbau dem Keratin ähnlich sind, und deshalb als **keratinaffine Stoffe** bezeichnet werden (affin = verwandt, ähnlich)

Das Haar

71 Welche Wirkungen können außerdem durch spezielle Shampoos erzeugt werden?

Es stehen noch weitere **Shampoos für spezielle Einsatzbereiche** zur Verfügung. Sie können
- das Farbergebnis nach einer Farbbehandlung stabilisieren,
- die Sprungkraft und die Elastizität nach einer Wellbehandlung verbessern,
- das Haarvolumen bei feinem Haar vergrößern,
- die Haarfarbe auffrischen.

72 Nennen Sie die beiden Positionen bei der Haarwäsche. Was sind ihre jeweiligen Vorteile?

Die Haarwäsche kann als **Rückwärts-** oder **Vorwärtswäsche** durchgeführt werden.

Vorteile der Vorwärtswäsche:
- Rückenschonend für die Friseurin
- Bequeme Haltung für die Kunden
- Wasser läuft Kunden nicht ins Gesicht

Vorteil der Rückwärtswäsche:
- Alle Kopfbereiche können gut gereinigt werden.

73 Wie wird die Haarwäsche vorbereitet?

Vor der **Durchführung der Haarwäsche** werden folgende Vorbereitungen getroffen:
- Bereitstellen der Werkzeuge und Hilfsmittel
- Umlegen von Halskrause und Umhang
- Auskämmen der Haare
- Beurteilen von Haar und Kopfhaut
- Auswählen und Verdünnen des Shampoos
- Anziehen der Handschuhe

74 Nennen Sie die Arbeitsschritte bei einer Haarwäsche.

Zu einer Haarwäsche gehören die folgenden **Arbeitsschritte:**
- Anfeuchten der Haare
- Gleichmäßiges Verteilen des Shampoos
- Durchführen der Reinigungsmassage
- Ausspülen
- Frottieren der Haare
- Kämmen der Haare

75 Welche Präparate werden zur Pflege des Haares eingesetzt?

Präparate zur Pflege des Haares werden nach Haarwäschen sowie Farb- und Dauerwellbehandlungen eingesetzt. Sie schließen die Behandlungen ab, weshalb sie auch als Nachbehandlungspräparate bezeichnet werden.

Sie werden unterteilt in:
- Spülungen
- Schnellkuren
- Kurpackungen

TECHNOLOGIE

76	Beschreiben Sie die Wirkungsweise von Nachbehandlungspräparaten.	**Nachbehandlungspräparate** • adstringieren und glätten das Haar, • sorgen für eine ausgeglichene Wasser-Fett-Balance im Haar, • verbessern die Struktur des Haares und pflegen die Kopfhaut, • machen restliche Chemikalien unwirksam, • verhindern elektrostatische Aufladung, • schützen das Haar vor UV-Strahlen.
77	Wie werden Spülungen aufgetragen?	**Spülungen** werden in das handtuchtrockene Haar verteilt und nach einer kurzen Einwirkzeit von ca. 3 Minuten ausgespült.
78	Beschreiben Sie die Auftragetechnik von Schnellkuren.	**Schnellkuren** werden direkt aus dem Behältnis (Tube, Portionsflasche, Aerosoldose) auf das Haar gegeben und nach einer Einwirkzeit von 5–10 Minuten ausgespült.
79	Wie gehen Sie beim Auftragen von Kurpackungen vor?	**Kurpackungen** trägt man direkt aus der Tube oder mit einem Flachpinsel in Scheiteltechnik auf. Danach wird das Präparat gleichmäßig in die Haarlängen und -spitzen verteilt. Nach einer Einwirkzeit von 15–30 Minuten wird die Packung gründlich ausgespült.

2.7 Multiple-Choice

1 Welche Haarart ist schon vor der Geburt angelegt?
- a) Kolbenhaar
- b) Kopfhaar
- c) Primärhaar
- d) Kommahaar

2 Welche Bezeichnung entspricht dem Begriff „Haarmatrix"?
- a) Melanozyten
- b) Leukozyten
- c) Thrombozyten
- d) Keratinozyten

3 Welcher Teil des Haarfollikels ist aus epidermalem Gewebe entstanden?
- a) Haaraufrichtemuskel
- b) Haarmatrix
- c) Haarbalg
- d) Haarpapille

4 Woraus besteht der Haarfollikel?
- a) Cuticula und Cortex
- b) Haarbalg und Wurzelscheide
- c) Epidermis und Corium
- d) Subcutis und Medulla

Das Haar

5 Welcher der aufgeführten Begriffe ist <u>keine</u> Bezeichnung für eine Haarschicht?
a) Mark
b) Cortex
c) Corium
d) Cuticula

6 Durch welche Chemikalien wird die Schuppenschicht des Haares adstringiert?
a) Alkalien
b) Alkohole
c) Laugen
d) Säuren

7 Welcher der aufgeführten Begriffe gehört <u>nicht</u> zur Faserschicht?
a) Protofibrillen
b) Aminosäuren
c) Haarmatrix
d) Peptidspiralen

8 Welche Faktoren bestimmen die natürliche Haarfarbe?
a) Die Menge der Phäomelanine
b) Die Menge der Eumelanine
c) Die Melanozyten
d) Die Menge und Mischung von Eu- und Phäomelaninen

9 Wie entstehen natürliche Aschtöne?
a) Ausschließlich durch die Eumelanine
b) Durch das Fehlen der Eumelanine
c) Durch geringeren Anteil von Eumelaninen
d) Durch geringeren Anteil von Phäomelaninen

10 Welche physikalische Eigenschaft des Haares ist für das Färben wichtig?
a) Dehnbarkeit
b) Reißfestigkeit
c) Saugfähigkeit
d) Kapillarität

11 Welche Eigenschaft des Haares ist für die Dauerwelle von Bedeutung?
a) Elektrostatische Aufladung
b) Kapillarität
c) Hygroskopizität
d) Porosität

12 Welcher der aufgeführten Begriffe steht für eine Haaranomalie?
a) Psoriasis
b) Haarbruch
c) Trichotillomanie
d) Trichorrhexis nodosa

13 Welche Ursache führt zur männlichen Glatze?
a) Androgene im Überschuss
b) Veranlagung und männliche Hormone
c) Vorhandensein von Östrogenen
d) Veranlagung

TECHNOLOGIE

14 Welcher Haarausfall ist in jedem Fall reversibel?
a) Alopecia areata
b) Androgenetischer Haarausfall
c) Die Glatze bei einer Frau
d) Haarausfall nach schweren fiebrigen Erkrankungen

15 Welcher Wirkstoff ist für die Reinigungswirkung von Shampoos verantwortlich?
a) Rückfetter
b) Konditionierungsmittel
c) Pflegestoff
d) Tensid

16 Welche Aussage ist richtig?
a) Anionische Tenside haben eine negative Ladung.
b) Anionische Tenside haben eine positive Ladung.
c) Anionische Tenside sind positiv und negativ geladen.
d) Anionische Tenside haben keine elektrische Ladung.

17 Welche Aufgaben haben die Konditionierungsmittel im Shampoo?
a) Sie geben dem Haar Fett.
b) Sie verhindern Schuppenbildung.
c) Sie bekämpfen fettiges Haar.
d) Sie verhindern u. a. elektrostatische Aufladung.

18 Welche Aussage trifft auf Shampoos für trockenes Haar <u>nicht</u> zu?
a) Sie enthalten Tenside mit schwächerer Waschkraft.
b) Sie enthalten Salizylsäure mit fungizider Wirkung.
c) Sie enthalten einen höheren Anteil an Rückfettern.
d) Sie enthalten besondere Schutzstoffe zur Erhaltung der Elastizität.

19 Welche Aufgabe nimmt ein Nachbehandlungspräparat <u>nicht</u> wahr?
a) Verbessern der Haarstruktur
b) Pflege der Kopfhaut
c) Schützen des Haares vor UV-Strahlen
d) Bekämpfen von Schuppen

20 Welcher Arbeitsschritt gehört nicht zur Vorbereitung einer Haarwäsche?
a) Beurteilen von Haar und Kopfhaut
b) Feststellen des Weißanteils
c) Verdünnen des Shampoos
d) Anziehen der Waschhandschuhe

Lösungen: 1c; 2d; 3b; 4b; 5c; 6d; 7c; 8d; 9d; 10c; 11b; 12d; 13b; 14d; 15d; 16a; 17d; 18b; 19d; 20b

3 Haut und Nägel

3.1 Aufbau der Haut

1 Aus welchen Schichten besteht die Haut?

Die Haut besteht aus drei Schichten: der **Oberhaut**, der **Lederhaut** und dem **Unterhautfettgewebe**.

2 Benennen Sie die Schichten der Haut.

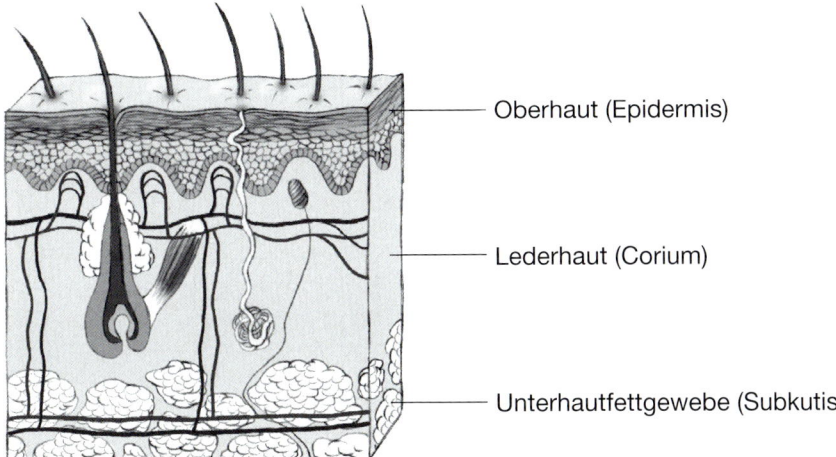

- Oberhaut (Epidermis)
- Lederhaut (Corium)
- Unterhautfettgewebe (Subkutis)

3 Wie ist die Oberhaut aufgebaut?

Die **Oberhaut (Epidermis)** ist ein **Deckgewebe**, das aus fünf Einzelschichten besteht (aufgeführt in Wachstumsrichtung):
- Basalzellenschicht
- Stachelzellenschicht
- Körnerzellenschicht
- Leuchtschicht
- Hornschicht

4 Beschreiben Sie den Weg der Epidermiszellen vom Entstehen bis zur Abschuppung.

Die Epidermiszellen werden in der **Basalzellenschicht** gebildet. Durch ständig nachwachsende Zellen werden sie nach oben geschoben und verändern sich, bis sie als feine Hornschüppchen abgestoßen werden.

5 Warum werden die Basalzellenschicht und die Stachelzellenschicht als Keimzone bezeichnet?

In der Basalzellenschicht und in der Stachelzellenschicht finden Zellteilungen statt, das heißt, dort werden neue Hautzellen gebildet. Darum werden diese beiden Schichten zur **Keimzone** zusammengefasst.

Technologie

6 **Wie werden die oberen drei Schichten der Epidermis bezeichnet?**

Die drei oberen Schichten der Epidermis sind die **Körnerzellenschicht**, die **Leuchtschicht** und die **Hornschicht**. Zusammengefasst werden sie unter dem Begriff **„Verhornungszone"**.

7 **Tragen Sie die Schichten der Oberhaut ein.**

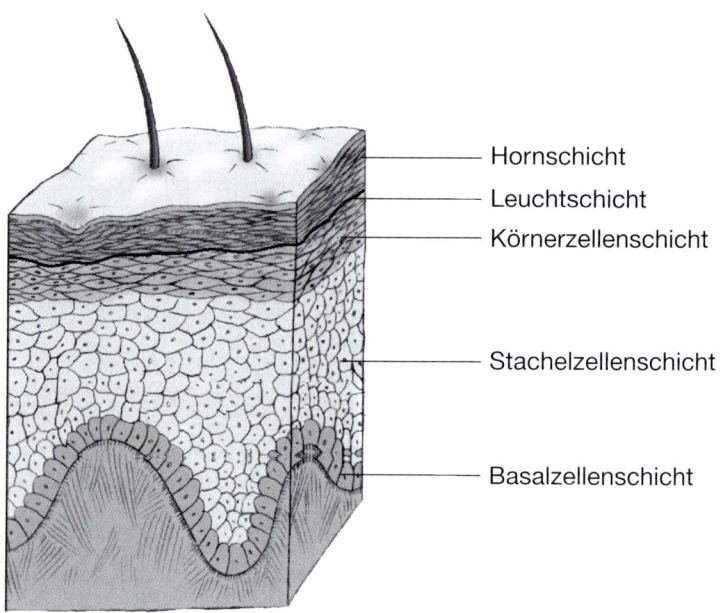

- Hornschicht
- Leuchtschicht
- Körnerzellenschicht
- Stachelzellenschicht
- Basalzellenschicht

8 **Woraus besteht die Lederhaut?**

Die **Lederhaut (Corium)** ist ein **Bindegewebe**, das im Wesentlichen aus elastischen und kollagenen Fasern besteht.

9 **Welche Aufgaben haben die Fasern der Lederhaut?**

Die **elastischen Fasern** geben der Lederhaut Elastizität und Festigkeit.

Die **kollagenen Fasern** verleihen ebenfalls Elastizität und darüber hinaus auch Feuchtigkeit.

Beide Fasern bestimmen im Wesentlichen die **Gewebsspannung** der gesamten Haut.

10 **Was bezeichnen die Begriffe „Tonus" und „Turgor"?**

Der **Tonus** ist derjenige Teil der Gewebsspannung, der auf der Elastizität der elastischen Fasern beruht.

Der **Turgor** ist derjenige Teil der Gewebsspannung, der auf das von den kollagenen Fasern gebundene Wasser zurückzuführen ist.

Haut und Nägel

11 Was befindet sich in der Lederhaut?

In der **Lederhaut** befinden sich neben Muskeln, Nerven und Blutgefäßen auch die Schweißdrüsen, Talgdrüsen und die Haarfollikel.

12 Woraus besteht die Unterhaut und welche Aufgaben hat sie?

Die **Unterhaut** (Subkutis) besteht aus einem lockeren Bindegewebe, das mit Fettzellen gefüllt ist. Man bezeichnet die Unterhaut deswegen auch als Unterhautfettgewebe.
Die Unterhaut dient als Energiereserve des Körpers; sie wirkt wärmeisolierend und schützt vor Druck und Stoß.

13 Welche Aufgaben haben die Talgdrüsen?

Die **Talgdrüsen** stellen das Hautfett her.

Die produzierte Talgmenge bestimmt den Hauttyp.

14 Welche Faktoren beeinflussen die Talgproduktion?

Im Wesentlichen wird die Talgproduktion von zwei Faktoren beeinflusst:
- Der **genetisch** festgelegten Talgdrüsengröße
- Den männlichen Geschlechtshormonen (**Androgenen**)

15 Welche Aufgaben hat der Hauttalg?

Der **Hauttalg** gelangt in den Haarfollikel und von dort ausgehend fettet er Haut und Haar. Dabei erfüllt der Talg folgende Aufgaben:
- Er hält Haut und Haar geschmeidig,
- sorgt für natürlichen Glanz,
- schützt vor äußeren Einflüssen,
- verhindert das Austrocknen (Erhalt der Fett-Wasser-Balance).

16 Unterscheiden Sie verschiedene Hauttypen anhand der Talgproduktion.

- Bei der **normalen Haut** produzieren die Talgdrüsen die für die Hautfunktion erforderliche Talgmenge.
- Bei der **trockenen Haut (Sebostase)** liegt eine Unterfunktion der Talgdrüsen vor.
- Eine Überfunktion der Talgdrüsen führt zu **fettiger Haut (Seborrhö)**.
  Es werden zwei Typen der Seborrhö unterschieden:
  – Seborrhoea oleosa
  – Seborrhoea sicca

TECHNOLOGIE

17 Beschreiben Sie die Merkmale der normalen Haut.

Die **normale Haut** ist weder trocken noch übermäßig empfindlich. Haar und Haut weisen einen natürlichen Glanz auf.

18 Nennen Sie die Merkmale der Sebostase.

Bei der **Sebostase** ist das Haar trocken und glanzlos, die Gesichtshaut ist feinporig, glanzlos, spröde und rau. Sie reagiert empfindlich auf chemische, mechanische und thermische Reize.

19 Woran erkennt man die Seborrhoea oleosa?

Bei der **Seborrhoea oleosa** ist der Talg dünnflüssig und ölig. Das Fett verteilt sich auf der Kopfhaut, wird vom Haar aufgenommen und gelangt in kurzer Zeit vom Ansatz bis zu den Spitzen. Das Haar sieht fettig und strähnig aus.

Die Gesichtshaut ist großporig und glänzt oft fettig. Sie neigt verstärkt zu Hautunreinheiten.

20 Was sind die Merkmale der Seborrhoea sicca?

Bei der **Seborrhoea sicca** ist der Hauttalg fester. Er gelangt deshalb nur auf die Kopfhaut und den Haaransatz. Die Längen und Spitzen sind eher trocken. Mit den abschuppenden Hornteilchen der Oberhaut bildet der Talg die so genannten Talgschuppen.

Die Gesichtshaut ist im Bereich von Stirn, Nase und Kinn fettig, die Wangenpartie ist dagegen eher trocken und leicht schuppig.

21 Nennen Sie die beiden Schweißdrüsenarten und erklären Sie deren Funktionen.

Es werden zwei Arten von Schweißdrüsen unterschieden: die **ekkrinen** und die **apokrinen**.
- Die **ekkrinen Schweißdrüsen** befinden sich am ganzen Körper. Ihre wichtigste Aufgabe ist die **Wärmeregulierung** des Körpers. Der von ihnen ausgeschiedene Schweiß besteht zu 99 % aus Wasser. Darin gelöst sind vorwiegend Salze und Säuren.
- Die **apokrinen Schweißdrüsen** befinden sich im Achselbereich. Dieser Schweiß enthält Zellreste und andere organische Substanzen, die von den Körperbakterien zersetzt werden. Dabei entsteht der teils unangenehme Geruch.

22 Welche Präparate reduzieren den Schweißgeruch?

- **Deodorantien** bekämpfen die Bakterien und überdecken den Geruch durch Duftstoffe.
- **Antitranspirantien** enthalten Salze, die die Ausgänge der apokrinen Schweißdrüsen verstopfen sollen.

3.2 Aufgaben der Haut

23 Nennen Sie die Schutzaufgaben der Haut und beschreiben Sie, wie sie diese erfüllt.

Die Haut erfüllt die folgenden **Schutzaufgaben**:
- **Schutz vor chemischen Schädigungen**
  Der Säureschutzmantel besteht aus Talg und Schweiß. Der Hauttalg weist wässrige Chemikalien ab und der saure Schweiß neutralisiert schwache Alkalien.
- **Schutz vor mechanischen Schädigungen**
  Fettpolster schützen den Körper, indem sie Stöße abfedern.
  Häufige Druckbelastung führt zur Verdickung der Hornschicht (Schwielen).
- **Schutz vor Schädigungen durch UV-Strahlen**
  Die Haut bildet einen natürlichen UV-Schutz durch Bildung von Pigmenten (Bräunung) und Verdickung der Hornschicht (Lichtschwiele).
- **Schutz vor biologischen Schädigungen**
  Der Säureschutzmantel schafft ein bakterienfeindliches Milieu.
  Die körpereigene Flora (Bakterien) bekämpft fremde Bakterien.
  Durch das Abschuppen der oberen Lagen der Hornschicht werden ständig auch schädliche Keime abgestoßen.

24 Wie funktioniert die Regulierung der Körpertemperatur durch die Haut?

Bei der **Wärmeregulierung** des Körpers kommt es darauf an, die Kerntemperatur des Körpers konstant bei 36,5 °C zu halten.
- Bei zu hoher Körpertemperatur erweitern sich die Hautadern, die Haut wird gut durchblutet und dadurch wird Wärme abgestrahlt. Außerdem kommt es zu einer vermehrten Schweißbildung. Der Schweiß verdunstet und durch die dabei entstehende Verdunstungskälte kommt es ebenfalls zu einer Wärmeabgabe.
- Bei zu geringer Körpertemperatur ziehen sich die Äderchen zusammen. Die Haut wird kaum durchblutet, sodass nur wenig Wärme abgestrahlt wird.

25 Nennen Sie die Stoffwechselfunktionen der Haut.

Die Haut erfüllt folgende **Stoffwechselfunktionen**:
- Ausscheidung von Schweiß und darin enthaltenen Harnstoffen
- Aufnahme von Sauerstoff und fettlöslichen Substanzen
- Abgabe von Kohlendioxid
- Speicherung von Körperfett
- Bildung von Vitamin D

TECHNOLOGIE

26 Welche Sinneseindrücke werden über die Haut wahrgenommen?

Nervenendpunkte in der Haut nehmen Sinneseindrücke wie Druck, Schmerz, Wärme, Kälte, Juckreiz etc. wahr.

27 Welche Merkhilfe für die Hauptfunktionen der Haut kennen Sie?

Die **Merkhilfe** für die Aufgaben der Haut lautet: **SWSW**.

S → **S**chutz
W → **W**ärmeregulierung
S → **St**offwechsel
W → **W**ahrnehmung

3.3 Störungen der Hautfunktion

28 Welche Störungen der Hautfunktion werden unterschieden?

Es werden vier Gruppen von **Hautfunktionsstörungen** unterschieden:

- Talgdrüsenstörungen, z. B. Komedonen, Akne
- Verhornungsstörungen, z. B. Milien, Hühneraugen, Viruswarzen, Alterswarzen
- Pigmentstörungen, z. B. Sommersprossen, Muttermale, Leberflecken, Vitiligo, Albinismus
- Veränderung der Blutgefäße, z. B. Teleangieektasien, Blutschwamm, Feuermal

29 Nennen Sie Talgdrüsenstörungen und ihre Ursachen.

Talgdrüsenstörungen werden unterteilt in **Komedonen** und **Akne**.

- **Komedonen** sind verhärtete Talgpfropfen, die genetisch und androgenetisch bedingt sind.
- **Akne** entsteht durch Entzündung der Talgdrüsenausgänge, hervorgerufen durch Aknebakterien, die den Talg zersetzen.

30 Welche Verhornungsstörungen werden unterschieden?

Die häufigsten **Verhornungsstörungen** sind **Milien**, **Viruswarzen**, **Alterswarzen** (seborrhoische Warzen) und **Hühneraugen**.

31 Geben Sie Beispiele für Pigmentstörungen.

Zu den **Pigmentstörungen** gehören **Sommersprossen, Muttermale, Leberflecken** und **Vitiligo** (Weißfleckenkrankheit).

32 Nennen Sie Veränderungen der Blutgefäße und kosmetische Behandlungsmöglichkeiten.

Es werden **Teleangiektasie** (erweiterte Hautkapillaren), **Blutschwamm** und **Feuermal** (Wucherungen der Hautgefäße) unterschieden. Sie können kosmetisch durch Make-up oder Camouflage abgedeckt werden.

3.4 Schuppenbildung

33 Erklären Sie die Entstehung von Kopfschuppen.

Die **Kopfschuppen** entstehen durch zu schnelles Wachsen der Oberhaut. Hervorgerufen wird die beschleunigte Zellteilung der Oberhaut durch einen Hefepilz.

34 Wie werden Kopfschuppen behandelt?

Kopfschuppen werden mit speziellen Shampoos behandelt. Sie enthalten die folgenden Wirkstoffe:

- **Schwefel** und spezielle Schwefelverbindungen
  Sie wirken **keratolytisch** (hornlösend).
- **Teerverbindungen**
  Sie lindern den Juckreiz.
- **Salicylsäure**
  Sie wirkt **keratolytisch** und **fungizid** (pilztötend).

Merkhilfe: STS

35 Nennen Sie schuppende Kopfhauterkrankungen.

Auf der behaarten Kopfhaut können zwei Formen von **schuppenden Hautkrankheiten** (Flechten) auftreten, die **Schuppenflechte** (Psoriasis) und **Pilzflechten** (Mykosen).

36 Beschreiben Sie die Schuppenflechte.

Die **Schuppenflechte** kann die Kopfhaut und den ganzen Körper befallen. Beim Ablösen von Schuppenteilen wird die gerötete Haut sichtbar.

Die Schuppenflechte ist genetisch bedingt und nicht ansteckend.

37 Nennen Sie die Merkmale von Pilzflechten.

Pilzflechten (Mykosen) sind schuppende Hautkrankheiten, die durch Pilzinfektion hervorgerufen werden. An den befallenen Stellen brechen die Haare ab. Die entstehenden Kahlstellen sind mit Schuppen bedeckt.

Pilzflechten sind ansteckend. Kunden mit dieser Kopfhauterkrankung dürfen nicht im Salon bedient werden.

Wird die Krankheit erst während der Bedienung entdeckt, muss die Arbeit schnell beendet werden.

Benutzte Werkzeuge, Textilien usw. müssen desinfiziert werden.

38 Durch welche Arbeitsfehler können schuppende Stellen auf der Kopfhaut entstehen?

Gelangen Chemikalien, wie z. B. Shampookonzentrate oder Blondierbrei, auf die Kopfhaut, so kann die Haut an der Kontaktstelle abschuppen.

3.5 Aufbau des Nagels

39 Nennen Sie die Bestandteile eines Fingernagels.

Die **Bestandteile eines Fingernagels** sind:
- Nagelwurzel (Matrix)
- Nagelbett
- Nagelfalz
- Nagelwall
- Nagelhaut
- Nagelplatte
- Nagelmond (Lunula)
- Nagelrand

40 Benennen Sie die Bestandteile des Fingernagels.

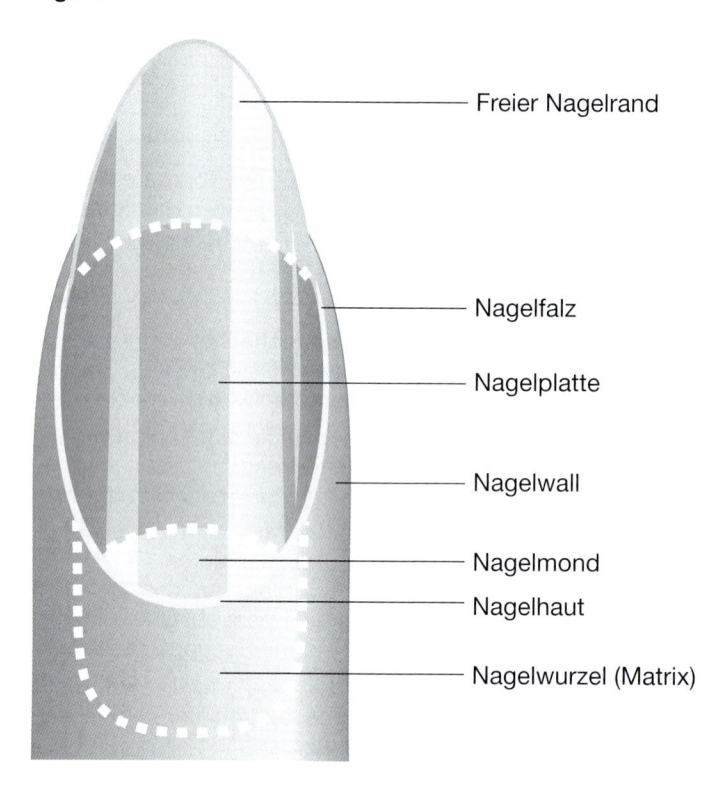

- Freier Nagelrand
- Nagelfalz
- Nagelplatte
- Nagelwall
- Nagelmond
- Nagelhaut
- Nagelwurzel (Matrix)

41 Welche Aufgabe hat die Nagelwurzel?

Die **Nagelwurzel** (Matrix) bildet ständig neue Zellen, die nach vorne und nach außen geschoben werden.

Haut und Nägel

42	Wo befindet sich das Nagelbett und welche Aufgaben nimmt es wahr?	Das Nagelbett befindet sich unter der Nagelplatte und ist mit ihr verbunden. Es ist für das Dickenwachstum des Nagels mitverantwortlich. Die Blutgefäße des Nagelbetts sorgen für die Rosafärbung des Nagels.
43	Welche Funktionen hat die Nagelhaut?	Die **Nagelhaut** schützt Nagelfalz und Nagelwall vor dem Eindringen von Keimen und Schmutzstoffen.
44	Aus welchem Material besteht die Nagelplatte?	Die **Nagelplatte**, der sichtbare Teil des Nagels, besteht wie das Haar und die Hornschicht der Epidermis vorwiegend aus Keratin. Der Wasser und Fettanteil des Nagels sorgen für Elastizität und Glanz.
45	Was ist der Nagelrand?	Der **Nagelrand** ist der obere Teil der Nagelplatte, der nicht mehr mit dem Nagelbett verwachsen ist.

3.6 Veränderungen des Nagels

46	Welche Nagelveränderungen werden unterschieden?	Bei den Nagelveränderungen unterscheidet man **Nagelanomalien, Nagelschäden** und **Nagelmykosen**.
47	Nennen Sie Nagelanomalien und ihre Ursachen.	Bei Nagelanomalien handelt es sich um wachstumsbedingte Veränderungen des Nagels. • **Weiße Flecken** entstehen aufgrund von Mangelerscheinungen. • **Längsrillen** können altersbedingt sein. • **Querrillen** sind vorwiegend anlagebedingt.
48	Wie werden Nagelschäden hervorgerufen?	**Nagelschäden** können hervorgerufen werden durch äußere Einwirkungen und durch Mineralstoffmangel. Beispiele für Nagelschäden sind: • brüchige Nägel • spröde Nägel
49	Woran erkennen Sie eine Nagelmykose?	Eine **Nagelmykose** (Nagelpilzerkrankung) erkennt man an der Verdickung, Verfärbung und Auflösung des Nagels. Diese Erkrankung ist ansteckend und muss unbedingt mit Medikamenten und Salben behandelt werden.

3.7 Maniküre

50 Welche Vorbereitungen sind vor einer Maniküre zu treffen?

Vor einer **Maniküre** müssen die Nägel auf ihren Zustand untersucht (Nagelanalyse) sowie die erforderlichen Präparate und Werkzeuge bereitgestellt werden.

51 Nennen Sie wichtige kosmetische Präparate für die Maniküre.

Die wichtigsten **Präparate** für eine Maniküre sind:
- Nagellackentferner
- Nagelhautentferner
- Nagelöle
- Nagelhärter
- Nagellack

52 Welche Werkzeuge sind zur Nagelpflege erforderlich?

Zur **Durchführung einer Maniküre** sind folgende Werkzeuge erforderlich:
- Nagelschere, Nagelfeile, Sandblattfeile
- Hautheber, Hautmesserchen, Nagelhautschere
- Radierstab, Pferdefüßchen
- Nagelpolierer

53 Nennen Sie die Arbeitsgänge bei einer Maniküre in der richtigen Reihenfolge.

Bei einer Maniküre werden die folgenden Arbeiten in dieser **Reihenfolge** durchgeführt:
- Entfernen des Nagellacks
- Formen der Nägel
- Reinigen der Nägel und Erweichen der Nagelhaut im Nagelbad
- Nagelhautbehandlung
- Handmassage
- Auftragen des Nagellacks

54 Welche Aufgaben hat ein Nagelbad?

Im **Nagelbad** werden die Nägel gereinigt und die Nagelhaut erweicht. Es wird aus warmem Wasser und milden Tensiden hergestellt.

Durch bleichende Zusätze wie Wasserstoffperoxid können Verfärbungen beseitigt und eine desinfizierende Wirkung erzielt werden.

55 Erklären Sie die Wirkungsweise eines Nagelhautentferners.

Der aufgetragene Nagelhautentferner erweicht die Nagelhaut. Sie wird dann mit einem Pferdefüßchen zurückgeschoben.

3.8 Multiple-Choice

1 Welche der aufgeführten Hautschichten gehört zur Oberhaut?
- a) Epidermis
- b) Corium
- c) Subkutis
- d) Körnerzellenschicht

2 Welche Gewebeart ist wesentlicher Bestandteil der Lederhaut?
- a) Epidermales Deckgewebe
- b) Verhorntes Deckgewebe
- c) Muskelgewebe
- d) Bindegewebe

3 Was versteht man unter dem „Turgor" der Haut?
- a) Gewebsspannung, die aus den elastischen Fasern resultiert
- b) Gewebsspannung, die auf den Wassergehalt der Haut zurückzuführen ist
- c) Gewebsspannung, die durch den Fettanteil der Haut bestimmt wird
- d) Natürlicher Glanz der Haut

4 Welcher Hauttyp wird durch übermäßige Produktion von flüssigem Talg bestimmt?
- a) Seborrhoea sicca
- b) Seborrhoea oleosa
- c) Normale Haut
- d) Sebostase

5 Welche Aussage ist <u>nicht</u> richtig? Ekkrine Schweißdrüsen …
- a) … befinden sich am ganzen Körper.
- b) … dienen der Wärmeregulierung.
- c) … verursachen unangenehmen Geruch.
- d) … befinden sich verstärkt an den Handflächen.

6 Komedonen sind …
- a) … Talgdrüsenentzündungen.
- b) … Pigmentstörungen.
- c) … gestaute und verhärtete Talgpfropfen.
- d) … Verhornungsstörungen.

7 Akne entsteht durch …
- a) … Unsauberkeit.
- b) … bakterielle Zersetzung des Hauttalgs.
- c) … Erweiterung der Hautkapillaren.
- d) … nicht behandelte Seborrhoea oleosa.

8 Welche Behandlung ist bei Akne sinnvoll?
- a) Ausdrücken der Papeln und Pusteln
- b) Abdecken der Akne durch ein Make-up
- c) Anwendung von UV-Licht
- d) Reinigen mit alkoholfreiem Gesichtswasser

TECHNOLOGIE

9 Welche Verhornungsstörungen darf die Kosmetikerin mit einem Messer entfernen?
a) Milien
b) Viruswarzen
c) Alterswarzen
d) Hühneraugen

10 Teleangiektasien sind …
a) … Leberflecken.
b) … gutartige Wucherungen der Hautgefäße.
c) … erweiterte Hautgefäße.
d) … Blutgefäßerkrankungen.

11 Was sind die äußeren Merkmale der Vitiligo?
a) Braune, fühlbare Hautveränderungen
b) Braune, nicht fühlbare Hautveränderungen
c) Wucherungen der Blutgefäße
d) Nichtpigmentierte Hautbezirke

12 Welche der aufgeführten Hautveränderungen ist <u>nicht</u> erhaben?
a) Alterswarze
b) Blutschwamm
c) Feuermal
d) Viruswarze

13 Welche Schuppenform ist ansteckend?
a) Trockene Schuppen
b) Ölige Schuppen
c) Schuppenflechte
d) Mykose

14 Welcher Teil des Nagels ist nicht sichtbar?
a) Nagelfalz
b) Nagelhaut
c) Nagelmatrix
d) Lunula

15 Woran ist eine Nagelmykose erkennbar?
a) Weiße Flecken
b) Querrillen
c) Spröde, brüchige Nägel
d) Nagelverdickung und -verfärbung

Lösungen: 1d; 2d; 3b; 4b; 5c; 6c; 7b; 8c; 9a; 10c; 11d; 12c; 13d; 14c; 15d

4 Chemische Grundlagen und Wirkstoffe

4.1 Wichtige chemische Substanzen

1 Nennen Sie wichtige Chemikalien in Friseurpräparaten.

In **Friseurpräparaten** sind die folgenden Chemikalien als Wirkstoffe enthalten:
- Alkalien (Basen, Laugen)
- Säuren
- Oxidationsmittel
- Reduktionsmittel
- Pufferstoffe
- Alkohole
- Fettstoffe
- Tenside

2 Welche Präparate enthalten Alkalien?

Alkalien befinden sich in Färbe- und Blondierpräparaten sowie in der Dauerwellflüssigkeit.

3 Welche Aufgaben haben die Alkalien in diesen Präparaten?

In **Färbe- und Blondierpräparaten** haben Alkalien folgende Aufgaben:
- Sie quellen das Haar.
- Sie fördern chemische Vorgänge.
- Sie neutralisieren Stabilisierungssäure im H_2O_2.

In Dauerwellflüssigkeiten
- quellen sie das Haar,
- fördern chemische Vorgänge.

4 In welchen Präparaten sind Säuren enthalten?

Säuren sind enthalten
- In **Nachbehandlungspräparaten**
  Es werden vor allem Milchsäure, Weinsäure und Zitronensäure eingesetzt.
- In H_2O_2-**Lösungen**
  Sie stabilisieren das H_2O_2, sodass es über einen längeren Zeitraum lagerungsfähig ist.

5 Welche Aufgaben haben die Säuren in Nachbehandlungspräparaten?

Die **Säuren** in Nachbehandlungspräparaten
- neutralisieren restliche Alkalien nach alkalischen Behandlungen, wie z. B. Färben,
- adstringieren das Haar,
- adstringieren die Haut und stellen den Säureschutzmantel wieder her.

6 In welchen Präparaten ist Wasserstoffperoxid (H_2O_2) als Wirkstoff enthalten und welche Aufgaben hat es in diesen Präparaten?

Das **Wasserstoffperoxid** wird zum Blondieren, Färben und Fixieren sowie im Aufheller eingesetzt:
- Als Oxidationsmittel beim Färben bleicht es zunächst die Pigmente im Haar und baut dann aus Farbbildnern künstliche Pigmente auf.
- Beim Blondieren bleicht es die natürlichen Pigmente.
- Als Fixiermittel schließt es die Schwefelbrücken.
- Als Bestandteil eines Aufhellers bleicht es über einen längeren Zeitraum einen Teil der natürlichen Pigmente.

7 In welchen Friseurpräparaten werden Reduktionsmittel eingesetzt und welche Wirkung haben sie?

Reduktionsmittel werden in Dauerwellpräparaten eingesetzt. Sie lösen die Schwefelbrücken. Es werden zwei Reduktionsmittel unterschieden:
- **Ammoniumthioglykolat** als Reduktionsmittel der alkalischen Dauerwellpräparate
- **Ammoniumthioglykolsäureester** als Reduktionsmittel in sauren Dauerwellpräparaten

8 Nennen Sie Alkohole und ihre Aufgaben in Friseurpräparaten.

Die wichtigsten **Alkohole** in Friseurpräparaten sind **Ethanol** und **Isopropanol**.
- Im Haarspray und im Festiger dienen sie als Lösungsmittel für die Kunstharze, Pflegestoffe und Duftstoffe.
- Im Gesichts- und Kopfhautwasser wirken sie kühlend, erfrischend und ab einem Volumenanteil von 60 % desinfizierend. Außerdem lösen sie fettlösliche Wirkstoffe.

9 Warum gehört Glyzerin auch zur Gruppe der Alkohole?

Glyzerin wird aufgrund seines chemischen Aufbaus zur Gruppe der Alkohole gezählt. Er ist stark hygroskopisch und wird deshalb als Feuchthaltefaktor eingesetzt.

10 Unterteilen Sie die in Friseurpräparaten eingesetzten Fette.

Fette werden unterteilt in:
- **echte Fette**
  Pflanzenöle, tierische Fette
- **fettähnliche Stoffe**
  Lanolin, Kakaobutter, Lezithin
- **Mineralfette**
  Vaseline

Chemische Grundlagen und Wirkstoffe

11 In welcher Form befinden sich die Fette in den Friseurpräparaten?

Die **Fette** befinden sich in unterschiedlicher Form in den Friseurpräparaten:
- In reiner Form als Pomade und Haarwachs
- In gelöster Form in Gesichtswasser, Kopfhautwasser, Festiger, Haarspray
- In emulgierter Form in Emulsionen
- Als Rückfetter in Seifen, Shampoos und im Duschgel

12 Welche Aufgaben haben die Fettstoffe in Friseurpräparaten?

Die **Fettstoffe** haben folgende Aufgaben:
- Sie verhindern das Austrocknen (Erhaltung der Fett-Wasser-Balance),
- geben Glanz,
- dienen als Frisierhilfe,
- schützen vor äußeren Einflüssen,
- verhindern Juckreiz.

13 Erklären Sie die Reinigungswirkung der Tenside.

Die **Reinigungswirkung der Tenside** beruht auf dem Zusammenwirken folgender Eigenschaften:
- Sie setzen die Oberflächenspannung des Wassers herab und fördern das Benetzen von Haut und Haar mit Wasser.
- Sie emulgieren Fett.
- Sie bilden Schaum, der den Schmutz vom Waschgut abhebt. Zusätzlich dient der Schaum zur Kontrolle der Sauberkeit.

14 Wofür werden Tenside verwendet? Nennen Sie die unterschiedlichen Tensidarten.

Tenside werden zur Reinigung in Shampoos und Duschgelen sowie als Emulgatoren in Emulsionen verwendet.

Es werden die folgenden **Tensidarten** unterschieden:
- Anionische Tenside (negative Ladung)
- Kationische Tenside (positive Ladung)
- Ampholytische Tenside (positive und negative Ladung)
- Nichtionogene Tenside (keine elektrische Ladung)

4.2 Chemische Vorgänge bei Facharbeiten

15 Nennen Sie wichtige chemische Vorgänge, die bei Facharbeiten ablaufen.

Wichtige chemische Vorgänge sind:
- Oxidation
- Reduktion
- Neutralisation

TECHNOLOGIE

16 Erklären Sie den Begriff „Oxidation".

Unter einer **Oxidation** versteht man die Zugabe von Sauerstoff oder den Entzug (Abgabe) von Wasserstoff.

17 Nennen Sie Facharbeiten, bei denen Oxidationsvorgänge ablaufen, und erklären Sie, was die Oxidationsvorgänge jeweils bewirken.

Bei den Friseurfacharbeiten laufen die folgenden **Oxidationsvorgänge** ab:
- **Blondieren**
  Bleichen der natürlichen Pigmente
- **Alkalischer Abzug**
  Bleichen der künstlichen Pigmente (Blondieren von gefärbtem Haar)
- **Färben**
  Bleichen der natürlichen Pigmente und Herstellen von künstlichen Pigmenten aus den Farbbildnern (doppelter Oxidationsvorgang)
- **Fixieren**
  Schließen der geöffneten Schwefelbrücken

18 Was versteht man unter einer „Reduktion"?

Unter einer **Reduktion** versteht man die Zugabe von Wasserstoff oder den Entzug (Abgabe) von Sauerstoff.

19 Nennen Sie Facharbeiten, bei denen Reduktionsvorgänge ablaufen, und erklären Sie, was die Reduktionsvorgänge jeweils bewirken.

Bei den Friseurfacharbeiten laufen die folgenden **Reduktionsvorgänge** ab:
- **Dauerwelle**
  Öffnen der Schwefelbrücken
- **Saurer (reduktiver) Abzug**
  Abbauen der künstlichen Pigmente nach einer Färbung

20 Was ist eine „Neutralisation"?

Eine **Neutralisation** liegt vor, wenn sich Laugen und Säuren in ihrer Wirkung aufheben. Dabei wird im Friseurbereich nicht der Neutralbereich, sondern der saure oder alkalische Bereich als Ergebnis der Neutralisation angestrebt.

21 Nennen Sie die Neutralisationsvorgänge bei Facharbeiten.

Die wichtigsten **Neutralisationsvorgänge** laufen beim Anrühren von Blondier- und Färbemitteln sowie beim Nachbehandeln ab.
- Das Alkali im Blondierpulver bzw. in der Farbcreme neutralisiert die Säure in der H_2O_2-Lösung. Dadurch wird die Stabilisierung aufgehoben und der Sauerstoff wird frei.
- Die Säure im Nachbehandlungspräparat neutralisiert die Alkalireste im Haar und adstringiert es.

4.3 pH-Wert

22 Was ist der pH-Wert?

Der **pH-Wert** ist ein Maß, mit dem die Stärke von Laugen und Säuren angegeben wird.

23 Nennen Sie Bereiche des pH-Werts.

Der **pH-Wert** kann in folgende Bereiche gegliedert werden:

- Gesamtbereich   pH 0 – pH 14
- Bereich der Säuren   pH 0 – pH 7
- Destilliertes Wasser pH 7
- Bereich der Basen   pH 7 – pH 14

24 Welche pH-Werte haben Friseurpräparate?

Der **pH-Wert** von **Friseurpräparaten** liegt zwischen pH 3 und pH 10.

Säuren mit einem pH-Wert zwischen pH 0 und pH 3 schädigen Haut und Haar.

Alkalien mit einem Wert zwischen pH 10 und pH 14 zerstören Haut und Haar.

25 Nennen Sie sehr stark alkalische Friseurpräparate im Bereich pH 10.

Sehr stark alkalische Friseurpräparate sind **Nagelhautentferner** und **Haarentfernungsmittel**. Sie sollen in Kombination mit anderen Wirkstoffen Keratinsubstanzen zerstören.

26 Für welche Facharbeiten muss der pH-Wert der Präparate pH 9 betragen und warum?

Der hohe **pH-Wert von 9** lockert die Haarstruktur stärker auf und beschleunigt chemische Vorgänge. Derart hohe pH-Werte sind für die folgenden Facharbeiten erforderlich:

- Dauerwellen von schwer wellbarem Haar
- Blondieren

27 Bei welchen Facharbeiten entfalten Präparate im schwach alkalischen Bereich von ca. pH 8 eine optimale Wirkung?

Präparate im **pH-Bereich von 8** werden eingesetzt

- beim **Dauerwellen,** wenn die Haarstruktur nicht zu fest ist (bei normalem und vorbehandeltem Haar),
- beim **Färben.**

28 Nennen Sie schwach saure Friseurpräparate (pH 6).

Präparate, mit denen keine chemischen Vorgänge durchgeführt werden, liegen im **pH-Bereich um 6**. Hierzu gehören:

- **Shampoos**
  Sie entsprechen in etwa dem pH-Wert, bei dem sich das Haar „am wohlsten" fühlt; sie erhalten den pH-Wert des Haares.
- **Hautcremes**
  Sie sind auf den Säureschutzmantel der Haut (pH 5–6) abgestimmt; sie erhalten den pH-Wert der Haut.

TECHNOLOGIE

29 Welche Präparate liegen im schwach sauren Bereich von ca. pH 5?

Präparate mit einem **pH-Wert um 5** werden nach alkalischen Behandlungen eingesetzt. Hierzu gehören:
- **Gesichtswasser**
  Sie stellen nach der Reinigung den natürlichen pH-Wert der Haut wieder her.
- **Rasierwasser**
  Sie neutralisieren Alkalireste der Rasierseife und stellen den natürlichen pH-Wert der Haut wieder her.
- **Nachbehandlungspräparate**
  Sie neutralisieren Alkalireste der chemischen Präparate.

30 Welche Aufgaben haben Pufferstoffe in Friseurpräparaten?

Pufferstoffe halten den pH-Wert konstant und sorgen dadurch für einen exakten Ablauf der chemischen Vorgänge.
Sie sind in Färbe- und Blondierpräparaten enthalten.

31 Ordnen Sie den pH-Werten Präparate und Chemikalien zu.

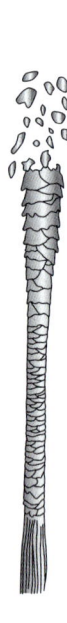

Wirkung auf das Haar	pH-Skala	
	14	Starke Laugen
zerstören	13	
	12	
	10	Schwache Laugen in Blondierungen, Farben und Dauerwellpräparaten
quellen	9	
	8	
	7	
neutrale Wirkung	6	Waschmittel für Haut und Haar, Cremes
	5	
	4	Nachbehandlungspräparate (Spülungen, Packungen, Gesichtswasser)
adstringieren	3	
	2	
zerstören	1	
	0	Starke Säuren

4.4 Kosmetische Wirkstoffe

32 Welche Stoffe stehen bei Facharbeiten für die Farbgestaltung zur Verfügung?

Für die **Farbgestaltung** stehen die folgenden Substanzen zur Verfügung:

- **Pigmente**
  Dies sind kleine, farbige Körnchen mit hoher Deckkraft. Pigmente dienen zur Farbgestaltung in der dekorativen Kosmetik (Make-up, Lippenstift, Puder usw.).
- **Farbbildner**
  Sie sind die Farbvorstufen der Haarfarben und werden durch den Sauerstoff des H_2O_2 zu Pigmenten aufgebaut.
- **Farbstoffe**
  Dies sind in Wasser oder Alkohol gelöste Farbträger. Sie dienen in Tönungen und Farbfestigern zur Veränderung der Farbrichtung und zur Farbauffrischung. In Oxidationshaarfarben des Rotbereichs wird durch rote Farbstoffe der gewünschte Rotton erzielt.
- **Selbstbräuner**
  Der Wirkstoff Dihydroxiaceton (DHA) verbindet sich mit freien Aminosäuren der Hautproteine. Dabei entsteht ein bräunlicher Farbton.

33 Nennen Sie Lichtschutzfilter und ihre Wirkung.

Als **Lichtschutzfilter** dienen Salizylsäureester und Phenole. Sie absorbieren einen Teil der UV-Strahlen des Sonnenlichts.

34 Erklären Sie die Wirkungsweise von Antioxidantien.

Als **Antioxidantien** dienen Tocopherol (Vitamin E) und Ascorbinsäure (Vitamin C).

Antioxidantien
- verhindern das Ranzigwerden von Fetten und
- machen das restliche H_2O_2 unwirksam, das nach dem Färben, Blondieren und Fixieren noch im Haar ist. Dadurch wird eine schleichende Oxidation vermieden.

35 Was sind Konservierungsmittel? Nennen Sie Beispiele.

Konservierungsmittel sind Substanzen, die Präparate vor Keimen schützen und sie auf diese Weise haltbar machen. Als Konservierungsmittel werden Benzoesäure, Salizylsäure, Schwefelverbindungen und Alkohole eingesetzt.

Technologie

36 Was sind „keratolytische" Substanzen?

Keratolytische Substanzen wie Salizylsäure und Schwefelverbindungen lösen Keratin auf. Sie sind in Präparaten gegen Akne, Schuppen und Hühneraugen enthalten.

37 Welche Emulsionsarten kennen Sie?

Die folgenden **Emulsionsarten** werden unterschieden:

- **Ö/W-Emulsionen**
  Tagescreme, Trägersubstanz für Wirkstoffe wie Farben, Pflegestoffe, Lichtschutzfilter usw.
- **W/Ö-Emulsionen**
  Nachtcreme
- **Mischemulsionen**
  fettreiche Tagescreme

38 Was sind Konsistenzgeber?

Als **Konsistenzgeber** dienen Wachse, Kakaobutter, Walratersatz, Cetylalkohol usw. Sie geben Emulsionen die gewünschte Konsistenz (Festigkeit).

39 Erklären Sie den Begriff „Feuchthaltefaktor".

Feuchthaltefaktoren (NME = natural moisturizing factor) sind Substanzen, die wasseranziehend (hygroskopisch) wirken. Sie binden Feuchtigkeit im Haar und in der Haut und erhalten so die Fett-Wasser-Balance.

Zu ihnen gehören Harnstoff, Glyzerin, Hyaluronsäure, Kollagen und Aloe Vera.

40 Welche Pflanzenwirkstoffe werden in der Kosmetik eingesetzt?

Pflanzenwirkstoffe sind wegen ihrer sanften Wirkung und der großen Verträglichkeit wichtige Bestandteile kosmetischer Präparate. Zu ihnen zählen:

- Arnika, Melisse, Rosskastanie (Allantoin):
  Sie sind durchblutungsfördernd, antiseptisch und adstringierend.
- Kamillenextrakte (Azulen, Bisabolol), Thymian, Salbei:
  Sie wirken entzündungshemmend.
- Johanniskraut, Fenchel, Hopfen:
  Sie sind antibakteriell und desinfizierend.
- Pfefferminz (Menthol):
  Es wirkt kühlend und erfrischend.
- Aloe Vera (Extrakt einer Agave):
  Sie zeichnet sich durch ihre antibakterielle, feuchtigkeitsbindende und Sonnenbrand heilende Wirkung aus.

Chemische Grundlagen und Wirkstoffe

41 Welche Funktion haben Duftstoffe in kosmetischen Präparaten?

Duftstoffe haben in kosmetischen Präparaten folgende Funktionen:
- **Duftgestaltung**
  Parfüms, Duftwasser
- **Duftgebung**
  Cremes, Finishprodukte
- **Überdeckung unangenehmer Gerüche**
  Dauerwellflüssigkeit, Haarfarbe

42 Nennen Sie Duftstoffe und ordnen Sie diese nach ihrer Herkunft.

Die **Duftstoffe** werden nach ihrer Herkunft geordnet:
- **Pflanzliche Duftstoffe**
  Rose, Jasmin, Anis, Zitrus usw.
- **Tierische Duftstoffe**
  Ambra, Moschus, Zibet, Castoreum (Bibergeil)
- **Synthetische Duftstoffe**
  Nachbildung natürlicher Duftstoffe, Neuentwicklungen

4.5 Multiple-Choice

1 Wie wirken Alkalien auf das Haar?

a) Das Haar wird adstringiert.
b) Die Salzbrücken werden geschlossen.
c) Die Haarstruktur wird gelockert.
d) Die Schuppenschicht wird geschlossen.

2 Welche Aufgaben versehen Alkalien bei chemischen Vorgängen im Haar?

a) Sie beenden die chemischen Vorgänge nach der Einwirkzeit.
b) Sie beschleunigen die chemischen Vorgänge.
c) Sie neutralisieren die H_2O_2-Rückstände.
d) Sie verhindern einen stärkeren Substanzverlust der Haare.

3 Welche Aufgabe hat das Alkali im Färbepräparat beim Mischen mit der H_2O_2-Lösung?

a) Es öffnet die Schuppenschicht.
b) Es hebt die Wirkung der Stabilisierungssäure im H_2O_2 auf.
c) Es macht ein Waschen im Normalfall überflüssig.
d) Es verhindert elektrostatisches Aufladen der Haare.

TECHNOLOGIE

4 Welche Aufgabe hat das Reduktionsmittel Ammoniumthioglykolat beim Dauerwellvorgang?

a) Lösen der Salzbrücken
b) Öffnen der Schuppenschicht
c) Lösen der Disulfidbrücken
d) Lösen der Wirkstoffe im Dauerwellpräparat

5 Welche Funktion hat die Säure im Rasierwasser?

a) Wiederherstellen des Säureschutzmantels
b) Verbessern der Durchblutung
c) Lösen der Wirkstoffe
d) Desinfizieren der Haut

6 Welche Aufgabe nimmt das H_2O_2 beim Färben _nicht_ wahr?

a) Es bleicht die natürlichen Pigmente im Haar.
b) Es bleicht künstliche Pigmente im Haar.
c) Es schließt die Schwefelbrücken.
d) Es stellt aus Farbbildnern künstliche Pigmente her.

7 Wozu sind Pufferstoffe in Färbe- und Blondierpräparaten enthalten?

a) Zur Regulierung des pH-Wertes
b) Zur Neutralisierung des überschüssigen Alkalis
c) Zur Beschleunigung chemischer Vorgänge
d) Zur Schonung der Haarstruktur

8 Welche Aufgaben nehmen Alkohole im Haarwasser _nicht_ wahr?

a) Adstringieren des Haares
b) Lösen der Pflegestoffe
c) Fördern der Durchblutung
d) Erfrischen der Kopfhaut

9 Welche Aufgabe haben die in Färbepräparaten enthaltenen Fettstoffe?

a) Sie geben dem Haar leichten Glanz.
b) Sie verhindern eine schleichende Oxidation.
c) Sie schützen das Haar vor Strukturschäden.
d) Sie sind eine Frisierhilfe.

10 In welchen Präparaten sind Tenside _nicht_ enthalten?

a) Shampoo für strukturgeschädigtes Haar
b) Haarspray
c) Blondierpulver
d) Duschgel

11 Bei welcher Facharbeit läuft ein doppelter Oxidationsvorgang ab?

a) Färben
b) Fixieren
c) Dauerwellen
d) Blondieren

Chemische Grundlagen und Wirkstoffe

12 Welcher der aufgeführten Stoffe ist ein Reduktionsmittel?
a) H_2O_2-Lösung
b) Ammoniumthioglykolat
c) Pufferstoffe
d) Alkalien

13 Was bewirkt das Reduktionsmittel in der Dauerwelle?
a) Öffnen der Wasserstoffbrücken
b) Öffnen der Schwefelbrücken
c) Öffnen der Salzbrücken
d) Öffnen der Cuticula

14 Bei welcher Facharbeit läuft kein Neutralisationsvorgang ab?
a) Mischen von Farbcreme und H_2O_2-Lösung
b) Auftragen der Fixierung bei einer alkalischen Dauerwelle
c) Auftragen eines Rasierwassers nach einer Nassrasur mit Rasierseife
d) Mischen von mittel- und dunkelblonder Farbcreme

15 In welchem pH-Bereich liegen die Friseurpräparate?
a) pH-Bereich 0–14
b) pH-Bereich 0–7
c) pH-Bereich 7–14
d) pH-Bereich 3–10

16 Das Haar hat bei einem pH-Wert zwischen 5 und 6 seinen „Wohlfühlbereich". In welchem pH-Bereich müssen Nachbehandlungsmittel liegen?
a) pH-Bereich 6–7
b) pH-Bereich 5–6
c) pH-Bereich 3–5
d) pH-Bereich 2–3

17 In welchen kosmetischen Präparaten sind Pigmente enthalten?
a) Oxidationshaarfarben
b) Tönungen
c) Lippenstifte
d) Selbstbräuner

18 Welche Aussage über Farbstoffe ist richtig?
a) Die Farbigkeit der Farbstoffe entsteht durch Oxidation.
b) Farbstoffe decken weißes Haar ab.
c) Farbstoffe werden durch Luftsauerstoff entwickelt.
d) Farbstoffe sind in Tönungen enthalten.

19 Welche Aussage über Selbstbräuner ist richtig?
a) Sie greifen das Hautkeratin an und sind deshalb nicht zu empfehlen.
b) Die erzielte Bräunung ist ein Sonnenschutz.
c) Sie sollten nicht bei anspruchsvoller Haut genommen werden.
d) Sie bilden mit Substanzen der Oberhaut die Brauntönung.

Technologie

20 Wie wirken Antioxidantien?
a) Sie verhindern Pilzbefall von Emulsionen.
b) Sie wirken antibakteriell.
c) Sie verhindern das Ranzigwerden von Fetten.
d) Sie absorbieren die UV-Strahlen.

21 Welcher Wirkstoff wirkt nicht konservierend?
a) Benzoesäure
b) Alkohol
c) Tenside
d) Salizylsäure

22 In welchem Präparat sind keine Rückfetter enthalten?
a) Duschbad
b) Shampoo für trockenes Haar
c) Toilettenseifen
d) Haargel

23 Welche Aussage über Liposome ist richtig?
a) Liposome transportieren Wirkstoffe in die Haut.
b) Liposome verhindern das Eindringen von Keimen in die Haut.
c) Liposome schützen die Haut vor Sonnenbrand.
d) Liposome verbessern den Hydro-Lipid-Mantel der Haut.

24 Welcher der Stoffe dient nicht als Feuchthaltefaktor in kosmetischen Präparaten?
a) Hyaluronsäure
b) Salizylsäure
c) Harnstoff
d) Glyzerin

25 In welchem Präparat sind keine keratolytischen Substanzen enthalten?
a) Shampoo gegen fettiges Haar
b) Schuppenshampoo
c) Gesichtswasser für unreine Haut
d) Haarwasser gegen Schuppen

26 Wie werden Fettstoffe genannt, die einer Emulsion die cremige Form geben?
a) Rückfetter
b) Konsistenzgeber
c) Liposome
d) Fettähnliche Stoffe

27 Wie heißt der Wirkstoff, der das Entmischen einer Emulsion verhindert?
a) Stabilisator
b) Konsistenzgeber
c) Emulgator
d) Lösungsvermittler

28	Welche Substanz ist als Trägersubstanz für Oxidationshaarfarben <u>nicht</u> geeignet?	a) Gel b) Ö/W-Emulsion c) W/Ö-Emulsion d) Gemisch aus Ö/W-Emulsion und Gel
29	Welcher Stoff dient in der Kosmetik <u>nicht</u> als Lösungsmittel?	a) Reduktionsmittel b) Wasser c) Alkohole d) Fette
30	Welche pflanzlichen Wirkstoffe werden aufgrund ihrer entzündungshemmenden Wirkung in Aknepräparaten eingesetzt?	a) Arnika und Hopfen b) Pfefferminz (Menthol) c) Kamilleextrakte (Azulen, Bisabolol) d) Johanniskraut und Fenchel
31	Welcher Pflanzenwirkstoff dient auch als Feuchthaltefaktor?	a) Aloe Vera b) Thymian c) Allantoin d) Hopfen
32	Welcher Duftstoff ist tierischen Ursprungs?	a) Zibet b) Jasmin c) Lavendel d) Eukalyptus

Lösungen: 1c; 2b; 3b; 4c; 5a; 6c; 7a; 8a; 9c; 10b; 11a; 12b; 13b; 14d; 15d; 16c; 17c; 18d; 19d; 20c; 21c; 22d; 23a; 24b; 25a; 26b; 27c; 28c; 29a; 30c; 31a; 32a

5 Formveränderung

5.1 Haarschneidegeräte

1	Nennen Sie die zum Haare schneiden erforderlichen Werkzeuge.	Zum **Schneiden** der Haare werden eingesetzt: • Haarschneidescheren • Messer • Effiliergeräte • Haarschneidemaschinen
2	Welche Arten von Scheren unterscheidet man?	**Scheren** werden unterteilt in: • Haarschneidescheren • Effilierscheren • Modellierscheren • Pointcutscheren

3 Nennen Sie die Unterschiede zwischen einer Effilierschere und einer Modellierschere.

- **Effilierscheren** sind beidseitig gezahnt. Aufgrund der Zahnung erfasst die Effilierschere nicht alle Haare. Die Haarpartie wird effiliert (ausgedünnt).
- **Modellierscheren** sind einseitig gezahnt. Aufgrund der einseitigen Zahnung werden mehr Haare beim Schließen der Schere erfasst als mit der Effilierschere. Modellierscheren ermöglicht ein Stumpfschneiden mit geringer Graduierung.

4 Welche Bestandteile gehören zu einer Haarschneideschere?

Eine **Haarschneideschere** weist die folgenden Bestandteile auf:
- Augen oder Griff
- Schenkel oder Holme
- Schloss oder Schraube
- Scherenblätter mit Schneide

5 Wofür werden Rasiermesser eingesetzt?

Rasiermesser werden für die folgenden Tätigkeiten eingesetzt:
- Rasieren der Barthaare
- Ausrasieren der Konturenlinie
- Ausrasieren der Nackenhaare
- Messerhaarschnitt
- Effilieren

6 Welche Facharbeiten werden mit einer Haarschneidemaschine ausgeführt?

Haarschneidemaschinen werden benutzt zum
- Ausrasieren der Konturen,
- Konturenschneiden,
- Übergangsschneiden,
- Erstellen von Maschinenschnitten.

5.2 Grundtechniken des Haarschnitts

7 Erklären Sie, wie die Haare bei einem Längsschnitt abgeteilt werden.

Der **Längsschnitt** (Vertikalschnitt) ist eine Abteilungstechnik, bei der die Passees in Fall- bzw. Wuchsrichtung abgeteilt, vom Kopf abgezogen und geschnitten werden.

Mit dieser Technik wird eine Stufung erzielt.

8 Wie werden die Haare bei einem Querschnitt abgeteilt?

Der **Querschnitt** (Horizontalschnitt) ist wie der Längsschnitt eine Abteilungstechnik, bei dem die Passees quer zur Fall- bzw. Wuchsrichtung des Haares abgeteilt werden.

Mit dieser Technik wird eine stumpfe oder leicht graduierte Schnittform erzielt.

Formveränderung

9 Welches Ergebnis wird mit der Technik des Stumpfschneidens erzielt?

Beim **Stumpfschneiden** werden die Haare eines Passees auf eine Linie gekürzt.

Diese Schneidetechnik wird sowohl beim Längsschnitt als auch beim Querschnitt angewandt.

10 Welche Ergebnisse erreichen Sie durch die Anwendung der verschiedenen Effiliertechniken?

Beim Anwenden von **Effiliertechniken** bekommen die Haare eines Passees unterschiedliche Längen.
- Beim **Effilieren** wird eine gleichmäßige Verteilung der kürzeren Haare erzielt.
- **Pointen** bewirkt einen größeren Teil gekürzter Haare in bestimmten Bereichen, wie Ansatz, Längen, Spitzen und Konturen.
- Beim **Slicen** entstehen durch schabende Bewegungen der Schere kürzere Haare unterschiedlicher Länge.

11 Nennen Sie die wesentlichen Merkmale einer Stufung.

Bei einer **gleichmäßigen Stufung** sind alle Haare gleich lang.

Um eine gleichmäßige Stufung zu erzielen, werden die Passees in einem Winkel von 90° angehoben.

Mit Veränderung der Winkelhaltung der Passees verändern sich auch die Haarlängen.

5.3 Basisformen des Haarschnittes

12 Benennen Sie die abgebildeten Basisformen.

1. Kompakte Form

2. Graduierte Form

3. Uniform abgestufte Form

4. Form der erweiternd verlaufenden Stufung

Technologie

13 Nennen Sie die Merkmale der kompakten Form. Zeichnen Sie die Haarlängenanordnung.

Bei der **kompakten Form** enden alle Haare an einer Linie, der äußeren Führungslinie.

Diese kann horizontal, schräg nach vorne oder hinten sowie konkav oder konvex verlaufen.

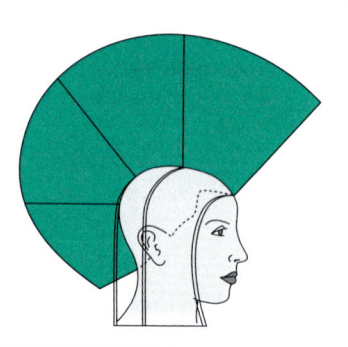

14 Beschreiben Sie die Merkmale der graduierten Form und zeichnen Sie die Haarlängenanordnung des graduierten Bereichs.

Bei der **graduierten Form** wird eine Feinabstufung der Passees unterhalb der Hutlinie vorgenommen.

Der Grad der Abstufung wird durch den Winkel bestimmt, in dem das Haar von der Kopfhaut abgehoben wird.

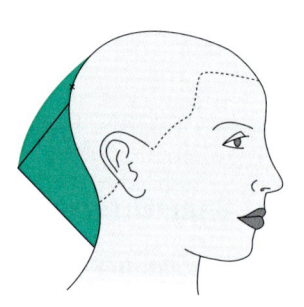

15 Was sind die Merkmale der uniform abgestuften Form? Zeichnen Sie die Haarlängen.

Bei der **uniform abgestuften Form** sind alle Haare um die Kopfrundung gleich lang.

Die Passees werden in einem Winkel von 90° angehoben und dem vorhergehenden Passee angepasst (mobile Führungslinie).

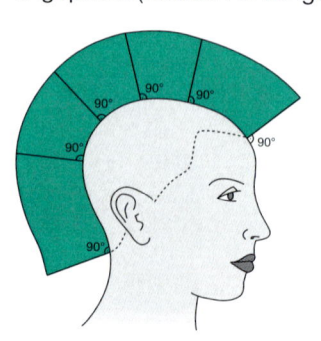

Formveränderung

16 Nennen Sie die Merkmale der Form der erweiternd verlaufenden Stufung. Gestalten Sie die Haarlängenanordnung.

Bei der **erweiternd verlaufenden Stufung** erhalten die Haare zum Nacken und zu den Seiten hin eine zunehmende Länge.

Diese Stufung wird dadurch erreicht, dass die Seiten- und Nackenhaare zur stationären Führungslinie gekämmt und parallel dazu gekürzt werden.

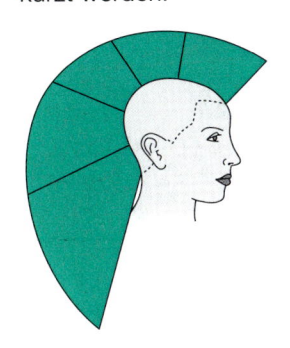

5.4 Wasserwelle und Stylingprodukte

17 Welche chemischen Vorgänge laufen bei der Wasserwelle ab?

Bei der Wasserwelle werden die **Wasserstoffbrücken** durch Wasser gelöst und durch Wasserentzug (Trocknen) wieder geschlossen.

18 Erklären Sie die chemischen Vorgänge bei der Wasserwelle.

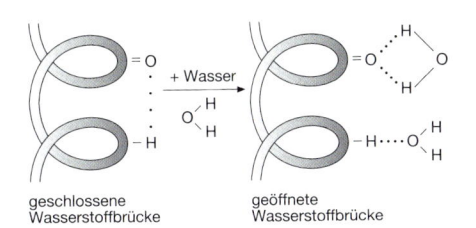

geschlossene Wasserstoffbrücke + Wasser → geöffnete Wasserstoffbrücke

Wassermoleküle öffnen die lockeren Wasserstoffbrücken, indem sie jeweils mit den Sauerstoff- und den Wasserstoffatomen Wasserstoffbrücken ausbilden.

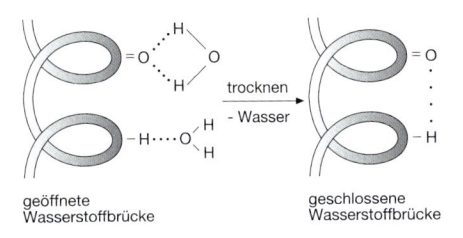

geöffnete Wasserstoffbrücke trocknen - Wasser → geschlossene Wasserstoffbrücke

Beim Trocknen werden die Wassermoleküle dem Haar wieder entzogen. Die Wasserstoffbrücken schließen sich wieder, aber an der durch den Föhn oder den Wasserwellwickel bestimmten Stelle.

Technologie

19 **Warum wird die Wasserwelle auch als kurzfristig haltbare Umformung bezeichnet?**

Bereits bei hoher **Luftfeuchtigkeit** gelangt Wasser ins Haar, wodurch die Wasserstoffbrücken gelöst werden. Die durch die Wasserwelle erreichte Umformung geht dann verloren.

20 **Wie ist eine Umformung ohne Wasserzugabe möglich?**

Bei **großer Wärme,** wie z. B. beim Einsatz von Lockenstab und Onduliereisen, ist eine Umformung ohne Wasserzugabe möglich. Durch die Wärmezufuhr wird das im trockenen Haar befindliche Wasser aktiviert, sodass die Wasserstoffbrücken gelöst werden. Im Augenblick der Umformung schließen sich die Wasserstoffbrücken bereits wieder, sodass die neue Form sofort gefestigt ist.

21 **Welche Facharbeiten gehören zu den kurzfristig haltbaren Umformungen?**

Die folgenden Facharbeiten zählt man zur Gruppe der **kurzfristig haltbaren Umformung**:
- Umformung mit Krepp-, Papillotier- und Onduliereisen, Lockenstab
- Handgelegte Wasserwelle
- Papillotieren
- Einlegen mit Volumenwickeln
- Föhnen
- Luftgetrocknete Frisuren

22 **Wie kann die kurzfristig haltbare Umformung länger haltbar gemacht werden?**

Durch den Einsatz von **Finishprodukten** kann die Haltbarkeit der Wasserwelle verlängert werden. Sie enthalten festigende und Wasser abweisende Substanzen.
Finishprodukte sind:
- Festiger
- Haarspray, Haarlack
- Haargel
- Frisiercreme, Haarwachs

23 **Wie sind Haarfestiger aufgebaut und wie wirken sie?**

Der Hauptwirkstoff eines **Festigers** ist ein Kunstharz, das in Alkohol gelöst ist.

Das Kunstharz legt sich um das gesamte Haar. Dadurch
- gibt es dem Haar Elastizität, Stand und Volumen,
- schützt es vor Luftfeuchtigkeit.

24 **Nennen Sie die Zusammensetzung und die Wirkungsweise eines Haarsprays.**

Der Hauptwirkstoff des **Haarsprays** ist wie beim Festiger ein in Alkohol gelöstes Kunstharz. Das Haarspray wird mit der Aerosoltechnik fein zerstäubt. Es verbindet die einzelnen Haare miteinander und stabilisiert so die erstellte Frisur.

Formveränderung

25	Was ist eine Frisiercreme und wie wirkt sie?	**Frisiercremes** sind Emulsionen. Der Fettanteil pflegt das Haar, gibt ihm Glanz und wirkt Wasser abweisend. Weitere Wirkstoffe machen das Haar frisierwillig.
26	Nennen Sie Bestandteile und Wirkungsweise von Haarwachsen und Pomaden.	**Haarwachse** und **Pomaden** bestehen aus Fetten und fettähnlichen Stoffen. Sie sind feuchtigkeitsabweisend und schützen so die Frisur vor Luftfeuchtigkeit. Außerdem geben sie dem Haar Glanz.

5.5 Dauerwelle

27	Nennen Sie die Wirkungsweise der Dauerwellen.	Bei allen Dauerwellarten wird das **Haarkeratin dauerhaft verformt**, sodass eine haltbare Wellung erreicht wird.
28	Welche unterschiedlichen Dauerwellarten kennen Sie?	Die bekanntesten **Dauerwellarten** sind: • Heißwelle • Stark alkalische Kaltwelle • Mildalkalische Dauerwelle • Saure Dauerwelle
29	Nennen Sie wesentliche Merkmale des ersten Heißwellverfahrens.	Bei der von **Karl Nessler** 1906 vorgestellten Heißwelle wurde das Haar durch folgende Schritte dauerhaft umgeformt: • Das Haar wurde mit einer **alkalischen Lösung** angefeuchtet und **spiralförmig** auf Stabwickel gedreht. • Die senkrecht auf dem Kopf stehenden Wickel wurden mit einer vorgeheizten Hülse gehalten. • Die **Umformung** des Keratins wurde durch Alkalien und Hitze erreicht. • **Gefestigt** (fixiert) wurde die erzielte Umformung durch Auskühlen und saure Nachbehandlung.
30	Durch welche Veränderungen wurde die erste Heißwelle verbessert?	Durch zwei Veränderungen wurde der Arbeitsablauf erleichtert und das Wellergebnis der Heißwelle erheblich verbessert: • **Josef Mayer** führte die Flachwicklung ein. • Die Industrie entwickelte Dauerwellgeräte, bei denen der Wickel durch **elektrischen Strom erhitzt** wurde.

TECHNOLOGIE

31 Durch welches Wellverfahren wurde die Heißwelle abgelöst?

Im Jahre 1942 wurde ein **Kaltwellverfahren** vorgestellt, mit dem das Haar ohne zusätzliche Wärme dauerhaft umgeformt werden konnte.

- Die wellwirksamen Substanzen waren **Alkalien** und **Thioglykolsäure**.
- Fixiert wurde mit einer ca. 2%igen **Wasserstoffperoxidlösung**.

32 Bewerten Sie die erste Kaltwelle.

Die erste **Kaltwelle** war stark alkalisch (pH 9,2 bis pH 9,6). Diese hohe Alkalität führte häufig zu Haar- und Hautschäden sowie zu überkraustem Haar.

Deshalb haben die Hersteller diese **klassisch-alkalische Dauerwelle** immer weiter verbessert und Dauerwellarten für alle Haarqualitäten entwickelt.

33 Welches sind die wesentlichen Merkmale der mildalkalischen Dauerwellen?

Die mildalkalischen **Dauerwellen** wurden aus den stark alkalischen entwickelt. Sie sind die eigentlichen Standarddauerwellen in der modernen Friseurpraxis.

Ihre Alkalität und der Anteil des Reduktionsmittels sind auf die jeweilige Haarstruktur abgestimmt. Dadurch wird eine gute Umformung bei geringerer Haarschädigung erzielt.

34 Welche Dauerwellen sind aus der mildalkalischen entwickelt worden?

Auf der Basis der **mildalkalischen** Dauerwelle sind andere Dauerwellen entwickelt worden, die ebenfalls im mildalkalischen Bereich wirksam sind, aber eine zusätzliche Zielsetzung haben. Zu diesen Dauerwellen zählen:

- Thermogesteuerte Dauerwellen
- Zwei-Phasen-Dauerwellen
- Zwei-Komponenten Dauerwellen
- Schaumdauerwellen

35 Nennen Sie die wesentlichen Merkmale einer thermogesteuerten Dauerwelle.

Bei einer **thermogesteuerten Dauerwelle** sind die wellwirksamen Substanzen (Thioglykolat und Alkali) geringer bzw. schwächer. Um dennoch die gleiche Wellwirksamkeit zu erzielen, ist zusätzlich Wärme erforderlich. Die Temperaturerhöhung kann erreicht werden durch:

- Chemische Reaktion (Mischen von zwei Substanzen unmittelbar vor dem Auftragen)
- Trockenhaube oder Strahler
- Erwärmen des Wellmittels

36	**Was sind die wesentlichen Merkmale einer Zwei-Phasen-Dauerwelle?**	Die **Zwei-Phasen-Dauerwelle** berücksichtigt die Strukturunterschiede des Haares von Ansatz bis zur Spitze. Die **erste Phase** dieser Präparate ist flüssig; ihre Wellwirksamkeit ist auf die Haarstruktur der Längen und Spitzen abgestimmt. Sie wird als Erste aufgetragen und gelangt deshalb in das gesamte Haar. Die **zweite Phase** ist gelförmig und enthält eine höhere Konzentration an wellwirksamen Substanzen. Aufgrund ihrer festeren Konsistenz wird sie nur am Ansatz aufgetragen und ist auch nur im Ansatzbereich wirksam.
37	**Beschreiben Sie die wesentlichen Merkmale einer Zwei-Komponenten-Dauerwelle.**	**Zwei-Komponenten-Dauerwellen** bestehen aus zwei Flüssigkeiten. Eine enthält das Thioglykolat und die zweite pH-Wert einstellende oder regulierende Substanzen (Alkalien und Pufferstoffe). Unmittelbar vor dem Gebrauch werden die beiden Komponenten in einem für die jeweiligen Haarstrukturen festgelegten Verhältnis gemischt. Diese Dauerwelle ermöglicht eine individuelle Einstellung der Wellflüssigkeit auf unterschiedliche Haarstrukturen.
38	**Was zeichnet saure Dauerwellen aus?**	**Saure Dauerwellen** enthalten kein Alkali, sondern eine schwache Säure. Der Wirkstoff, der auch im leicht sauren Bereich die Schwefelbrücken lösen kann, heißt Thioglykolsäureester. Da dieser Wirkstoff Hautallergien hervorrufen kann, haben die meisten Hersteller die sauren Dauerwellen vom Markt genommen. Mit der sauren Dauerwelle können nur sehr leichte Umformungen erzielt werden. Der besondere Vorteil der sauren Wellen liegt darin, dass sie für die Haare am schonendsten ist.
39	**Welches sind die wellwirksamen Inhaltsstoffe der alkalischen Wellmittel?**	Die wellwirksamen Inhaltsstoffe einer Wellflüssigkeit sind **Ammoniumthioglykolat** (zur Vereinfachung auch ATG oder Thioglykolat genannt) und **Alkalisierungsmittel**. Die übrigen Wirkstoffe optimieren den Wellvorgang.
40	**Welche chemischen Vorgänge laufen beim Dauerwellen ab?**	Im Haarinnern werden die **Schwefelbrücken** (Disulfidbrücken, Cystinbrücken) durch Anlagerung von Wasserstoff gelöst (**Reduktion**). Das Keratin wird dadurch erweicht und nimmt die Form des Wickels an.

TECHNOLOGIE

41 **Erklären Sie die chemischen Vorgänge beim Lösen der Schwefelbrücken.**

a) geschlossene Schwefelbrücken
b) Öffnen der Schwefelbrücken
c) geöffnete Schwefelbrücken

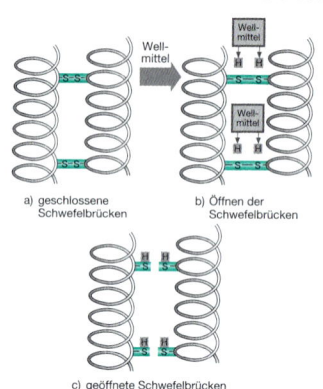

Das Wellmittel liefert **Wasserstoff,** der sich mit den Schwefelatomen der Schwefelbrücken verbindet und sie dabei löst.

42 **Nennen Sie weitere Inhaltsstoffe der Wellflüssigkeit.**

Einige weitere **Inhaltsstoffe** der Wellflüssigkeit sind:
- **Tenside**
  Sie ermöglichen schnelles Verteilen und Eindringen der Wellflüssigkeit.
- **Schutzstoffe**
  Sie halten die Haarschäden gering.
- **Destilliertes Wasser**
  Es löst Wirkstoffe, verdünnt sie und transportiert sie ins Haar.
- **Duftstoffe**
  Sie überdecken den unangenehmen Geruch des Ammoniumthioglykolats.

43 **Wie wird die Umformung dauerhaft stabilisiert?**

Die **Fixierlösung** spaltet Sauerstoff ab, der sich mit dem Wasserstoff der geöffneten Schwefelbrücken verbindet (**Oxidation**). Dabei werden die Schwefelbrücken wieder geschlossen, was die Umformung stabilisiert.

44 **Erklären Sie die chemischen Vorgänge beim Schließen der Schwefelbrücken.**

a) geöffnete Schwefelbrücken
b) Schließen der Schwefelbrücken
c) geschlossene Schwefelbrücken

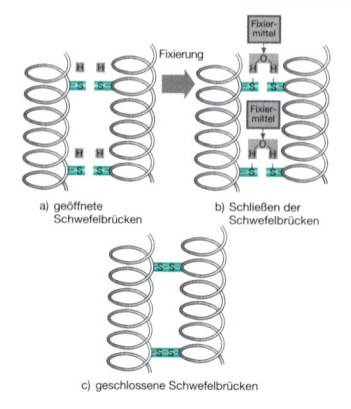

Der **Sauerstoff** zieht den Wasserstoff von den Schwefelatomen ab und verbindet sich damit. Dabei entsteht Wasser und die Schwefelbrücken werden wieder geschlossen, und zwar an den von den Dauerwellwickeln bestimmten Stellen.

45 Nennen Sie die wichtigsten Inhaltstoffe einer Standardfixierung.

Die wesentlichen **Inhaltsstoffe** einer Standardfixierung sind:

- **H_2O_2-Lösung** (1,5- bis 2%ig)
  Sie schließt die Schwefelbrücken.
- **Säuren**
  Sie stabilisieren das H_2O_2.
- **Tenside**
  Sie ermöglichen ein gutes Verteilen und schnelles Eindringen ins Haar.
- **Destilliertes Wasser**
  Es löst und verdünnt das H_2O_2 und transportiert die Wirkstoffe ins Haar.

46 Aufgrund welcher physikalischen Eigenschaften des Haares gelangt die Wellflüssigkeit in alle Bereiche des Haares und in das Haar?

Die Wellflüssigkeit gelangt aufgrund der **Kapillarität** der Haarsträhnen in alle Bereiche des aufgewickelten Haares. In das Haarinnere gelangt sie aufgrund der **Saugfähigkeit** des Haares.

47 Welche Aufgaben haben die Vorbehandlungspräparate?

Die **Vorbehandlungspräparate**

- sorgen für einen Strukturausgleich vom Haaransatz bis zur Spitze, sodass mit einem Dauerwellpräparat eine gleichmäßige Umformung des gesamten Haares erzielt werden kann;
- versorgen das Haar mit Schutzstoffen, wodurch einer möglichen Haarschädigung entgegengewirkt wird.

48 Welche Aufgaben haben die Nachbehandlungspräparate?

Die **Nachbehandlungspräparate** haben im Wesentlichen drei Aufgaben:

- Sie machen die noch im Haar befindlichen Restchemikalien des Wellmittels und der Fixierung unwirksam.
- Sie adstringieren das Haar und glätten die Oberfläche.
- Sie sorgen für eine Keratinhärtung und Verbesserung der Elastizität.

49 Nennen Sie mögliche Gründe für eine zu schwache Umformung.

Eine **zu schwache Umformung** ist auf folgende Arbeitsfehler zurückzuführen:

- Wellflüssigkeit zu schwach
- Einwirkzeit zu kurz
- Haare zu feucht
- Wickel zu dick

TECHNOLOGIE

50 Welche Arbeitsfehler können eine zu starke Umformung bewirken?

Folgende Arbeitsfehler können zu einer **zu starken** Umformung führen:
- Wellflüssigkeit zu konzentriert
- Wickel zu klein
- Einwirkzeit zu lang

51 Nennen Sie Arbeitsfehler, die zu Haarschäden führen können.

Folgende **Haarschäden** können durch Arbeitsfehler verursacht werden:
- Strukturschäden aufgrund zu starker Wellflüssigkeit
- Umgeknickte Spitzen beim Eindrehen
- Knickstellen am Ansatz durch falsche Platzierung der Gummilasche
- Haarbruch am Ansatz durch Wellflüssigkeit im Haarfollikel

52 Durch welche Arbeitsfehler können Hautschäden hervorgerufen werden?

Hautschäden können durch Einwirken der Wellflüssigkeit auf die Haut hervorgerufen werden. Dabei sind zwei Bereiche zu unterscheiden:
- **Kopfhaut**
  (bei intensiver Kopfhautwäsche und nachfolgender Belastung der Haut mit Wellflüssigkeit)
- **Konturenbereich**
  (bei fehlendem Hautschutz und durchfeuchtetem Wattestreifen, der nicht rechtzeitig entfernt wurde)

5.6 Multiple-Choice

1 Welche Aussage trifft zu?
Der Vertikalschnitt ist ...

a) ... ein Querschnitt.
b) ... ein Stumpfschnitt.
c) ... ein Horizontalschnitt.
d) ... eine Feinabstufung.

2 Welche Form ist <u>keine</u> Basisform des Haarschnitts?

a) Kompakte Form
b) Effilierte Form
c) Uniform abgestufte Form
d) Graduierte Form

3 Bei welcher Basisform sind alle Haare gleich lang?

a) Kompakte Form
b) Graduierte Form
c) Uniform abgestufte Form
d) Form der erweiternd verlaufenden Stufung

Formveränderung

4 Welche Brücken werden bei der bedingt dauerhaften Umformung gelöst?
a) Peptidbrücken
b) Salzbrücken
c) Cystinbrücken
d) Wasserstoffbrücken

5 Bei welchem Finishprodukt legt sich ein Kunstharzfilm schützend um das Haar?
a) Wetgel
b) Haarfestiger
c) Frisiercreme
d) Haarlack

6 Die Dauerwellflüssigkeit gelangt in die Haarlängen aufgrund der …
a) … Kapillarität.
b) … Hygroskopizität.
c) … Saugfähigkeit.
d) … elektrostatischen Aufladung.

7 Welcher Begriff bezeichnet <u>keine</u> Schwefelbrücken?
a) Doppelschwefelbrücken
b) Disulfidbrücken
c) Cystinbrücken
d) Salzbrücken

8 Welche Aufgaben haben Nachbehandlungspräparate <u>nicht</u>?
a) Sie reduzieren restliches H_2O_2.
b) Sie neutralisieren restliches Alkali.
c) Sie sorgen für die Keratinhärtung.
d) Sie schließen die Schwefelbrücken.

9 Welche chemische Substanz löst die Schwefelbrücken?
a) Ammoniumhydrogencarbonat
b) Tensid
c) Ammoniumthioglykolat
d) Emulgator

10 Für ein chemisch vorbehandeltes Haar wählt man Wellmittel …
a) … mit niedriger Alkalität und niedrigem Thioglykolatanteil.
b) … mit einem geringen Anteil an Schutzstoffen.
c) … mit niedriger Alkalität und hohem Anteil an Thioglykolat.
d) … mit großem Anteil an Schutzstoffen und Thioglykolat.

11 Welche Aufgabe nimmt destilliertes Wasser im Wellmittel <u>nicht</u> wahr?
a) Es verdünnt die Wirkstoffe.
b) Es löst das Thioglykolat und Alkali.
c) Es löst die Duftstoffe.
d) Es transportiert die Wirkstoffe ins Haar.

12 Alkalisierungsmittel ...

a) ... heben den Geruch des Thioglykolats auf.
b) ... schließen die Schuppenschicht des Haares.
c) ... verhindern Haarschäden.
d) ... beschleunigen den Reduktionsvorgang.

13 Welche Aufgabe hat das H_2O_2 in der Fixierung?

a) Es löst die Cystinbrücken.
b) Es schließt die Disulfidbrücken.
c) Es löst die Schwefelbrücken.
d) Es adstringiert das Haar.

14 Welche Arbeitsfehler führen nicht zu einer zu schwachen Umformung?

a) Die Wellflüssigkeit ist zu stark verdünnt.
b) Beim Auftragen des Wellmittels ist das Haar noch sehr feucht.
c) Die Einwirkzeit ist zu kurz.
d) Die Wellflüssigkeit wird ungleichmäßig aufgetragen.

15 Wodurch wird eine zu starke Umformung nicht erzielt?

a) Zu hohe Konzentration der wellwirksamen Substanzen
b) Zu kleine Dauerwellwickel
c) Fehlerhaftes Auftragen der Fixierung
d) Zu lange Einwirkzeit

16 Welcher Arbeitsfehler führt zu einem ungleichmäßigen Wellergebnis?

a) Flüssigkeit zu schwach gewählt
b) Fixierung zu stark verdünnt
c) Die unterschiedlichen Haarstrukturen nicht berücksichtigt
d) Haare zu locker gewickelt

17 Wie ist eine schwache Umformung aufgrund eines falschen Wellmittels zu erklären?

a) Es wurden zu wenig Cystinbrücken gelöst.
b) Es wurden zu wenig Salzbrücken gelöst.
c) Es wurden mehr als 20 % der Schwefelbrücken gelöst.
d) Die gelösten Disulfidbrücken wurden unvollständig wieder geschlossen.

18 Durch welchen Arbeitsfehler ist Haarbruch am Ansatz zu erklären?

a) Die Cystinbrücken wurden durch Fixierfehler unvollständig geschlossen.
b) Das Wellmittel gelangt in den Haarfollikel und an die obere Haarwurzel.
c) Eine Zwei-Phasen-Dauerwelle wurde eingesetzt.
d) Es wurden mehr als 20 % der Disulfidbrücken gelöst.

Lösungen: 1b; 2b; 3c; 4d; 5b; 6a; 7d; 8d; 9c; 10a; 11c; 12d; 13b; 14d; 15c; 16c; 17a; 18b

6 Farbveränderung

6.1 Farbenlehre

1 Nennen Sie die Grundfarben.

Die **Grundfarben** sind Rot, Gelb und Blau. Sie lassen sich nicht durch Mischen anderer Farben herstellen.

2 Wie entstehen die Mischfarben 1. Ordnung?

Mischfarben 1. Ordnung sind Orange, Violett und Grün. Sie entstehen jeweils durch Mischen von zwei Grundfarben.

Die drei Grundfarben und die Mischfarben 1. Ordnung ergeben zusammen den **sechsteiligen Farbkreis**.

3 Wie entstehen Mischfarben 2. Ordnung?

Mischfarben 2. Ordnung erzielt man durch Mischen von zwei benachbarten Farben des sechsteiligen Farbkreises, z. B.:

Gelb + Orange = Gelborange

Die weiteren Mischfarben 2. Ordnung sind Rotorange, Rotviolett, Blauviolett, Blaugrün und Gelbgrün.

4 Was sind Gegenfarben und welche Bedeutung haben sie für die Färbepraxis?

Gegenfarben oder **Komplementärfarben** stehen sich im Farbkreis gegenüber. Sie heben sich gegenseitig in ihrer Farbwirkung auf.

Mit den Gegenfarben lassen sich unerwünschte Farbnuancen korrigieren.

Gegenfarbenpaare:

Rot – Grün

Blau – Orange

Gelb – Violett

5 Was verstehen Sie unter getrübten Farben?

Getrübte Farben entstehen durch das Mischen von Klarfarben mit Schwarz oder Grau. Zu ihnen gehören die Haarfarben.

6 Was sind Spektralfarben?

Spektralfarben sind die farbigen Lichtstrahlen (Regenbogenfarben): Rot, Orange, Gelb, Grün, Blau und Violett.

Sie entstehen beim Zerlegen des weißen Lichts mit Hilfe eines Prismas. Mit einer Sammellinse können sie wieder zu weißem Licht gebündelt werden.

Technologie

7 Erklären Sie das Wahrnehmen von weißen, schwarzen und farbigen Gegenständen.

Ein **weißer Gegenstand** reflektiert alle Spektralfarben.

Ein **schwarzer Gegenstand** verschluckt (absorbiert) das gesamte Licht.

Ein **farbiger Gegenstand** verschluckt den Bereich der Gegenfarbe aus dem Lichtspektrum, die übrigen Spektralfarben werden reflektiert. Der reflektierte Teil des Lichts ergibt den Farbeindruck. So verschluckt ein roter Gegenstand die Gegenfarbe Grün und die übrigen Spektralfarben ergeben zusammen Rot.

8 Erklären Sie die additive und die subtraktive Farbmischung.

Als **additive Farbmischung** wird das Überlagern von farbigen Lichtstrahlen bezeichnet. Treffen alle Lichtstrahlen zusammen, so entsteht Weiß.

Subtraktive Farbmischung ist das Mischen stofflicher Farben (Wasserfarben, Pigmente). Alle Farben ergeben zusammen Schwarz.

9 Erklären Sie den Begriff „Farbtiefe" und ihre Bedeutung für die Farbkarten.

Die **Farbtiefe** gibt den **Helligkeitsgrad** einer Haarfarbe an. Sie ist in der Farbkarte senkrecht von Schwarz bis Helllichtblond angeordnet.

Die Farbtiefe wird mit den Zahlen von 2 (Schwarz) bis 10 (Helllichtblond) angegeben.

10 Was wird durch die Farbrichtung angegeben?

Die **Farbrichtung** gibt die **Farbnuancen** der Haarfarben an. Sie ist in der Farbkarte waagerecht angeordnet.

Häufig wird als Erstes die Naturreihe aufgeführt. Sie wird mit der Ziffer 0 oder mit dem Buchstaben N für Natur gekennzeichnet.

Die Anordnung der übrigen Farbnuancen entspricht der Reihenfolge der Farben im sechsteiligen Farbkreis, beginnend mit Blau (1) über Grün (2) bis Violett (6).

Statt der Zahlen werden hier auch Buchstaben verwendet, z. B. V für Violett.

11 Welche Nuancen sind in den Farbkarten zusätzlich zu den Nuancen Asch bis Violett enthalten?

Zusätzliche Nuancen sind Braun (7), Perl (8, intensiveres Blau als Asch) und Cendre (9, Blauviolett).

Außerdem werden durch Mischen benachbarter Farben **Zwischentöne** hergestellt. Sie erhalten zur Kennzeichnung die beiden Zahlen der Nuancen, aus denen sie bestehen.

Beispiel: Gold (3) und Rotgold (4) ergeben eine Nuance mit der Kennzeichnung 34.

Farbveränderung

12 Nach welchem Prinzip werden Haarfarben benannt?

Die **Bezeichnungen der Haarfarben** ergeben sich aus der Kombination der Farbtiefe und der Farbrichtung. So wird z. B. die Farbe eines Haares mit der Farbtiefe Mittelblond und der Farbrichtung Asch als Mittelaschblond bezeichnet.

Die Angabe kann auch durch eine Zahlenkombination erfolgen. Für Mittelaschblond steht „7/1" oder auch „7,1". Die erste Ziffer (7) steht für die Farbtiefe Mittelblond, die zweite Ziffer (1) für die Farbrichtung Asch.

13 Nach welchem Prinzip werden die Haarfarben geordnet?

Die Haarfarben werden nach ihrer **Farbtiefe** und **Farbrichtung** geordnet und in den Farbkarten systematisch erfasst.

14 Wie werden Zwischentöne benannt?

Für **Zwischentöne** werden einfache Bezeichnungen gewählt, die eine Vorstellung von der Farbe vermitteln, wie z. B. „Aubergine" für die Farbe „5/65" (nach der Systematik der Farbkarten würde die Bezeichnung Mittel-Hell-Violett-Purpur-Braun entstehen).

Weitere Beispiele für die Bezeichnungen von Haarfarben sind:

Mahagoni, Palisander, Bordeaux, Beaujolais, Tizian, Rubinrot, Mocca, Schokobraun usw.

15 Welche Aufgaben haben die Farbnuancen Asch, Matt, Gold, Rotgold, Purpur und Violett in den Färbemitteln?

Die **Farbnuancen** verändern den Farbton oder decken unerwünschte Farbtöne ab:
- **Asch** deckt Orangetöne ab.
- **Matt** deckt Rottöne ab.
- **Gold** erzielt Goldtöne.
- **Rotgold** erzielt Rotgoldtöne.
- **Purpur** erzielt Rottöne.
- **Violett** erzielt Violetttöne.

6.2 Tönen

16 Was verstehen Sie unter dem Begriff „Tönen"?

Unter „**Tönen**" sind alle Farbveränderungen der Haare zu verstehen, bei denen keine Oxidationsmittel eingesetzt werden. Tönungspräparate enthalten ausschließlich **Fertigfarbstoffe**, die so genannten **direktziehenden Farbstoffe**.

17 Wie entsteht das Farbergebnis beim Tönen?

Die **Pigmente** des Haares werden mit den direktziehenden Farbstoffen gemischt. Das Farbergebnis beim Tönen entsteht also durch das Mischen der vorliegenden Haarfarbe und der Farbe des Tönungspräparates.

TECHNOLOGIE

18 Wie gelangen die Farbstoffe des Tönungsmittels ins Haar und wie haften sie dort?

Die Farbstoffe sind im Wasser des Tönungspräparats gelöst und gelangen aufgrund der **Saugfähigkeit** des Keratins ins Haar.

Kationische (positiv geladene) Farbstoffe werden zusätzlich von den negativen Ladungen im Randbereich des Haares angezogen und durch die unterschiedlichen Ladungen von Haar und Farbstoff im Haar gebunden.

19 Wann werden Tönungen eingesetzt?

Tönungen werden eingesetzt, um
- Naturtöne aufzufrischen,
- die Farbrichtung zu verändern,
- Farben zu korrigieren, z. B. Orange-Stich nach Blondierungen,
- direktziehende Farbstoffe vor Färbungen anzulagern, z. B. Rot,
- die ersten weißen Haare zu kaschieren.

20 Welche Farbwünsche können nicht durch eine Tönung erfüllt werden?

Folgende **Aufgaben** können die **Tönungspräparate** nicht erfüllen:
- Haare aufhellen
- Weiße Haare abdecken
- Dauerhafte Farbveränderungen erzielen

21 Welche Arten von Tönungspräparaten werden unterschieden?

Tönungspräparate werden in unterschiedlichen Formen angeboten:
- Schaumtönung
- Cremetönung
- Balsamtönung
- Farbfestiger
- Tonspülung
- Tönungsshampoo

22 Erklären Sie die wesentlichen Merkmale einer Koloration.

Die **Koloration** wird auch als Intensivtönung oder oxidative Tönung bezeichnet. Die chemischen Vorgänge entsprechen denen der Färbung, jedoch ist die Koloration wegen der Zusammensetzung der Präparate wesentlich schwächer in ihrer Wirkung:

Durch den geringen Anteil an H_2O_2 (1,5–2 %) und Farbbildnern kann **keine Aufhellung** und nur eine **begrenzte Deckkraft** erzielt werden.

Farbveränderung

23 Wofür wird eine Koloration eingesetzt?

Mit einer **Koloration** können die folgenden Ziele erreicht werden:
- Farbauffrischung
- Farbausgleich
- Nuancierung des Naturtons
- Abdeckung des Weißanteils bis zu 50 %
- Pastelltönung von blondierten Haaren

6.3 Pflanzenfarben

24 Welche Arten von Pflanzenfarben werden unterschieden?

Es werden **naturreine Pflanzenfarben** und **Pflanzentönungen** unterschieden.

Die naturreinen Pflanzenfarben werden ausschließlich aus Pflanzenteilen hergestellt.

Die Pflanzentönungen enthalten als Beimischungen synthetische Farbstoffe.

25 Nennen Sie bekannte Pflanzenfarbstoffe.

Bekannte Pflanzenfarbstoffe sind:
- Henna (Rot)
- Indigo (Blau)
- Kamille (Gelb)

26 Was sind die besonderen Vorteile der naturreinen Pflanzenfarben?

Mit den **naturreinen Pflanzenfarben** kann die **Farbrichtung** verändert werden. Besonders ausdrucksvolle Nuancierungen werden im Bereich Dunkelblond bis Hellbraun erzielt.

Pflanzenfarben verbessern die Haarstruktur und geben dem Haar einen besonderen Glanz.

27 Welche Farbziele können mit naturreinen Pflanzenfarben nicht erreicht werden?

Mit **naturreinen Pflanzenfarben** können die folgenden Farbwünsche **nicht** erzielt werden:
- Extreme Nuancierungen im blauvioletten Bereich
- Heller färben
- Um mehrere Töne dunkler färben
- Abdecken eines Weißanteils von über 10 %

28 Wo liegen die besonderen Vorteile von Pflanzentönungen?

Pflanzentönungen erzielen eine größere Nuancenvielfalt als die reinen Pflanzenfarben, ohne dass dabei die Vorteile der reinen Pflanzenfarben verloren gehen.

Die Deckkraft der Pflanzentönung ist sehr hoch.

Häufig kann auch ein Weißanteil bis zu maximal 30 % abgedeckt werden.

6.4 Blondieren

29 Wie wird beim Blondieren die Aufhellung des Haares erreicht?

Beim **Blondieren** werden die natürlichen Pigmente des Haares geblichen.

30 Welche Mittel sind zum Blondieren erforderlich?

Blondierpräparate bestehen mindestens aus zwei Komponenten, dem **Blondiermittel** und dem **Oxidationsmittel**.

Als Blondiermittel steht Blondierpulver bzw. Blondiergranulat zur Verfügung. Das Oxidationsmittel ist eine H_2O_2-Lösung.

31 Welcher chemische Vorgang läuft bereits beim Mischen der beiden Komponenten des Blondierpräparats im Farbschälchen ab?

Beim Mischen des Blondiermittels mit dem Oxidationsmittel läuft eine **Neutralisation** ab.

Das Alkali im Blondierpulver neutralisiert die Säure im H_2O_2.

Durch die Neutralisation wird die Stabilisierung des H_2O_2 aufgehoben und das H_2O_2 zerfällt in Sauerstoff und Wasser.

32 Beschreiben Sie den chemischen Vorgang, der während der Einwirkzeit im Haar abläuft.

Im Haar läuft eine **Oxidation** ab. Der frei werdende Sauerstoff oxidiert die Melanine in den Pigmenten. Sie werden dadurch geblichen.

- Die **rötlichen Phäomelanine** werden von der alkalischen Peroxidlösung leichter gelöst und abgebaut.
- Die **dunklen Eumelanine** sind dagegen widerstandsfähiger. Sie werden stufenweise abgebaut. Dabei können rotbraune, orangefarbene und gelbliche Zwischentöne entstehen.

33 Welche chemische Reaktion läuft während der Nachbehandlung ab?

Während der Nachbehandlung läuft eine **Neutralisation** ab.

Die Säuren im Nachbehandlungsmittel neutralisieren das Restalkali, das sich nach dem Auswaschen noch im Haar befindet.

Zusätzlich adstringieren die Säuren das Haar.

34 Wie werden H_2O_2-Reste, die sich noch im Haar befinden können, unschädlich gemacht?

Restliches H_2O_2 im Haar wird durch **Antioxidantien** unwirksam gemacht, wodurch eine weitere Aufhellung (schleichende Oxidation) verhindert wird.

Antioxidantien sind in Nachbehandlungsmitteln und Spezialfestigern enthalten.

Farbveränderung

35 Die Abbildung zeigt die Wirkungsweise von Blondiermitteln. Erläutern Sie, was in den einzelnen Teilabbildungen zu sehen ist.

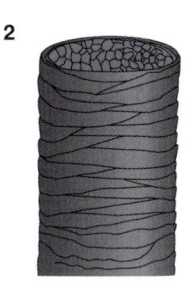

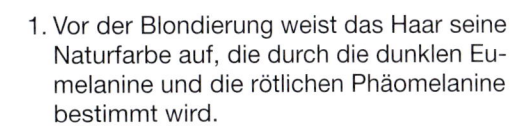

1. Vor der Blondierung weist das Haar seine Naturfarbe auf, die durch die dunklen Eumelanine und die rötlichen Phäomelanine bestimmt wird.

2. Durch das Einwirken des Alkalis quillt das Haar.

3. Durch die alkalische H_2O_2-Lösung werden die Eumelanine aufgehellt und die Phäomelanine abgebaut.

4. Durch die saure Nachbehandlung wird das Haar adstringiert.

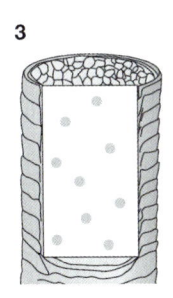

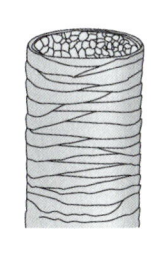

36 Nennen Sie unterschiedliche Blondiertechniken.

Je nach Farbziel können unterschiedliche **Blondiertechniken** eingesetzt werden:
- Ansatzblondierung
- Ganzblondierung
- Blondierwäsche
- Strähnentechniken
- Auftragen von Aufhellern (Haarfestiger mit H_2O_2)

37 Was müssen Sie beim Auftragen des Blondierbreis bei einer Ansatzblondierung beachten, um ein möglichst gleichmäßiges Ergebnis zu erzielen?

Bei der **Ansatzblondierung** beginnt man an der dunkelsten Stelle.
Durch zügiges Auftragen wird eine unterschiedliche Aufhellung vermieden.

38 Warum wird der Blondierbrei bei einer Ganzblondierung erst zum Schluss auf den Ansatz aufgetragen?

Bei der **Ganzblondierung** wird der Blondierbrei zum Schluss auf den Ansatz aufgetragen, weil das Haar dort noch nicht so stark verhornt ist und die Wärme in Kopfhautnähe den chemischen Vorgang beschleunigt.

39 Bei welchem Farbwunsch empfehlen Sie eine Blondierwäsche?

Eine **Blondierwäsche** wird eingesetzt, wenn das Haar nur leicht aufgehellt werden soll.

TECHNOLOGIE

40 Nennen Sie unterschiedliche Strähnentechniken.

Um **Strähnen** zu erzielen, stehen unterschiedliche Techniken zur Verfügung:
- Haubensträhnen
- Foliensträhnen
- Kammsträhnen
- Toupiersträhnen

41 Wie funktioniert ein Aufheller und warum sollten Sie ihn im Salon nicht einsetzten?

Ein **Aufheller** ist ein Haarfestiger mit einem ca. 3%igen H_2O_2-Anteil. Weil aber das Alkali als zweite blondierwirksame Substanz fehlt, läuft der Aufhellungsprozess sehr langsam über mehrere Tage ab (schleichende Oxidation).

Der Aufhellungsgrad ist dabei nicht zu kontrollieren; Haarschädigungen sind möglich. Aus diesem Grunde sollte vor der Benutzung von Aufhellern abgeraten werden.

6.5 Färben

42 Was geschieht beim Färben mit den künstlichen und natürlichen Pigmenten des Haares?

Beim **Färben** werden in einem Arbeitsgang sowohl die im Haar befindlichen Pigmente aufgehellt als auch künstliche Pigmente gebildet.

43 Aus welchen beiden Komponenten bestehen Färbepräparate?

Färbepräparate bestehen aus zwei Komponenten, die unmittelbar vor der Anwendung gemischt werden:
- Der **Oxidationshaarfarbe** mit den Pigmentvorstufen (Farbbildnern)
- Der **H_2O_2-Lösung** als Oxidationsmittel

44 Beschreiben Sie die chemischen Vorgänge beim Mischen von H_2O_2 und Farbcreme.

Das **Alkali** in der Farbe neutralisiert die **Säure** im H_2O_2. Die Stabilisierung des Wasserstoffperoxids wird aufgehoben und der Sauerstoff wird freigesetzt.

45 Erklären Sie die beiden Oxidationsvorgänge, die beim Färben ablaufen.

Beim Färben laufen zwei Oxidationsvorgänge ab: der **Aufhellungsvorgang** und der **Kupplungsvorgang**.

Beim Aufhellungsvorgang bleicht der Sauerstoff die im Haar befindlichen Pigmente.

Beim Kupplungsvorgang verbindet der Sauerstoff die kleinen Farbvorstufen (Farbbildner) zu größeren Pigmenten, die nicht mehr aus dem Haar gelangen können.

Farbveränderung

46 Welche Aufgaben haben die Säuren im Nachbehandlungspräparat?

Säuren im Nachbehandlungsmittel
- **neutralisieren** das Restalkali, das sich nach dem Auswaschen noch im Haar befindet, und
- **adstringieren** das Haar.

---

47 Die Abbildungen zeigen die Wirkung von Oxidationshaarfarben. Erläutern Sie, was auf den Teilabbildungen zu sehen ist.

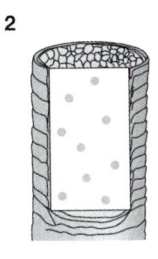

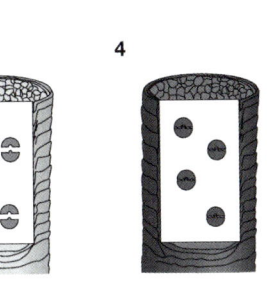

1. Vor dem Färben hat das Haar seine Naturfarbe, die durch die dunklen Eumelanine und die rötlichen Phäomelanine bestimmt wird.

2. Durch die alkalische H_2O_2-Lösung werden die Eumelanine aufgehellt und die Phäomelanine abgebaut.

3. Die kleinen Farbbildner gelangen in das Haar.

4. Das H_2O_2 verbindet die Farbbildner zu künstlichen Pigmenten, die aufgrund ihrer Größe nicht aus dem Haar gewaschen werden können.

---

48 Auf welches Haar sind die Färbepräparate abgestimmt?

Die Färbepräparate sind auf „normales" mitteleuropäisches Haar eingestellt. Das Haar kann in diesem Fall direkt mit der Zielfarbe eingefärbt werden. Färbepräparate, die z. B. für den asiatischen oder afrikanischen Markt produziert werden, berücksichtigen die dort vorherrschende Haarstärke und Naturfarbe.

---

49 Nennen Sie die Merkmale eines „normalen" mitteleuropäischen Haares.

Die Merkmale eines **normalen mitteleuropäischen** Haares sind:
- Haarstärke: 0,05–0,06 mm
- Haarstruktur: keine oder geringe Strukturschäden
- Ergrauung: kein oder geringer Weißanteil
- Ausgangsfarbe: Blondbereich
- Verschmutzung: gering

TECHNOLOGIE

50 Welche Abweichungen vom „normalen" Haar müssen beim Färben berücksichtigt werden?

Abweichungen vom „Normalfall" haben Einfluss auf das Farbergebnis. Sie müssen als Sonderfälle beim Färben berücksichtigt werden. Solche Abweichungen können sein:
- Feines Haar
- Glasig-hartes Haar
- Stark verschmutztes Haar

51 Erklären Sie, was beim Färben von sehr feinem Haar beachtet werden muss.

Die Farbbildner dringen sehr schnell in das **feine Haar** ein und es kommt in der normalen Einwirkzeit zu einer hohen Konzentration von Farbbildnern. Das Farbergebnis wird zu dunkel.

Durch die Wahl einer helleren Farbe und durch Verkürzung der Einwirkzeit kann das Farbziel erreicht werden.

52 Wie verhalten Sie sich beim Färben von glasig-hartem Haar?

Glasig-hartes Haar hat eine feste Struktur, sodass die Farbe zu langsam in das Haar gelangt. In diesem Fall kann eine Borstenmischung eingesetzt werden (Farbe und um 3 % stärkeres H_2O_2 im Verhältnis 2:1 mischen).

Die höhere Alkalikonzentration lockert die Haarstruktur, der Anteil an Farbbildnern sorgt für die gewünschte Farbtiefe. Die geringere Gesamtmenge an H_2O_2 wird durch die höhere Konzentration des H_2O_2 ausgeglichen.

53 Welche Probleme treten beim Färben von stark verschmutztem Haar auf?

Bei **starker Verschmutzung** des Haares, z. B. durch Haarsprayreste, gelangen die Farbbildner ungleichmäßig ins Haar. Das Farbergebnis wird scheckig.

Das Haar muss in diesem Fall vor dem Färben gewaschen und leicht angetrocknet werden. Nasses Haar würde nicht genug Farbbrei ins Haar eindringen lassen und diesen noch verdünnen. Das Ergebnis wäre eine sehr transparente Farbe.

54 Erklären Sie die Wirkungsweise und den Einsatzbereich von Haarfarbenwiederherstellern.

Haarfarbenwiederhersteller enthalten Farbbildner, aus denen im Haar durch eine Reaktion mit dem Luftsauerstoff Pigmente gebildet werden.

Die Abdeckung der weißen Haare erfolgt schrittweise, sodass die Farbveränderung nicht so stark auffällt.

Eingesetzt werden diese Präparate für die Heimbehandlung zur Wiederherstellung der natürlichen Farbtöne von Mittelblond bis Dunkelbraun bei einem hohen Weißanteil.

6.6 Multiple-Choice

1 Welche Aussage ist richtig?
a) Braun ist ausschließlich eine Bezeichnung für eine Farbrichtung.
b) Braun ist ausschließlich eine Bezeichnung für einen Bereich der Farbtiefe.
c) Braun ist eine andere Bezeichnung für Rotorange.
d) Braun ist eine getrübte Farbe, die aus Orange und Schwarz gemischt wird.

2 Welche Aussage ist richtig?
a) Asch ist eine Bezeichnung für die Farbtiefe einer Haarfarbe.
b) Aschtöne gibt es ausschließlich als direktziehende Farbstoffe.
c) Aschtöne werden in erster Linie eingesetzt zur Abdeckung von gelb-roten Tönen.
d) Aschtöne können zum Färben bei hohem Weißanteil eingesetzt werden.

3 Welche Haarfarbe ist nach einem französischen Wein benannt worden?
a) Beaujolais
b) Samos
c) Malaga
d) Cognac

4 Welche Haarfarben sind <u>nicht</u> nach einer Holzart benannt worden? (2 richtige Antworten)
a) Mahagoni
b) Kastanie
c) Palisander
d) Purpur

5 Welche Haarfarbe trägt den Namen eines italienischen Malers?
a) Tizian
b) Zyklamen
c) Kupfer
d) Ayers Rock

6 Was kennzeichnet eine Tönung?
a) Beim Tönen werden Oxidationsmittel eingesetzt.
b) Tönungen enthalten ausschließlich Fertigfarbstoffe.
c) Tönungen decken weißes Haar ab.
d) Tönungen enthalten ein Alkali.

7 Tönungen werden <u>nicht</u> eingesetzt, um ...
a) ... Naturtöne aufzufrischen.
b) ... die ersten weißen Haare abzudecken.
c) ... die Naturhaarfarbe leicht aufzuhellen.
d) ... die Farbrichtung zu verändern.

TECHNOLOGIE

8 Was können Sie mit Pflanzenfarben erreichen?
a) Veränderung der Farbnuance
b) Veränderung der Farbtiefe um mehrere Töne
c) Leichte Aufhellung
d) Abdecken eines hohen Weißanteils

9 Welche Aufgaben nehmen die Tenside beim Blondiervorgang <u>nicht</u> wahr?
a) Sie ermöglichen das Auftragen, ohne dass das Haar vorher gewaschen wird.
b) Sie erleichtern das Abwaschen nach der Einwirkzeit.
c) Sie quellen das Haar, damit die Blondiermittel besser eindringen können.
d) Sie ermöglichen ein gleichmäßiges Benetzen des Haares mit den Blondiermitteln.

10 Welche Aufgaben haben die Pufferstoffe im Blondiermittel?
a) Sie sorgen dafür, dass der Blondierbrei sauer reagiert.
b) Sie sind für die Quellung des Haares verantwortlich.
c) Sie sorgen dafür, dass trotz der Zugabe der sauer eingestellten H_2O_2-Lösung der Blondierbrei alkalisch bleibt.
d) Sie verhindern das Ablaufen des Blondierbreis.

11 Welche Stoffe sind dafür verantwortlich, dass das H_2O_2 nicht während der Lagerung in Sauerstoff und Wasser zerfällt?
a) Pufferstoffe
b) Säuren
c) Alkalien
d) Tenside

12 Welche Stoffe im Blondierbrei sind blondierwirksam?
(2 richtige Antworten)
a) Pufferstoffe
b) Alkalien
c) Tenside
d) H_2O_2

13 Warum verbleiben die künstlichen Pigmente im Haar?
a) Sie haften aufgrund elektrostatischer Anziehungskräfte am Haarkeratin der Faserschicht.
b) Sie haben sich durch Oxidationsvorgänge vergrößert, sodass sie nicht mehr aus dem Haar gelangen können.
c) Das Haar wird durch die Nachbehandlung adstringiert, sodass Pigmente und Farbstoffe nicht mehr aus dem Haar gelangen können.
d) Die Schutzstoffe schützen das Haar vor Pigmentverlust.

Farbveränderung

14 Welche Aufgabe haben die Alkalien beim Färben <u>nicht</u>?
a) Sie öffnen das Haarkeratin.
b) Sie hellen die Pigmente im Haar auf.
c) Sie sorgen dafür, dass der Sauerstoff aus dem H_2O_2 frei wird.
d) Sie ermöglichen einen Ablauf des Färbevorgangs innerhalb von ca. 30 Minuten.

15 Warum ist das Waschen von normal verschmutztem Haar vor dem Färben <u>nicht</u> erforderlich?
a) Kleine Farbunterschiede, verursacht durch Verschmutzung des Haares, fallen kaum auf.
b) Das H_2O_2 sorgt für einen Farbausgleich.
c) Die im Färbepräparat enthaltenen Tenside beseitigen leichte Verunreinigungen.
d) Die Alkalien haben eine reinigende Wirkung.

16 Welche Aufgaben hat das H_2O_2 im Färbepräparat?
(2 richtige Antworten)
a) Es neutralisiert das Alkali, damit der Sauerstoff frei wird.
b) Es hellt nur die natürlichen Pigmente auf.
c) Es hellt die im Haar befindlichen künstlichen und natürlichen Pigmente auf.
d) Es stellt aus Farbvorstufen künstliche Pigmente her.

17 Welche Aufgabe hat die Säure in der H_2O_2-Lösung?
a) Sie schließt die Schuppenschicht des Haares.
b) Sie stellt den Säureschutzmantel der Kopfhaut wieder her.
c) Sie verhindert einen vorzeitigen Zerfall des H_2O_2 in Wasserstoff und Sauerstoff.
d) Sie verhindert einen vorzeitigen Zerfall des H_2O_2 in Wasser und Sauerstoff.

18 Welche Maßnahme ist beim Färben von feinem Haar sinnvoll?
a) Längere Einwirkzeit
b) Wahl eines helleren Farbtons
c) Zumischen des Naturtons
d) Vorpigmentieren mit einem helleren Farbton

19 Was verstehen Sie unter Vorpigmentieren?
a) Die Ansätze werden mit einer Tönung vorbehandelt.
b) Der Ansatz wird mit einem dunkleren Farbbrei vorbehandelt.
c) Zur Auflockerung der Haarstruktur wird zunächst eine 6%ige H_2O_2-Lösung auf den Ansatz gegeben.
d) Farbcreme wird ohne Zugabe von H_2O_2 zunächst auf die Ansätze aufgetragen.

TECHNOLOGIE

20 Welcher Arbeitsgang wird zur Abdeckung von glasig-hartem Haar empfohlen?
a) Zuführen von Wärme
b) Verwenden einer Borstenmischung
c) Voranlagern von Rottönen
d) Wahl eines dunkleren Farbtons

21 Bei hohem Weißanteil muss beim Färben mit Aschtönen…
a) …die Einwirkzeit verlängert werden.
b) …der Farbton dunkler gewählt werden.
c) …Farbe im Naturton zugemischt werden.
d) …die Einwirkzeit verkürzt werden.

22 Warum muss das Haar nach einer Haarwäsche vor dem Färben angetrocknet werden?
a) Die Alkalität des Farbbreis wird herabgesetzt.
b) Das Auftragen des Farbbreis ist bei nassem Haar schwieriger.
c) Tensidrückstände beeinflussen das Farbergebnis.
d) Das nasse Haar kann nicht genügend Wirkstoffe aufnehmen.

23 In welcher Reihenfolge wird ein Rotton bei einer Erstfärbung aufgetragen?
a) Ansatz, Mittelstück
b) Mittelstück, Ansatz, Spitze
c) Mittelstück, Spitze, Ansatz
d) Von Ansatz bis Spitze

24 Welche Maßnahme ist bei einer Ansatzfärbung <u>falsch</u>?
a) Abteilung in Kreuzscheiteltechnik
b) Farbe auf den Ansatz auftragen und am Ende der Einwirkzeit zum Farbausgleich durchziehen
c) Bei vorhandenem Weißanteil an den ergrauten Stellen beginnen
d) Farbe einen Ton heller wählen, damit der Kontrast zur Gesichtshaut nicht zu hart wird

25 Haarfarbenwiederhersteller enthalten …
a) … Farbbildner, aus denen mit dem Luftsauerstoff Pigmente gebildet werden.
b) … direktziehende Farbstoffe im Naturbereich.
c) … Farbbildner und ein Oxidationsmittel.
d) … Farbstoffe, die mit dem Schwefel des Haares den dunklen Farbton bilden.

Lösungen: 1d; 2c; 3a; 4b+d; 5a; 6b; 7c; 8a; 9c; 10c; 11b; 12 b+d; 13b; 14b; 15c; 16c+d; 17c; 18b; 19d; 20b; 21c; 22d; 23c; 24d; 25a

7 Kosmetik

7.1 Pflegende Kosmetik

1 **Nennen Sie die wesentlichen Aufgaben der Kosmetik.**

Zur **Kosmetik** gehören die beiden Bereiche **pflegende** und **dekorative** Kosmetik.

Aufgaben der pflegenden Kosmetik:
- Reinigung der Haut
- Pflege der Haut
- Gesunderhaltung der Haut

Aufgaben der dekorativen Kosmetik:
- Kleine Mängel im Gesicht kaschieren
- Das Gesicht durch Farben optimal zur Geltung bringen
- Harmonie zwischen Frisur und Kleidung erzielen

2 **Welche Hautmerkmale werden bei einer Hautuntersuchung geprüft? Warum wird die Hautuntersuchung durchgeführt?**

Bei der **Hautuntersuchung** werden Hauttyp, Empfindlichkeit, Gewebespannung (Tonus und Turgor) sowie Hautveränderungen festgestellt. Das Ergebnis der Hautuntersuchung ist die Hautdiagnose. Aufgrund der Diagnose wird über die Auswahl der Präparate und die Art der kosmetischen Behandlung entschieden.

3 **Wie wird eine Hautuntersuchung durchgeführt?**

Die **Hautuntersuchung** erfolgt durch:
- Befragen (Anamnese)
- Betrachten
- Befühlen

4 **Welche Punkte werden bei der Befragung der Kundin (Anamnese) angesprochen?**

Durch die **Befragung** der Kundin verschafft sich die Kosmetikerin Klarheit über
- Reinigungsgewohnheiten,
- Seifenverträglichkeit,
- Unverträglichkeitsreaktionen der Haut.

5 **Welche Hautmerkmale werden beim Betrachten der Haut festgestellt?**

Die Kosmetikerin stellt bei der **Hautbetrachtung** Folgendes fest:
- Pflegezustand
- Durchblutung
- Talg- und Schweißsekretion
- Hautfelderung und Hautfalten
- Hautveränderungen und Gesichtsbehaarung

6	Welche Hautmerkmale werden durch Befühlen der Haut festgestellt?	Durch **Befühlen** der Haut überprüft die Kosmetikerin • Gewebsspannung, • Beschaffenheit der Hautoberfläche. Durch **Hautbeschreibung** (Dermographismus) wird die Empfindlichkeit der Haut gegenüber mechanischen Reizen geprüft.
7	Welche Reinigungspräparate werden für die Gesichtsreinigung eingesetzt?	Für die **Gesichtsreinigung** werden in erster Linie zur Hauptreinigung **Reinigungsmilch** und zum Nachreinigen **Gesichtswasser** eingesetzt. Für eine gründliche Hautreinigung, bei der verhornte Hautpartikel entfernt werden, verwendet man **Peelingcremes.**
8	Wie wirkt eine Reinigungsmilch?	Eine **Reinigungsmilch** ist eine Emulsion des Typs **Ö/W**. Sie löst den Talg mit dem anhaftenden Schmutz von der Haut. Die Reinigungsmilch lässt sich zusammen mit dem Fettschmutz mit Wasser abwaschen. Die Haut wird schonend gereinigt und nicht entfettet.
9	Auf welche Weise reinigen alkoholische Gesichtswässer?	**Gesichtswässer** sind in der Regel Lösungen aus Ethanol oder Isopropanol mit Wasser. Aufgrund der Fett lösenden Wirkung der Alkohole wird die Haut gereinigt. Der Alkoholgehalt ist auf die unterschiedlichen Hauttypen eingestellt.
10	Erklären Sie die Wirkungsweise von Peelingpräparaten.	**Peelingpräparate** sind **Ö/W-Emulsionen** mit feinen, körnigen Substanzen, wie z. B. Mandelkleie, Seesand, Olivenkerngranulat. Sie werden auf die Haut aufgetragen und sanft verteilt. Dabei schleifen die feinen Körnchen die oberen Lagen der Hornschicht ab, die Haut wird glatter.
11	Nennen Sie verschiedene Pflegepräparate.	Die wichtigsten **Pflegepräparate** für die Haut sind Tagescremes, Nachtcremes, Packungen und Masken.
12	Was wissen Sie über die Zusammensetzung und Wirkungsweise von Tagescremes?	**Tagescremes** sind **Ö/W-Emulsionen**. Sie ziehen rasch in die Haut ein und hinterlassen keinen fettigen Glanz. Sie werden als Tagesschutz und als Make-up-Unterlage verwendet.

13	Was sind Nachtcremes und wie wirken sie?	**Nachtcremes** sind **W/Ö-Emulsionen** mit einem höheren Fettanteil. Sie binden die Feuchtigkeit in der Haut und wirken daher hautglättend. Sie hinterlassen einen Fettrückstand auf der Haut und erzeugen dadurch einen Fettglanz. In der kalten Jahreszeit werden sie auch für den Tag angewendet. Sie verhindern ein Austrocknen der Haut.
14	Was wissen Sie über die Zusammensetzung und Wirkungsweise von Packungen?	**Packungen** dienen als Abschluss einer kosmetischen Behandlung. **Cremepackungen** sind **Ö/W-Emulsionen**. Sie wirken kühlend, beruhigend und geben der Haut Feuchtigkeit. **Puderpackungen** enthalten z. B. Heilerde mit Zusätzen von Kräuterwirkstoffen. Sie sollen der Haut Feuchtigkeit, Fett und Wärme entziehen und sie dadurch entquellen. Sie sind nicht für eine trockene Haut geeignet.
15	Wie wirken Masken und woraus bestehen sie?	**Masken** werden zu Beginn einer kosmetischen Behandlung eingesetzt. Es sind **W/Ö-Emulsionen** und wasserfreie Präparate mit Mineralfetten sowie Paraffinen (Mineralwachsen). Die Masken sind kaum durchlässig für Wärme und Feuchtigkeit. Sie führen deshalb zu einem Temperatur- und Feuchtigkeitsstau sowie zu einer Quellung der Haut.

7.2 Dekorative Kosmetik

16	Welche kleineren Mängel können durch die dekorative Kosmetik korrigiert werden?	Durch die **dekorative Kosmetik** können kleinere Mängel in folgenden Bereichen korrigiert werden: • Gesichtsform • Nase, Kinn • Augenbereich • Lippen
17	Welche Gruppen von Präparaten stehen der dekorativen Kosmetik zur Verfügung?	In der dekorativen Kosmetik werden folgende **Präparate** eingesetzt: • Make-up-Grundierung • Puder • Augen-Make-up • Lippenstift

TECHNOLOGIE

18	Wie kann ein Gesicht durch Farben optimal zur Geltung gebracht werden?	Die **Farben des Make-ups** müssen auf die im Gesicht vorkommenden Farben von Haar, Teint und Augen abgestimmt sein.
19	Wie heißen die Farbtypen, die sich aus dem Zusammenspiel der natürlichen Gesichtsfarben ergeben?	Aus dem Zusammenspiel der Farben von **Haar**, **Teint** und **Augen** ergeben sich die vier unterschiedlichen **Farbtypen**: • Frühlingstyp • Sommertyp • Herbsttyp • Wintertyp
20	Nennen Sie Merkmale des Frühlingstyps.	Die Merkmale des **Frühlingstyps** sind: • **Teint** elfenbeinfarben oder pfirsichfarben, leichte Sommersprossen • **Haarfarbe** flachsblond über honigfarben bis goldbraun • **Augenfarbe** blau, oft wasserblau bis grünlich Vorteilhaft sind warme, zarte Farben.
21	Was sind die Merkmale des Sommertyps?	Der **Sommertyp** zeichnet sich durch folgende Merkmale aus: • **Teint** rosafarben mit bläulichem Unterton • **Haarfarbe** blond mit einem leichten Aschanteil • **Augenfarbe** blau, oft blaugrau oder auch grünlich Vorteilhaft sind sanfte, kühle Pastelltöne.
22	Beschreiben Sie den Herbsttyp.	Der **Herbsttyp** zeichnet sich durch folgende Merkmale aus: • **Teint** goldener Grundton mit elfenbeinfarbenem oder Bronzeschimmer • **Haarfarbe** kastanienbraun, rotblond oder goldblond • **Augenfarbe** braun, aber auch grünbraun Vorteilhaft sind warme Töne mit Gold- oder Olivgrün-Anteil.

23 Nennen Sie Merkmale des Wintertyps.

Folgende Merkmale kennzeichnen den **Winter-typ**:
- **Teint**
  weiß, beige bis oliv
- **Haarfarbe**
  dunkle Haarfarbe bis blauschwarz
- **Augenfarbe**
  dunkelblau bis schwarzbraun

Vorteilhaft sind klare, kühle Farben.

7.3 Multiple-Choice

1 Welche Maßnahme gehört <u>nicht</u> zur pflegenden Kosmetik?
a) Reinigung der Haut
b) Optimieren der Gesichtsform
c) Auftragen einer Packung
d) Gesichtsmassage

2 Was kann durch das Befühlen der Haut geprüft werden?
a) Durchblutung
b) Hauttyp
c) Seifenverträglichkeit
d) Gewebsspannung

3 Beim Reinigen mit alkoholhaltigem Gesichtswasser wird der Fettschmutz …
a) … emulgiert.
b) … abgespült.
c) … gelöst.
d) … neutralisiert.

4 Eine Nachtcreme ist …
a) … ein Fettgemisch.
b) … eine W/Ö-Emulsion.
c) … eine Ö/W-Emulsion.
d) … eine Mischemulsion.

5 Masken geben der Haut Feuchtigkeit, weil sie …
(2 richtige Antworten)
a) … W/Ö-Emulsionen sind und wenig Feuchtigkeit nach außen durchlassen.
b) … Ö/W-Emulsionen sind, die viel Wasser enthalten.
c) … Wasser bindende Substanzen wie Glyzerin, Kollagen, Aloe Vera usw. enthalten.
d) … Heilerde enthalten.

6 Welches Merkmal gehört <u>nicht</u> zum Sommertyp?
a) Rosafarbener Teint mit bläulichem Unterton
b) Blondes Haar, leicht aschig
c) Blaue und grünliche Augen
d) Braune, aber auch grünbraune Augen

Lösungen: 1b; 2d; 3c; 4b; 5a+c; 6d

Beraten und Verkaufen

1 Orientierung

1.1 Die Friseurin als Dienstleisterin

1 Erklären Sie den Begriff „Dienstleistung".

Eine **Dienstleistung** ist ein durch eine Person erbrachtes immaterielles Wirtschaftsgut. Dieses dient der Befriedigung eines menschlichen Bedürfnisses.

2 Nennen Sie die vielfältigen Aufgaben und Tätigkeiten innerhalb des Dienstleistungsbereiches „Friseur".

Der **Dienstleistungsbereich** der Friseurin umfasst die folgenden Aufgaben:
- Kundenempfang
- Ermittlung des Kundenwunsches
- Beratung
- Umsetzung des Beratungsergebnisses (z. B. Färben, Schneiden, Dauerwellen)
- Verkauf von Waren und Dienstleistungen

3 Die Friseurin muss bestimmte Anforderungen hinsichtlich ihres Rollenverhaltens/ihrer Rollenattribute erfüllen. Beschreiben Sie diese Anforderungen näher.

Rollenverhalten: Die Friseurin muss aufmerksam sein, gut organisiert und gezielt handeln, ein sicheres Auftreten zeigen, freundlich und ausgeglichen gegenüber der Kundschaft sein, Interesse an den Bedürfnissen der Kundin erkennen lassen usw.

Rollenattribute: Die Friseurin muss auf ein gepflegtes Äußeres achten (Kleidung, Frisur, persönliche Hygiene, Make-up).

4 Welche fünf Bedürfnisse bestimmen nach Maslow das menschliche Verhalten?

Menschliches **Verhalten** wird durch **fünf Bedürfnis-Arten** bestimmt:
1. Grundbedürfnisse
2. Sicherheitsbedürfnisse
3. Sozialbedürfnisse
4. Wertschätzungsbedürfnisse
5. Selbsterfüllungsbedürfnisse

5 Geben Sie Beispiele für die Bedürfnisse nach Maslow aus dem Berufsalltag der Friseurin.

1. Grundbedürfnis: Einhalten von Pausen- und Ruhezeiten
2. Sicherheitsbedürfnis: Arbeits- und Unfallschutz, z. B. TRGS 530
3. Sozialbedürfnis: Vertrauen, Teamarbeit, Solidarität, Gespräche
4. Wertschätzungsbedürfnis: Lob und Anerkennung durch den Chef/die Kollegen/die Kundin
5. Selbsterfüllungsbedürfnis: Selbstständigkeit, Kreativität, Entscheidungskompetenzen

1.2 Wahrnehmung und Wirkattribute

6 Formen der zwischenmenschlichen Wahrnehmung sind Selbst- und Fremdwahrnehmung. Erläutern Sie die beiden Formen.

Mit **Selbstwahrnehmung** sind die Bilder gemeint, die eine Person von sich selbst hat. Wird das eigene Selbstbild falsch eingeschätzt, führt das unweigerlich zu Störungen beim Miteinander mit anderen Menschen.

Mit **Fremdwahrnehmung** sind die Bilder gemeint, die andere Personen von einem Mitmenschen haben. Diese Fremdwahrnehmung entscheidet über das weitere Verhalten und Handeln ihm gegenüber. Je genauer die Erkenntnisse über Interessen, Absichten und Motive eines Mitmenschen sind, desto besser gestaltet sich der Umgang mit ihm.

7 Welches Bestreben muss jede Friseurin bezüglich ihrer Selbstwahrnehmung und der Wahrnehmung durch die Kundin entwickeln?

Die Friseurin muss bestrebt sein, ihre **Selbstwahrnehmung** mit der **Fremdwahrnehmung** der Kundin abzugleichen, die eigene Persönlichkeit weiterzuentwickeln und sich mehr und mehr dem anderen zu öffnen.

8 Nennen Sie die drei Schritte der Wahrnehmung.

1. Schritt: Genaue Wahrnehmung des anderen
2. Schritt: Beurteilung der Wahrnehmung
3. Schritt: Entscheidung darüber, wie und ob man mit dem Menschen in Kontakt treten möchte

9 Was zählt zu den Wirkattributen des Menschen?

Wirkattribute sind die äußeren Merkmale des Menschen. Hierzu gehören:
- Kleidung
- Schmuck
- Verhalten
- Frisur
- Körperhygiene
- Sprache

10 Worauf sollte eine Friseurin hinsichtlich des Wirkattributes „Kleidung" achten?

Die **Kleidung** am Arbeitsplatz ist auch als Aushängeschild des Betriebes zu betrachten. Sie muss daher sauber und gepflegt sein, um den Anspruch auf Fachkompetenz zu unterstreichen.

11 Was gilt hinsichtlich des Wirkattributes „Schmuck" für die Friseurin?

Schmuck ist im Friseurhandwerk nicht wegzudenken, denn er unterstreicht und betont das Gesamterscheinungsbild des Menschen. Allerdings schließen Unfallverhütungsvorschriften und Hygieneverordnungen das Tragen von Ringen, Armbändern und Uhren bei Feuchtarbeiten und pflegenden kosmetischen Maßnahmen aus.

12 Was muss eine Friseurin bezüglich der Körperhygiene beachten?

Persönliche Hygiene ist ein absolutes Muss für jede Mitarbeiterin. Ein ungepflegtes Erscheinungsbild passt in keiner Weise zum Profil des Körperpflegeberufes. Hygiene im Beruf umfasst:
- Ein gepflegtes Erscheinungsbild
- Neutralen oder angenehmen Körpergeruch
- Gepflegtes Haar, gepflegte Nägel

13 Direkte Beratung erfolgt immer über das Ansprechen der Kundin. Nennen Sie verschiedene Sprechweisen und erläutern Sie deren Wirkung.

Sprechweise	Die Friseurin wirkt:
Viel sprechen	Aufdringlich, übermotiviert, lächerlich
Wenig sprechen	Schüchtern, ängstlich, zurückhaltend, lustlos
Schnell sprechen	Aufgeregt, unsicher
Langsam sprechen	Gelangweilt, müde, traurig, konzentriert, lustlos
Laut sprechen	Wütend, enttäuscht, überschwänglich
Leise sprechen	Ängstlich, schüchtern
Stockend sprechen	Aufgeregt, unsicher, besorgt, angespannt, betroffen

14 Was muss die Friseurin hinsichtlich des Wirkattributs „Verhalten gegenüber der Kundin" grundsätzlich beachten?

Eine **professionelle Haltung** der Friseurin gegenüber der Kundin erfordert Ernst und Respekt gegenüber deren Wünschen, Ansprüchen und Vorstellungen.

15 Welche Bedeutung haben die Wirkattribute der Kundin für die Friseurin?

Die **Wirkattribute** sind Orientierungshilfen für viele Entscheidungsprozesse, die im Rahmen der Kundenbetreuung anstehen. Eine kundenbezogene Fachberatung kann hier ihren Ausgangspunkt nehmen und mit entsprechenden Frisur- und Farbempfehlungen ansetzen.

16 Eine Kundin wünscht eine Frisurenberatung. Welche Grundregeln des Verhaltens gelten für das Beratungsgespräch?

Die **Grundregeln eines Beratungsgespräch** sind:
- Die Friseurin ist freundlich und aufmerksam.
- Sie nimmt seitlich neben der Kundin Platz und führt das Gespräch in Augenhöhe.
- Sie wahrt eine höfliche Distanz zur Kundin.
- Sie spricht ruhig, langsam und verständlich.
- Sie beteiligt die Kundin am Gespräch.

17 Durch Fehler in der Organisation muss eine Kundin trotz Terminvergabe mit einer Wartezeit von einer halben Stunde rechnen. Wie verhält sich die Friseurin in dieser Situation richtig?

Bei **längeren Wartezeiten**
- bittet die Friseurin die Kundin um Entschuldigung,
- erläutert ihr den Grund für die Wartezeit, z. B. plötzliche Erkrankung einer Mitarbeiterin,
- bietet ihr ggf. alternative Dienstleistungen an,
- bemüht sich mit einem umfassenden Serviceangebot um die Kundin.

1.3 Multiple-Choice

1 Welche der aufgeführten Tätigkeiten ist im wirtschaftlichen Sinne eine Dienstleistung?
- a) Der Kundin Getränke anbieten
- b) Leistungen gegenüber Dritten, die nicht die Herstellung von Produkten oder die Gewinnung von Rohstoffen umfassen
- c) Leistungen von Personen, die in einem Arbeitsverhältnis stehen
- d) Die Kundin freundlich empfangen und in die Warteecke begleiten

2 Worauf wirkt sich Stress negativ aus? (2 richtige Antworten)
- a) Motivation
- b) Gemütslage
- c) Geschmack
- d) Geruchswahrnehmung

3 Welches Bedürfnis ist nach Maslow ein Sozialbedürfnis?
- a) Der Wunsch nach einem heißen Kaffee
- b) Das Kundengespräch
- c) Die Einhaltung der TRGS 530
- d) Lob und Anerkennung des Chefs für die persönliche Leistungsfähigkeit

4 Unter welchem Begriff fasst man die äußeren Zeichen des Menschen zusammen, mit denen er auf andere eine Wirkung erzielt?
- a) Adjektive
- b) Wirksignale
- c) Wirkattribute
- d) Wirkmechanismen

5 Was rechnet man zum Wirkattribut „Körperhygiene?"
- a) Die Sauberkeit der Nägel
- b) Die persönliche Einstellung zu Kollegen
- c) Gepflegte Sprache
- d) Den aufwändigen Haarschmuck

6 Was rechnet man zum Wirkattribut „Verhalten"?
- a) Resoluter Umgang mit schwierigen Kunden
- b) Das Tragen aktueller Frisuren
- c) Abgekaute Fingernägel
- d) Ein gepflegtes Make-up

Beraten und Verkaufen

7 Was ist kein Wirkattribut?
a) Schnelles Sprechen
b) Tätowierung
c) Persönliche Überlegungen zum Dauerwellverfahren
d) Make-up-Spuren am Hemdkragen

8 Während der Behandlung kann das Wohlbefinden der Kundin gefördert werden, indem die Friseurin …
a) … ihr von den eigenen Erlebnissen am Wochenende berichtet.
b) … Verzögerungen bei der Behandlung vermeidet und den Arbeitsplatz in einem ordentlichen Zustand hält.
c) … sie über ihr Privatleben ausfragt.
d) … sie nicht anspricht.

9 Welche Wirkattribute der Kundin geben Rückschlüsse auf ihre Kaufmotive?
(2 richtige Antworten)
a) Körpergröße
b) Verhalten
c) Äußerungen
d) Aussehen

10 Für das Beratungsgespräch ist es bedeutsam, dass die Friseurin …
(2 richtige Antworten)
a) … den Blickkontakt zur Kundin sucht.
b) … der Kundin immer nach dem Mund redet.
c) … der Kundin nur in bestimmten Gesprächsphasen Gelegenheit zu eigenen Beiträgen gibt.
d) … langsam und zielgerichtet spricht.

11 Eine Kundin beklagt sich, dass der neue Rotton bereits nach der ersten Wäsche seine Leuchtkraft verloren habe. Wie sollte sich die Friseurin verhalten?
a) Die Kritik der Kundin zurückweisen
b) Den Grund der Veränderung abklären
c) Verständnis für das Problem zeigen
d) Einen Farbausgleich anbieten

12 Eine Neukundin betritt den Salon. Welches Verhalten wird von einer Friseurin in dieser Situation erwartet?
a) Sie erkundigt sich bei ihren Kolleginnen, ob ihnen diese Kundin bekannt ist.
b) Sie sucht den Blickkontakt mit der Kundin und begrüßt sie freundlich.
c) Sie erkundigt sich bei der Kundin, ob ein Termin abgesprochen worden ist.
d) Sie prüft zunächst, ob überhaupt jemand und ggf. welche Kollegin Zeit für diese Neukundin hat.

Lösungen: 1b; 2a+b; 3b; 4c; 5a; 6a; 7c; 8b; 9b+d; 10a+d; 11d; 12b

2 Körpersprachlicher Ausdruck – Reden ohne Worte

2.1 Die nonverbalen Ausdrucksmittel und Ausdrucksformen

1 Welche nonverbalen Ausdrucksmittel gibt es?

Die nonverbalen Ausdrucksmittel des Menschen sind:
- Mimik
- Gestik
- Körperhaltung
- Körperbewegung
- Körperdistanz

2 Einsatz und Kombination der verschiedenen Ausdrucksmittel führen je nach Situation und Befindlichkeit zu besonderen Ausdrucksformen. Nennen Sie vier verschiedene Ausdrucksformen.

Beispiele für Ausdrucksformen sind:
- lässige Körperhaltung
- verschränkte Arme
- Zornesfalten
- aufgerissene Augen

3 Jede Ausdrucksform ist mit einer oder mehreren Botschaften verknüpft. Welche Botschaften vermittelt die Ausdrucksform „Lächeln"?

Mögliche Botschaften dieser Ausdrucksform sind:
- Freude
- Verlegenheit
- Freundlichkeit
- Sympathie

4 Geben Sie ein Beispiel für das non-verbale Ausdrucksmittel „Körperhaltung" und beschreiben Sie die Botschaft(en), die dadurch vermittelt wird/werden.

Ausdrucksform: Gesenkter Kopf
Botschaft(en): Schuldgefühl, Verlegenheit, Nachdenklichkeit, Unterwürfigkeit

5 Das Ausdrucksmittel „Mimik" betrifft mehrere Gesichtspartien. Nennen Sie diese.

Die **an der Mimik beteiligten Gesichtspartien** sind:
- Augen
- Mund
- Nase
- Stirn

BERATEN UND VERKAUFEN

6 Den verschiedenen Blickrichtungen eines Gesprächspartners werden unterschiedliche Botschaften zugeordnet. Erläutern Sie diesen Zusammenhang an vier Beispielen.

Blickrichtung	Botschaft
Blickrichtung nach oben	Hilfe erflehend
Blickrichtung nach links oben	Überlegend, nach erfundenen und konstruierten Lösungen suchend
Blickrichtung nach rechts oben	Persönliches Wissen abrufend
Blickrichtung nach links unten	Gefühlen bzw. der persönlichen Stimmungslage nachgehend
Blickrichtung nach rechts unten	Inneres Selbstgespräch führend

7 Beschreiben Sie für das Ausdrucksmittel „Mundwinkel" zwei verschiedene Ausdrucksformen und ihre Botschaft(en).

- **Mundwinkel nach oben gerichtet** zeigt eine heitere Stimmung, positive Einstellung.
- **Nach unten gerichtete Mundwinkel** bedeuten Ärger, Verstimmtheit, negative Einstellung, Traurigkeit, Spott, Entschlossenheit.

8 Beschreiben Sie für das Ausdrucksmittel „Nase" drei verschiedene Ausdrucksformen und ihre Botschaft(en).

- **Heben und Senken der Nasenflügel** signalisiert Erregung.
- **Aufblähen der Nasenflügel** bedeutet Skepsis, Alarmbereitschaft und Zorn.
- **Rümpfen der Nase** zeigt Unbehagen, Abneigung und Unzufriedenheit an.

9 Nennen Sie für das Ausdrucksmittel „Stirn" drei verschiedene Ausdrucksformen und ihre Botschaft(en).

- **Waagerechte Stirnfalten** signalisieren Aufgeschlossenheit und Aufmerksamkeit.
- **Senkrechte Stirnfalten** zeigen Skepsis, Konzentration, Enttäuschung, Zorn und körperliches Unbehagen.
- **Eine glatte Stirn** bedeutet Entspanntheit und Gelassenheit.

10 Beschreiben Sie für das Ausdrucksmittel „Lippen" eine spezifische Ausdrucksform und deren Botschaften.

Mit der **vorgeschobenen Unterlippe** (Schmollmund) werden Schutzbedürftigkeit und Beleidigtsein ausgedrückt.

Körpersprachlicher Ausdruck – Reden ohne Worte

11	Beschreiben Sie für das Ausdrucksmittel „Hand und Arm" zwei verschiedene Ausdrucksformen und ihre Botschaften.	• **Hände in den Taschen** bedeuten Unhöflichkeit, Nachlässigkeit, Desinteresse und Passivität. • **Verschränkte Arme** vor dem Körper zeigen Ablehnung, Nachdenken, Überheblichkeit und mangelnde Kommunikationsbereitschaft.
12	Beschreiben Sie für das Ausdrucksmittel „Hände" zwei verschiedene Ausdrucksformen und deren Botschaften.	• **Handfläche nach vorne** bedeutet Ablehnung, Abgrenzung und auf Distanz halten. • **Handfläche nach unten geöffnet** signalisiert Beschwichtigung und Passivität.
13	In der Regel wirken die mimischen Ausdrucksmittel nicht einzeln für sich, sondern in ihrer Gesamtheit. Welche Botschaften vermittelt die Mimik in diesem Bild?	**Botschaften:** Wut, Trotz, Aggression
14	Welche Botschaften vermittelt das Ausdrucksmittel „Körperhaltung" in der nachfolgenden Abbildung?	**Botschaften:** Traurigkeit, Schuld, Resignation
15	Beschreiben Sie für das Ausdrucksmittel „Körperbewegung" zwei verschiedene Ausdrucksformen und deren Botschaften.	• **Schleichender Gang** bedeutet Hinterhältigkeit, Müdigkeit und Lustlosigkeit. • **Unruhige Oberkörperbewegungen** signalisieren Nervosität, Unsicherheit, Unausgeglichenheit und innere Anspannung.

BERATEN UND VERKAUFEN

16 Eine bedeutende Rolle für den zwischenmenschlichen Umgang spielen die verschiedenen Distanzbereiche. Welche Distanzbereiche werden unterschieden?

Es werden vier **Distanzbereiche** unterschieden:
1. Öffentliche Distanz: 4–8 Meter
2. Gesellschaftliche Distanz: 1,5–4 Meter
3. Persönliche Distanz: 0,4–1,5 Meter
4. Intime Distanz: 0–0,4 Meter

17 Welche Distanzbereiche spielen in der beruflichen Praxis der Friseurin/Kosmetikerin eine wesentliche Rolle?

Bei der beruflichen Arbeit bestehen zwischen Kundin und Friseurin zwei Distanzbereiche:
- **Intime Distanz**
  Zum Beispiel im Rahmen der Durchführung einer Hautdiagnose, einer pflegenden und dekorativen Kosmetik, bei der Haar- und Kopfhautpflege, beim Haarschnitt
- **Persönliche Distanz**
  Zum Beispiel beim Kundenempfang, beim Beratungsgespräch, bei der Kundenverabschiedung

2.2 Körpersprache im Beruf

18 Die Rolle der Friseurin als Dienstleisterin erfordert gegenüber der Kundin eine positive Körpersprache. Beschreiben Sie diese stichpunktartig.

Zur **positiven Körpersprache** gehören:
1. Offener und direkter Blick/Augenkontakt
2. Lächeln
3. Ruhige Haltung von Armen und Händen
4. Aufrechte Haltung mit leichter Spannung

19 Beschreiben Sie die auf der Abbildung erkennbare Körpersprache der Kundin und die damit zusammenhängende Botschaft.

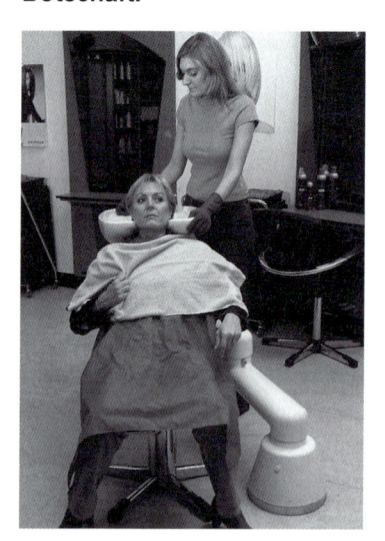

Beschreibung der Körpersprache der Kundin:
Festhalten am Stuhl, ernste Mimik, angewinkelte Beinstellung
Botschaft: Unzufriedenheit, Unwohlsein

Körpersprachlicher Ausdruck – Reden ohne Worte

20 Beschreiben Sie die auf der Abbildung erkennbare Körpersprache der Kundin und die damit zusammenhängende Botschaft.

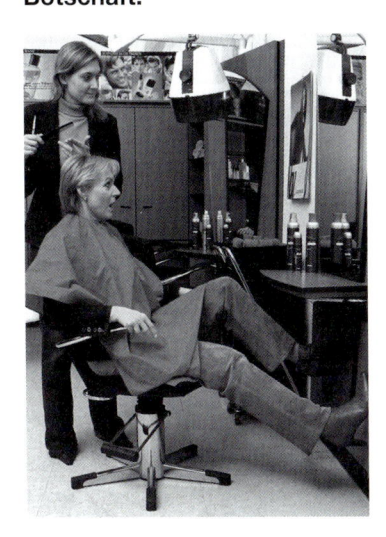

Beschreibung der Körpersprache der Kundin:
Zusammengezogene Sitzposition, „bremsender Fuß" auf der Fußstütze

Botschaft: Anspannung, Flucht

21 Was kann ein Lächeln der Friseurin gegenüber der Kundin bewirken?

Ein **Lächeln** bewirkt beim Gegenüber eine spiegelbildliche Reaktion – sie wird zurücklächeln. Das Lächeln ist ein positives Signal, das eine Rückkopplung entstehen lässt. Der gegenseitige Umgang ist gelöster und spannungsfreier. Damit ist die Grundlage für die notwendige Nähe zur Kundin gelegt und etwaige innere Anspannungen und Blockaden werden abgebaut.

22 Beschreiben Sie die Körpersprache der Kundin und die damit vermittelte Botschaft.

Beschreibung der Körpersprache der Kundin:
Abgewandte Körperhaltung, kein Blickkontakt, verschlossene Hände

Botschaft: Desinteresse, Ablehnung

23 Beschreiben Sie die auf der Abbildung erkennbare Körpersprache der Kundin und die damit zusammenhängende Botschaft.

Beschreibung der Körpersprache der Kundin: Irritierter Blick, offener Mund, nach vorne gebeugter Körper, in die Hüfte gestemmte Arme

Botschaft: Unverständnis, Bereitschaft zur Auseinandersetzung, Widerspruch

24 Beschreiben Sie die Körpersprache der Kundin und deren Botschaft.

Beschreibung der Körpersprache der Kundin: Blickkontakt, zugewandte Körperhaltung, verbindliche Geste

Botschaft: Zuneigung, Kontaktfreude, Nähe

2.3 Multiple-Choice

1 Ein nonverbales „Ausdrucksmittel" des Menschen ist ...
 a) ... die ekkrine Schweißdrüse.
 b) ... die natürliche Haarfarbe.
 c) ... die Körperhaltung.
 d) ... die gepflegte Sprache.

2 Was ist kein nonverbales Ausdrucksmittel des Menschen?
 a) Mimik
 b) Körperbewegung
 c) Zornesfalten
 d) Verständnis

3 Welche Botschaft geht in keinem Fall von einem weit geöffneten Mund aus?
 a) Zufriedenheit
 b) Erstaunen
 c) Müdigkeit
 d) Entsetzen

4 Welche Gesichtspartien gestalten die Mimik mit?
(2 richtige Antworten)
 a) Augen
 b) Nase
 c) Körperdistanz
 d) Innerer Frisurenkreis

5 Welche Botschaft wird der Blickrichtung „oben" zugeordnet?
 a) Persönliches Wissen abrufend
 b) Überlegend, nach konstruierten Lösungen suchend
 c) Inneres Selbstgespräch
 d) Hilfe erflehend

6 Welche Bedeutung wird der Blickrichtung „links oben" beigemessen?
 a) Überlegend, nach konstruierten Lösungen suchend
 b) Sinnieren, zukunftsorientiert denken
 c) Neues abwägend
 d) Inneres Selbstgespräch führend

7 Welche Botschaft wird der Blickrichtung „links unten" zugeordnet?
 a) Gefühlen bzw. der persönlichen Stimmungslage nachgehend
 b) Neues abwägend
 c) Abschätzend, drohend
 d) Hilfe erflehend

8 Zusammengekniffene Augen zeigen ...
 a) ... Interesse.
 b) ... Erstaunen.
 c) ... Skepsis.
 d) ... Freude.

BERATEN UND VERKAUFEN

9 Welche Botschaft vermittelt das Ausdrucksmittel „Hände in den Taschen"?
a) Befangenheit
b) Passivität
c) Angst
d) Imponiergehabe

10 Welche Botschaften vermitteln „entgegengestreckte Handflächen"?
a) Abgrenzung
b) Offenheit
c) Beschwichtigung
d) Ehrlichkeit

11 Hängende Schultern vermitteln …
a) … Angst.
b) … Verschüchterung.
c) … Resignation.
d) … Stärke.

12 Ein schleichender Gang vermittelt …
a) … Müdigkeit.
b) … Selbstbewusstsein.
c) … Nervosität.
d) … Zielstrebigkeit.

13 Auf Nervosität kann geschlossen werden bei …
a) … fixierenden Blicken.
b) … gefalteten Händen.
c) … offener Körperhaltung.
d) … ständig wechselnden Blickrichtungen.

14 Welcher Körperabstand wird als intime Distanz angesehen?
a) 0,4–1,5 Meter
b) 4,0–8,0 Meter
c) 0,0–0,4 Meter
d) 1,5–4,0 Meter

15 Bei einem Abstand von 0,4–1,5 Metern zwischen zwei Menschen spricht man von …
a) … intimer Distanz.
b) … öffentlicher Distanz.
c) … persönlicher Distanz.
d) … gesellschaftlicher Distanz.

16 Wann befindet sich eine Friseurin in der persönlichen Distanz zur Kundin?
a) Beim Augenbrauenzupfen
b) Beim Frisurenfinish
c) Bei der telefonischen Terminabsprache
d) Bei der Verabschiedung

17 Hält sich die Kundin während der Behandlung mit beiden Händen am Stuhl fest, ist das ein Zeichen von …
a) … Ärger.
b) … Unwohlsein.
c) … Vertrauen.
d) … Entspanntheit.

Körpersprachlicher Ausdruck – Reden ohne Worte

| 18 | Welche Botschaft vermitteln die ausgestreckten und übereinander geschlagenen Beine einer Kundin? | a) Unwohlsein
b) Innere Anspannung
c) Misstrauen
d) Zufriedenheit |

| 19 | Was bedeuten ein aufmerksamer Blick und eine zugewandte Körperhaltung einer Kundin? | a) Zufriedenheit
b) Drohung
c) Neugier
d) Desinteresse |

| 20 | Was kann eine Friseurin aus dem Verhalten einer Kundin ableiten, die sich während des Beratungsgesprächs am Kopf kratzt und ihre Stirn runzelt? | a) Interesse
b) Zweifel
c) Langeweile
d) Zustimmung |

| 21 | Bei der Präsentation eines Verkaufsproduktes beobachtet die Friseurin bei der Kundin ein Lächeln und Kopfnicken. Was lässt sich von diesen nonverbalen Ausdrucksformen ableiten? | a) Die Kundin lehnt die Friseurin ab.
b) Die Kundin zeigt Interesse an dem Produkt.
c) Die Kundin hat noch Zweifel bzgl. des Produktes.
d) Die Kundin ist freundlich zur Friseurin. |

| 22 | Welche Botschaft vermittelt Ihnen die Körpersprache der Kundin in der nachfolgenden Abbildung? | a) Zufriedenheit
b) Vertrauen
c) Neugier
d) Anspannung |

Beraten und Verkaufen

23 Welche Botschaft vermittelt Ihnen die Körpersprache der Kundin in der nachfolgenden Abbildung?

a) Irritation
b) Ablehnung
c) Zuneigung
d) Höflichkeit

24 Was sind nonverbale Ausdrucksmittel? (2 richtige Antworten)

a) Mimik
b) Einkommen
c) Körperhaltung
d) Kollegialität

25 Die Ausdrucksform „zornige Falte" gehört zur ...

a) ... Gestik.
b) ... Körperdistanz.
c) ... Mimik.
d) ... Körperhaltung.

26 Welche Botschaft vermittelt die Ausdrucksform „Gesenkter Kopf"?

a) Drohung
b) Ausgeglichenheit
c) Entspanntheit
d) Schuldgefühl

Lösungen: 1c; 2d; 3a; 4a+b; 5d; 6a; 7a; 8c; 9b; 10a; 11c; 12a; 13d; 14c; 15c; 16d; 17b; 18d; 19c; 20b; 21b; 22d; 23c; 24a+c; 25c; 26d

3. Verbale Kommunikation – Mit der Kundin sprechen

3.1 Der Sprechvorgang

1	Erläutern Sie den Begriff „Sprachkompetenz".	**Sprachkompetenz** ist die Fähigkeit eines Menschen, Sprache aktiv oder passiv zu gebrauchen. Voraussetzung dafür ist sein innerer Sprachschatz – gewissermaßen sein Wörterbuch.
2	Wie entwickelt der Mensch/die Friseurin individuelle Sprachkompetenz?	Der Mensch entwickelt und trainiert seine **Sprachkompetenz** mit jedem zwischenmenschlichen Kontakt, verfestigt seinen Sprachschatz und baut ihn weiter aus. Die Weiterentwicklung von Sprachkompetenz erfolgt bei der Friseurin insbesondere durch den Umgang mit den verschiedenen Kundentypen.
3	Nennen Sie die drei Grundfunktionen von Sprachverwendung.	Die **Grundfunktionen von Sprachverwendung** sind: • Darstellung • Ausdruck • Appell
4	Erläutern Sie die drei grundlegenden Funktionen von Sprachverwendung am Beispiel von berufsbezogenen Aussagen.	Dient die Aussage zur Mitteilung einer Sachinformation, steht die **Darstellungsfunktion** im Vordergrund, z. B.: „Wir haben heute keinen Termin mehr frei!" Dient die Aussage zur Mitteilung einer Meinung, Empfindung, Wertung, steht die **Ausdrucksfunktion** im Vordergrund, z. B.: „Diese Frisur passt ausgesprochen gut zu Ihrem sportlichen Typ!" Steht die Mitteilung eines Auftrags, einer Aufforderung im Mittelpunkt der Aussage, herrscht die **Appellfunktion** vor, wie z. B.: „Kommen Sie doch morgen gegen 10.00 Uhr wieder, da könnte Sie die Meisterin bedienen!"
5	Stellen Sie das Grundmodell der Kommunikation grafisch dar.	Anreiz ⟶ Sender ⟶ Reaktion ⟶ Empfänger ⟶ Verwertung
6	Inwieweit ist die Verwertung im Grundmodell der Kommunikation von besonderer Bedeutung bei einem Beratungsgespräch?	Beide Kommunikationspartner haben anhand der **Verwertung** die Möglichkeit zu überprüfen, ob die getroffene Aussage beim Angesprochenen richtig angekommen ist. Gerade im Rahmen des Beratungsgespräches ist es für die Friseurin bedeutsam zu beobachten, ob die Kundin ihren Aussagen/Ausführungen folgen konnte oder ob eine weitere Erklärung erforderlich ist.

7	Wodurch kann das Verstehen/Verständnis der Kundin hinsichtlich der Beratungsaussagen verbessert werden?	Das **Verständnis** wird verbessert durch: • Klare und eindeutige Sprachverwendung der Friseurin • Vermeidung von Fachbegriffen • Kleinschrittige und sachlogische Darstellung des Sachverhaltes • Regelmäßiges Rückversichern bezüglich des Kundenverständnisses
8	Wodurch können die Beratungsaussagen zusätzlich unterstützt werden, damit ein eindeutiges Verstehen bzw. Verwerten durch die Kundin sichergestellt ist?	Unterstützt werden **Beratungsaussagen** durch: • Den Einsatz von Abbildungen in Zeitschriften oder Frisurenvorlagen • Vergleichende Hinweise („Die Frisur sieht dann so aus wie bei meiner Kollegin.") • Demonstrationen (z. B. werden die Haare der Kundin entsprechend dem Frisurenvorschlag in eine bestimmte Richtung oder Form gebracht, Make-up-Proben werden auf den Handrücken gegeben usw.)

3.2 Formen des Sprechens

9	Nennen Sie die vier gebräuchlichen Sprachebenen.	Die gebräuchlichen **Sprachebenen** sind: 1. Gehobene Sprache 2. Normale Sprache 3. Umgangssprache 4. Vulgärsprache
10	Was kennzeichnet die gehobene Sprache?	**Gehobene Sprache** wird in der Regel in Reden und offiziellen Schreiben benutzt. Durch die Verwendung besonderer Stilelemente hebt sie sich von der Normalsprache ab.
11	Was charakterisiert die normale Sprache?	**Normalsprache** ist die Basis einer Sprache und weist den größten Wortschatz auf. Sie gilt daher auch als die Sprache der Öffentlichkeit. Sie ist meist emotionslos und dient in erster Linie der Informationsweitergabe. Daher eignet sie sich für das Beratungs- und Verkaufsgespräch.
12	Was kennzeichnet die Umgangssprache?	Die **Umgangssprache**, auch als Alltagssprache bezeichnet, ist gekennzeichnet von wiederkehrenden und vorhersagbaren Redewendungen und zumeist weitschweifigen Ausführungen. Manchmal ist sie mundartlich verändert.
13	Beschreiben Sie die Vulgärsprache.	Die **Vulgärsprache** ist geprägt von derben und z.T. obszönen Ausdrucksweisen. Eine solche Sprache verbietet sich im Beruf einer Dienstleisterin.

Verbale Kommunikation – Mit der Kundin sprechen

14 Was sind typische Merkmale der Jugendsprache?

Typische Merkmale der **Jugendsprache** sind Anglizismen, Vulgarismen, relativierende Satzaussagen, ausdrucksstarke und bildhafte Begriffe. Diese Sprache ist bunt, witzig, fantasievoll und abwechslungsreich.

15 Inwieweit kann Jugendsprache im Berufsalltag des Friseurs verwendet werden?

Gerade die Friseurbranche präsentiert sich insgesamt offen gegenüber **Trends**. Da Trends in der Regel von jungen Leuten bestimmt werden, kann der Friseur bisweilen nicht umhin, die Nähe zu den Trendsettern auch über die Sprache zu suchen, z. B.: „coole Frisur".

16 Was verstehen Sie unter „Fachsprache?"

Fachsprache ist die Sprache, die Fachleute und Experten benutzen. Fachsprachen haben sich in jedem Berufsfeld entwickelt und dienen dem klaren, unmissverständlichen Austausch über Fachthemen. Hauptmerkmal dieser besonderen Sprache sind die Fachbegriffe.

17 Welche Vorteile sehen Sie in der Verwendung von Fachsprache?

Die **Vorteile der Fachsprache**:
1. Fachsprache ist national und international gebräuchlich.
2. Fachsprache ist ausdrucksökonomisch.
3. Fachsprache ist unter Fachleuten ein unmissverständliches und eindeutiges Verständigungsmittel.

18 Welche Nachteile sehen Sie in der Verwendung von Fachsprache?

Die **Nachteile der Fachsprache**:
- Fachsprache löst bei Laien manchmal Miss- und Unverständnis aus.
- Fachsprache kann durch die bewusste Verwendung gegenüber Laien zu Manipulationszwecken missbraucht werden.
- Fachsprachlicher Gebrauch kann Fachkompetenz vortäuschen.

19 Die Sprechweise kann wie ein persönliches Markenzeichen angesehen werden. Nennen Sie vier Regeln, die eine Friseurin beachten sollte, um eine positive Wirkung zu erzielen.

Folgende **vier Regeln** sollten bei der Sprechweise beachtet werden:
1. Die Friseurin muss ein angemessenes Sprechtempo wählen.
2. Die Friseurin muss überlegt und zielgerichtet sprechen.
3. Die Friseurin muss kundengerecht sprechen, das heißt, Fachbegriffe sollten vermieden werden.
4. Die Friseurin muss höflich und verbindlich, aber nicht distanzlos sprechen.

BERATEN UND VERKAUFEN

20 Eine Kundin erscheint zu einem Beratungstermin. Mit welchen Formulierungen können ihre Wünsche erfragt werden?

Formulierungen zum **Erfragen des Kundenwunsches**:
- Guten Tag, Frau …, was kann ich für Sie tun?
- Guten Tag, Frau …, womit kann ich dienen?

3.3 Multiple-Choice

1 Eine Kundin studiert einen Präsentationsständer mit verschiedenen Nagellacken. Sie nimmt zwei Fläschchen heraus und vergleicht sie miteinander. Mit welchem Beitrag sollte die Friseurin in dieser Situation das Beratungsgespräch eröffnen?

a) Ja, diese Lacke sind sehr schön, aber auch nicht günstig.
b) Das Angebot ist sehr gut, allerdings sind die aktuellen Farben schon vergriffen.
c) Möchten Sie einen der Lacke einmal ausprobieren?
d) Ja, das sind Farben der letzten Saison, daher das günstige Angebot!

2 Eine Kundin stolpert im Rahmen eines Beratungsgesprächs über den Fachbegriff „Keratin". Sie erklären, Keratin sei …

a) … ein Hautfett.
b) … ein Vitamin.
c) … ein Enzym.
d) … eine Eiweißsubstanz.

3 Kommunikation wird geprägt von persönlichen Einstellungen und Befindlichkeiten, wie z. B. …
(2 richtige Antworten)

a) … Freundlichkeit.
b) … Kleidung.
c) … Gesundheit.
d) … Schönheit.

4 Neben dem Baustein „Anreiz" weist das Grundmodell der Kommunikation unter anderem noch folgenden Baustein auf:

a) Höflichkeit
b) Verlässlichkeit
c) Verwertung
d) Sprechen

5 Was bedeutet „Sprachkompetenz"?

a) Fähigkeit zur Selbstkritik
b) Beratungsgeschick
c) Sprachliche Kommunikationsfähigkeit
d) Fremdsprachenkenntnisse

6 Was bedeutet „Performanz" in der Kommunikation?

a) Schön reden zu können
b) Teilnahme an einer Modepräsentation
c) Kommunikative Fähigkeiten in jeder Situation
d) Grundmodell der Kommunikation

7 Welcher Punkt ist <u>nicht</u> bedeutsam für das Beratungsgespräch?

a) Erfragen der gewünschten Dienstleistung
b) Verweise auf Abbildungen und Zeichnungen
c) Kollegiale Harmonie
d) Erläuterung von Arbeitsschritten

8	Das sprachliche Zeichen besteht aus … (2 richtige Antworten)	a) … der Ausdrucksebene. b) … Bildern. c) … der Kommunikation. d) … der Inhaltsebene.
9	Zu welcher Sprachebene gehört der Begriff „Antlitz"?	a) Umgangssprache b) Normalsprache c) Fachsprache d) Gehobene Sprache
10	Der Begriff „Mascara" gehört zur …	a) … Vulgärsprache. b) … Umgangssprache. c) … Fachsprache. d) … Normalsprache.

Lösungen der Multiple-Choice-Aufgaben: 1c; 2d; 3a+c; 4c; 5c; 6c; 7c; 8a+d; 9d; 10c

4 Typisierungen

4.1 Typisierung nach Charakter und Körperbau

1	Erläutern Sie den Begriff „Typisierung".	Bei einer **Typisierung** werden Individuen aufgrund bestimmter Merkmale zu verschiedenen Gruppen (Typen) zusammengefasst. So stuft man eventuell alle Kundinnen, die einen Chignon zeigen, als „konservative" Typen ein.
2	Welche Probleme sehen Sie im Zusammenhang mit Typisierung?	Dieses vereinfachte Verfahren zur Einschätzung von Menschen ist in der Regel sehr ungenau und vor allem unvollständig. Daher können sich vorschnelle Typisierungen als Fehl- oder Vorurteile erweisen.
3	An welchen Merkmalen einer Kundin kann sich eine Friseurin im Rahmen ihrer Typenbestimmung orientieren?	Merkmale zur **Typenbestimmung** sind: • Alter • Augenfarbe • Haarfarbe • Hautteint • Körperform • Kopfform • Kleidung

4	Nach ihrem unterschiedlichen Wesen unterscheidet man den Sanguiniker, Phlegmatiker, Melancholiker und Choleriker. Was kennzeichnet den jeweiligen Charaktertyp?	Merkmale der **Charaktertypen**: • **Sanguiniker** sind genussorientiert und oberflächlich. • **Phlegmatiker** sind eher bequem und antriebsschwach. • **Melancholiker** sind schwermütig und introvertiert. • **Choleriker** neigen zu Jähzorn und sind aufbrausend.
5	Aufgrund ihres unterschiedlichen Körperbaus werden der Pykniker, Leptosom und Athlet voneinander abgegrenzt. Wie unterscheiden sich die drei Typen?	Nach ihrem **Körperbau** werden folgende drei Typen unterschieden: • **Pykniker**: Gedrungener Körperbau, kurzer Hals, rundes Gesicht • **Leptosom**: Langer, schmaler und schlanker Körperbau • **Athlet**: Sportlicher und muskulöser Körperbau
6	Wie sollte sich eine Friseurin gegenüber einer Melancholikerin verhalten?	Die Friseurin sollte sich im Rahmen der Beratung und ihres Kundenumgangs mit einer **Melancholikerin** einfühlsam und unauffällig verhalten. Außerdem ist eine konsequent höfliche Distanz zur Kundin angezeigt.
7	Wie sollte sich eine Friseurin auf eine Cholerikerin einstellen?	Die Friseurin ist gut beraten, das Kundengespräch mit einer **Cholerikerin** zielgerichtet, überlegt, kompetent und selbstbewusst zu gestalten. Einwände einer solchen Kundin werden als konstruktive Beratungsaspekte aufgenommen und durch entsprechende Vorschläge zur Frisurengestaltung und für die Kosmetik bestätigt.
8	Welches Verhalten erfordert der Umgang mit einer Phlegmatikerin von der Friseurin in der Verkaufs- und Beratungssituation?	Da der Typ der **Phlegmatikerin** wenig Interesse an Veränderungsvorschlägen oder Empfehlungen zeigt, muss das Verkaufs- und Beratungsgespräch mit noch mehr Engagement geführt werden und kann so ggf. zum gewünschten Erfolg führen.
9	Wie sollte sich eine Friseurin gegenüber einer Sanguinikerin verhalten?	Eine **Sanguinikerin** schätzt beim Friseur in erster Linie das Verwöhnen. Deshalb ist ihr nicht so sehr an Details oder Spitzfindigkeiten bei dem Beratungsgespräch gelegen. Vielmehr sollte sich die Friseurin stärker auf die Ausführung von Facharbeiten und ein zufrieden stellendes Gesamtergebnis konzentrieren.

10	Welchen Beratungsaspekt sprechen Sie an, wenn ein Leptosom einen Irokesenhaarschnitt wünscht?	Ich weise die **leptosome** Kundin behutsam darauf hin, dass ein schmaler und langer Körperbau durch diese Frisurgestaltung noch stärker betont werden kann. Als Alternative dazu bietet sich ein konvexer Schnitt an mit ausgeprägtem Pony und Volumen an den Seitenpartien.
11	Wie reagieren Sie auf den Kundenwunsch einer Pyknikerin nach einem Kurzhaarschnitt mit stark angeschnittenen Seitenpartien?	Ich weise darauf hin, dass das Gesicht der **Pyknikerin** viel besser zur Geltung gebracht werden kann durch einen Schnitt mit einem ovalen inneren Frisurenumriss, flachen Seitenpartien und fransig gearbeitetem Volumen am Oberkopf.

4.2 Typisierung nach dem individuellen Erscheinungsbild

12	Nennen Sie fünf gängige Modelinien.	Die gängigsten **Modelinien** sind: • Klassisch • Modern • Konservativ • Trendy • Sportlich
13	Welche Empfehlungen geben Sie einer modernen Kundin hinsichtlich Frisur und Make-up?	**Frisur**: neuartig, fortschrittlich, aktuell, ausgefallene Formen und Schnitte, Asymmetrie, Bewegung, technische Elemente, auffällig **Make-up**: vielfältige Techniken, aktuelle Farben
14	Was für eine Frisur und welches Make-up empfehlen Sie einer konservativen Kundin?	**Frisur**: unauffällig, zeitlos, schlicht, symmetrisch, haltbar, geringe Farbveränderung **Make-up**: gar nicht bzw. nur angedeutet
15	Welche Empfehlungen geben Sie einer trendy Kundin hinsichtlich Frisur und Make-up?	**Frisur**: extrem in der Farb- und Formgebung, individuell, innovativ, avantgardistisch, auffällige Farbeffekte, asymmetrisch, aktuell, futuristisch **Make-up**: auffällig, übersteigert, frech
16	Was empfehlen Sie einer sportlichen Kundin hinsichtlich Frisur und Make-up?	**Frisur**: kurz oder lang (glatt und zusammengebunden), unauffällig, zweckmäßig, pflegeleicht, wenig Farbe **Make-up**: wenig, unauffällig
17	Zu welcher Frisur und welchem Make-up raten Sie einer klassischen Kundin?	**Frisur**: herkömmlich, traditionell, konventionell, kompakt, ruhige Bewegung, geordnet, klare Kontur **Make-up**: dezent

18 Welche Beratungsempfehlung geben Sie bei einer gestauchten Kopfform hinsichtlich Frisur und Make-up?

Frisur: Bei der gestauchten bzw. gedrungenen Kopfform sind Bewegung (Locken und Wellen) und eine konkave Form bei einem Frisurenvorschlag anzusprechen. Der innere Frisurenumriss sollte eine ovale Form aufweisen. Zudem sind fedrig geschnittene Seitenkonturen vorteilhaft.

Make-up: Das Auftragen von Rouge auf die Wangenpartie lässt das Gesicht schmaler erscheinen.

19 Was raten Sie bei einer zylinderförmigen Kopfform hinsichtlich Frisur und Make-up?

Frisur: Bei der zylinderförmigen Kopfform ist auf jeden Fall zu einem Pony, zu Volumen im Seitenbereich, zum flachen Oberkopf, evtl. zur asymmetrischen Frisur zu raten. Geknetete, leicht gewuschelte Haarpartien sowie sanfte Locken lassen das Gesicht kürzer erscheinen.

Make-up: Beim Make-up ist darauf zu achten, dass das Rouge nicht zu weit in das Gesicht hineingezogen wird. Kantige Ecken im Stirn- und Kinnbereich können mit dunklem Puder oder Rouge abgerundet werden.

20 Welche Beratungsempfehlung geben Sie bei einer schmalen Kopfform und einem spitzem Kinn hinsichtlich Frisur und Make-up?

Frisur: Beim schmalen Kopf und spitzen Kinn kann durch Volumen an den Seiten und durch ein „Gegengewicht" an Haarlänge ein Ausgleich geschaffen werden. Auch ein fransig gestylter Pony bewirkt einen optischen Ausgleich.

Make-up: Das Rouge sollte an den Seiten sparsam verwendet werden. Durch Auftrag von Rouge oder dunklem Puder an der Stirn und Kinnspitze kann das Gesicht optisch verkürzt werden.

21 Was empfehlen Sie bei einer runden Kopfform hinsichtlich Frisur und Make-up?

Frisur: Bei der runden Kopfform sollte im Ponybereich das Haar aus der Stirn gebracht und mit viel Stand versehen werden, eine schmale und konkave Seitenpartie sowie ein dreieckiger äußerer Frisurenumriss sind als Ausgleich vorzuschlagen. Beim inneren Frisurenumriss ist darauf zu achten, dass die Seiten die Wangenpartie überdecken, z. B. durch fransige Elemente.

Make-up: Der Rougeauftrag in der Wangenpartie kann das Gesicht schmaler erscheinen lassen.

22 Wie gestalten Sie die Nackenpartie bei einem kurzen Hals?

Beim kurzen Hals empfiehlt sich eine Nackenpartie mit Bewegung und ovaler Konturenform.

23 Wie gleichen Sie einen flachen Hinterkopf aus?

Bei einem flachen Hinterkopf wird die fehlende ovale Konturenlinie durch Volumen ausgeglichen.

24	Welche Beratungsempfehlung geben Sie bei einer fliehenden Stirn?	Die Stirnpartie sollte einen Pony aufweisen, der fedrig und leicht volumig ausgebildet ist.
25	Zu welcher Frisur raten Sie bei einem langen Hals?	Die Hinterkopfpartie wird möglichst lang gehalten und bildet durch ihr Volumen ein optisches Gegengewicht zum langen Hals.
26	Anhand welcher Kriterien werden die verschiedenen Farbtypen bestimmt?	Die Farbtypen ergeben sich aus den natürlichen Farben von Augen, Haut und Haar. Je nach Farbkombination unterscheidet man vier Richtungen, nämlich Frühlingstyp, Sommertyp, Herbsttyp und Wintertyp.

4.3 Kundentypen

27	Kunden zeigen in der Verkaufs- und Beratungssituation typische Verhaltensweisen, anhand derer man sie spezifischen Kundentypen zuordnen kann. Nennen Sie die verschiedenen Kundentypen.	Es werden folgende **Kundentypen** unterschieden: • Die traditionelle Kundin • Die qualitätsbewusste Kundin • Die preisbewusste Kundin • Die skeptische Kundin • Die unsichere und unentschlossene Kundin • Die eilige Kundin • Die bedächtige Kundin
28	Was kennzeichnet die traditionelle Kundin?	Die **traditionelle Kundin** kennzeichnet eine herkömmliche, althergebrachte Lebens- und Denkweise. Dies zeigt sich unter anderem an einem klassischen bis konservativen Erscheinungsbild bezüglich Kleidung, Frisur und Schmuck. Ihr Augenmerk gilt insbesondere den Produkten einer besseren Qualität. Die Kundin ist bzw. gibt sich sachkundig und hat eine klare Vorstellung von ihren Wünschen.
29	Beschreiben Sie die qualitätsbewusste Kundin.	Die **qualitätsbewusste Kundin** tritt selbstbewusst und selbstsicher auf, bevorzugt eine moderne und hochwertige Kleidung und schätzt eine gepflegte Sprache. Die Gesprächsthemen sind überwiegend ernsthaft und anspruchsvoll. Die Kundin erwartet ein gehobenes und zum Teil ausgefallenes Dienstleistungsangebot, hochwertige Produkte und ein ansprechendes Salonkonzept.

30	Charakterisieren Sie die preisbewusste Kundin.	Die **preisbewusste Kundin** möchte das Dienstleistungsangebot im gesamten Spektrum nutzen, entscheidet aber letztendlich nach preislichen Gesichtspunkten. „Wie teuer ist das?", ist die zentrale Frage, um die sich ihre Gedanken drehen. Daher erwartet sie vor allem ein reelles Preis-Leistungs-Verhältnis.
31	Beschreiben Sie die skeptische Kundin.	Die **skeptische Kundin** äußert grundsätzlich Bedenken gegenüber allem Neuen und Unbekannten. Veränderungsvorschläge für ihr Äußeres nimmt sie zurückhaltend auf. An Neuem sucht sie zur Bestätigung ihrer Skepsis nach Mängeln oder Kritikpunkten.
32	Was zeichnet die unsichere und unentschlossene Kundin aus?	Auftreten und Verhalten einer **unsicheren** und **unentschlossenen Kundin** sind insgesamt von großer Unsicherheit und mangelnder Entscheidungsfreude geprägt. Mehrmaliges Rückversichern, ob die Empfehlung bzw. die getroffene Entscheidung auch wirklich richtig war, unterstreicht ihren Charakter.
33	Wie müssen bei der traditionellen Kundin Kundenbetreuung und -beratung gestaltet sein?	Eine **traditionelle Kundin** wünscht nur bedingt eine Beratung, da sie im Grunde auf Art, Qualität und Umfang der Dienstleistungen festgelegt ist. Das Beratungsgespräch erfüllt hierbei lediglich die Funktion, den Kundenwunsch aufzunehmen, zu bestätigen und zu unterstützen.
34	Wie stellen Sie sich im Rahmen der Kundenbetreuung und -beratung auf die qualitätsbewusste Kundin ein?	Die Kundenbetreuung und -beratung einer **qualitätsbewussten Kundin** müssen engagiert und mit großer Aufmerksamkeit geführt werden. Qualität und Nutzen der Dienstleistung und Ware müssen besonders eindeutig herausgestellt werden.
35	Wie müssen bei der preisbewussten Kundin Kundenbetreuung und -beratung gestaltet sein?	Im Beratungsgespräch mit einer **preisbewussten Kundin** müssen in erster Linie Notwendigkeiten für bestimmte Arbeiten und Produktanwendungen herausgestellt werden. Die Preise müssen offen angesprochen und begründet werden. Der genannte Preis ist auf jeden Fall verbindlich.
36	Wie verhalten Sie sich im Rahmen der Kundenbetreuung und -beratung gegenüber einer skeptischen Kundin?	Die Friseurin muss ihren Vorschlag bei einer **skeptischen Kundin** selbstbewusst und selbstsicher vertreten. Vage oder ungenaue Formulierungen, zögerliche Beschreibungen und Ausführungen wecken noch mehr Skepsis. Der Kundin müssen Gelegenheit und ausreichend Zeit gegeben werden, die Ware selbst zu prüfen und auszuprobieren.

37	Wie müssen bei der unsicheren und unentschlossenen Kundin Kundenbetreuung und -beratung gestaltet sein?	Die Beratung einer **unsicheren und unentschlossenen Kundin** darf nur auf einem deutlich eingeschränkten Angebot an Alternativen aufbauen. Als Entscheidungshilfe für das jeweilige Dienstleistungs- und Verkaufsangebot muss der persönliche Nutzen herausgestellt werden. Die Kundin braucht Zeit für ihre Entscheidung und darf nicht bedrängt werden.
38	Sie erleben während eines Beratungsgesprächs/Verkaufsgesprächs, dass sich die Kundin unentschlossen zeigt. Worauf ist die Unentschlossenheit der Kundin vermutlich zurückzuführen und wie können Sie darauf reagieren?	Einer **unentschlossenen Kundin** ist eventuell noch nicht genug verdeutlicht worden, welchen Nutzen sie durch den Kauf eines bestimmten Produktes hat. In diesem Fall müssen die Diagnoseerkenntnisse (z. B. trockene Haarspitzen oder Sebostase) noch einmal herausgestellt werden und eine positive Entwicklung durch Anwendung des Präparates mit seinen speziellen Wirkstoffen in Aussicht gestellt werden.

4.4 Muliple-Choice

1 „Welche Vorteile haben Pflanzenfarben gegenüber Oxidationshaarfarben?", fragt eine unentschlossene Kundin. Was antworten Sie ihr?

a) Man verfügt über ein größeres Angebot an Rottönen.
b) Man kann den Weißanteil besser abdecken.
c) Pflanzenfarben haften länger am Haar.
d) Der Farbbrei lässt sich leichter herstellen.
e) Pflanzenfarben wirken adstringierend auf das Haar.

2 Eine skeptische Kundin mit viereckiger Gesichtsform wünscht einen Frisurenvorschlag. Die Friseurin gibt eine Empfehlung, mit der die Kundin allerdings nicht einverstanden ist. Darauf entgegnet die Friseurin, dass es zu der Gesichtsform keine Alternative gebe. Beurteilen Sie diese Beratung.

a) Gute Beratung, weil die viereckige Gesichtsform beim Frisurenvorschlag berücksichtigt wird.
b) Gute Beratung, weil außergewöhnliche Gesichtsformen nur geringe Gestaltungsmöglichkeiten zulassen.
c) Schlechte Beratung, weil die Friseurin Kundeneinwände angemessen berücksichtigen muss.
d) Schlechte Beratung, weil die Friseurin die Kundenwünsche verwirklichen muss.

3 Worauf hat eine Friseurin bei einer Produktempfehlung zu achten?

a) Auf die Kaufkraft der Kundin.
b) Auf den Kundentyp.
c) Auf günstige Produkte, die sich zugleich zu Hause leicht anwenden lassen.
d) Auf das Angebot an Produkten, die bei der Behandlung im Salon verwendet wurden.

Beraten und Verkaufen

4 Eine unsichere Kundin beklagt sich über ihr schnell nachfettendes Haar und das damit zusammenhängende schnelle Zusammenfallen der Frisur. Die Friseurin rät zu einer leichten Umformung. Die Kundin lehnt jedoch eine Dauerwelle ab. Mit welcher Aussage kann diese Kundin ggf. vom Nutzen der DW überzeugt werden?

a) Eine Haarkur im Anschluss an die Dauerwelle begrenzt die Haarschädigung.
b) Durch die Umformung erzielt man Halt und kann zugleich ein schnelles Nachfetten der Haare einschränken.
c) Eine leichte Umformung hat mit der klassischen Dauerwelle nichts zu tun.
d) Eine leichte Dauerwelle schädigt das Haar in keinem Fall.

5 Eine skeptische Kundin lehnt die Produktempfehlung der Friseurin zur Behandlung ihrer Seborrhö mit der Begründung ab, bei ihrem Hauttyp helfe kein Mittel. Auf welche Art ließe sich die Haltung der Kundin ggf. ändern?

a) Die Friseurin bestätigt, dass das durchaus bei bestimmten Mitteln zutreffen könne, aber ihre Produkte seien wesentlich besser.
b) Die Friseurin bittet die Kundin, ihre Erfahrungen mit den verschiedenen Produkten und Therapien näher zu beschreiben.
c) Die Friseurin beschreibt der Kundin sehr differenziert die verschiedenen Erscheinungsbilder der Seborrhoea oleosa und der Seborrhoea sicca.
d) Die Friseurin bezweifelt die Einschätzung der Kundin, da aus ihrer Sicht die Seborrhö bei richtiger Therapie durchaus heilbar sei.

6 Was ist zu tun, wenn die von der Kundin gewünschte Frisur nicht zu ihrem Typ passt?

a) Man ignoriert den Kundenwunsch.
b) Man erstellt die gewünschte Frisur.
c) Man verweist auf die Salonphilosophie und lehnt diesen Schnitt ab.
d) Man sagt offen und ehrlich, dass die Frisur der Kundin nicht steht.
e) Man macht eine Typberatung und variiert die Frisur passend zum Typ.

7 Welche Ansprüche verbindet eine qualitätsbewusste Kundin mit dem Friseurbesuch?

a) Sie erwartet eine kompetente Beratung und eine entspannte Atmosphäre.
b) Sie möchte eine zügige Behandlung zu einem günstigen Preis.
c) Sie sucht qualifizierte Gesprächspartner und in der Warteecke anregende Lektüre.
d) Sie möchte ausschließlich eine Behandlung durch die Chefin.

8 Die Auszubildende erhält den Auftrag, mit der neuen Warenbestellung auch Tattoos und Neon-Lippenstifte zu ordern. Für welche Zielgruppe sind diese speziellen Bestellartikel gedacht?

a) Ältere Kinder
b) Kundinnen über 50 Jahre
c) Trendsetter
d) Traditionelle Kundinnen
e) Sportliche Typen

Typisierungen

9 Eine Kundin, die viel Wert auf ihr Äußeres legt, modischen Neuheiten aufgeschlossen ist und andere Meinungen nicht zulässt, ist eine …
a) … skeptische Kundin.
b) … konservative Kundin.
c) … unentschlossene Kundin.
d) … eitle Kundin.

10 Aus welchem Grund entscheidet sich ein sportlicher Typ für eine leicht zu frisierende Frisur?
a) Gesundheit
b) Sicherheit
c) Bequemlichkeit
d) Anerkennung
e) Nachahmung

11 Was ist das bestimmende Kaufmotiv eines jugendlichen Kunden?
a) Preis- und Qualitätsvergleich
b) Bedürfnis nach Gesundheit
c) Nachahmungstrieb
d) Zeitersparnis

12 Was sind Typisierungen?
a) Bestimmungen der Haararten
b) Detaillierte Beschreibung von Menschen
c) Individuelle Beratungsansätze
d) Vereinfachende Einschätzungen und Einordnungen von Menschen

13 Was kennzeichnet einen leptosomen Typ?
a) Eine runde und gedrungene Gestalt
b) Eine sportliche und muskulöse Gestalt
c) Eine große und schlanke Gestalt
d) Eine athletische Gestalt

14 Was kennzeichnet einen pyknischen Typ?
a) Eine sportliche Gestalt
b) Eine muskulöse Gestalt
c) Eine schlanke Gestalt
d) Eine gedrungene Gestalt

15 Ein Choleriker ist …
a) … eine ausgeglichene Person.
b) … eine aufbrausende Person.
c) … eine ruhige Person.
d) … eine genussorientierte Person.

16 Eine cholerische Kundin ereifert sich über ihre schnell nachfettenden Haare. Wie reagieren Sie auf das Problem der Kundin am besten?
a) Man hält sich am besten zurück, um die Wut der Kundin nicht noch zu verstärken.
b) Man empfiehlt eine Tönung, damit dadurch das Fett gebunden wird.
c) Man erklärt der Kundin ausführlich denkbare Ursachen einer Seborrhö und nennt friseurspezifische Präparate, mit denen das Problem gelöst werden kann.
d) Man rät von einer gewünschten Dauerwelle aufgrund der Sachlage ab.

Beraten und Verkaufen

17 Ein Melancholiker ist ...
a) ... eine aufbrausende Person.
b) ... eine genussorientierte Person.
c) ... eine gut gelaunte Person.
d) ... eine introvertierte Person.

18 Eine Phlegmatikerin ist ...
a) ... eine bequeme Person.
b) ... eine ruhige Person.
c) ... eine aufbrausende Person.
d) ... eine genussorientierte Person.

19 Eine Sanguinikerin ist ...
a) ... eine antriebsschwache Person.
b) ... eine aufbrausende Person.
c) ... eine genussorientierte Person.
d) ... eine schwermütige Person.

20 Ein klassicher Typ trägt ...
a) ... gedeckte Farben und qualitativ hochwertige Kleidung.
b) ... auffallende und eigenwillig geschnittene Kleidung.
c) ... praktische und figurbetonte Kleidung.
d) ... extrem geschnittene Kleidung und aktuelle Farben.

21 Ein trendy Typ trägt ...
a) ... figurbetonte und praktische Kleidung.
b) ... gedeckte Farben und unauffällige Kleidung.
c) ... auffallende Kleidung und außergewöhnliche Farben.
d) ... aktuelle Farben und Formen.

22 Was kann einem trendy Typ empfohlen werden?
a) Eine kurze und praktische Frisur
b) Eine unauffällige und zeitlose Frisur
c) Eine extreme Frisur
d) Eine herkömmliche Frisur

23 Was empfehlen Sie einem klassischen Typ?
a) Eine extreme Frisur
b) Eine avantgardistische Frisur
c) Eine konventionelle Frisur
d) Eine fortschrittliche Frisur

24 Bei einer gestauchten Kopfform empfiehlt sich ...
a) ... eine konkave Frisur.
b) ... eine konvexe Frisur.
c) ... ein kurzer Pony.
d) ... ein angeschnittener Nacken.

Typisierungen

25 Eine zylinderförmige Kopfform gleicht man aus durch …
a) … eine schmale Seitenpartie.
b) … einen kurzen Pony.
c) … viel Volumen am Oberkopf.
d) … einen langen Pony.

26 Eine runde Kopfform erfordert …
a) … eine konvexe Frisur.
b) … einen inneren Frisurenumriss mit freien Wangen.
c) … einen inneren Frisurenumriss mit bedeckten Wangen.
d) … einen Kurzhaarschnitt.

27 Bei einem kurzen Hals empfiehlt sich …
a) … ein Kurzhaarschnitt.
b) … eine Nackenpartie mit Bewegung.
c) … ein flaches Volumen am Oberkopf.
d) … ein fransiger Pony.

28 Was sind die Merkmale eines Frühlingstyps?
a) Augen blau, Haut dezent rosafarben, Haare hellblond
b) Augen blau, Haut mit Sommersprossen, Haare goldblond
c) Augen braun, Haut braun, Haare dunkelbraun
d) Augen dunkelblau, Haut weiß, Haare schwarz

29 Was sind die Merkmale eines Sommertyps?
a) Augen blau, Haut mit Sommersprossen, Haare goldblond
b) Augen braun, Haut braun, Haare dunkelbraun
c) Augen blau, Haut dezent rosafarben, Haare hellblond
d) Augen dunkelblau, Haut weiß, Haare schwarz

30 Was sind die Merkmale eines Herbsttyps?
a) Augen braun, Haut braun, Haare dunkelbraun
b) Augen blau, Haut dezent rosafarben, Haare hellblond
c) Augen dunkelblau, Haut weiß, Haare schwarz
d) Augen blau, Haut mit Sommersprossen, Haare goldblond

31 Bei einem traditionellen Kundentyp ist …
a) … Beratung unbedingt erwünscht.
b) … engagierte Beratung erforderlich.
c) … Beratung bedingt erwünscht.
d) … Beratung nicht erforderlich.

32 Bei einem unsicheren Kundentyp kann …

a) … ein breites Beratungsangebot für seine Entscheidung hilfreich sein.
b) … ein Einbeziehen in die Beratungsüberlegungen nicht sinnvoll sein.
c) … ein preisgünstiges Angebot ein wesentliches Entscheidungskriterium sein.
d) … ein Bedrängen für den Entscheidungsprozess hinderlich sein.

33 Bei einer skeptischen Kundin sind …

a) … ein selbstsicheres und selbstbewusstes Auftreten der Friseurin wichtig.
b) … vage Formulierungen unangemessen.
c) … fachliche Kompetenzen nicht in erster Linie entscheidend.
d) … überzeugtes Vertreten und Darstellen von dienstleistungsbezogenen Thesen entscheidend.

34 Eine skeptische Kundin wünscht ein Abdecken ihrer grauen Haare ohne Färbung. Diese würde nämlich beim nachwachsenden Haar zu einem Ansatz führen, sodass regelmäßig – was sie in keinem Fall möchte – nachgefärbt werden müsste. Wie können Sie den Bedenken der Kundin begegnen?

a) „Mit einer Tönung in leichtem Goldton können wir Ihrer Haarfarbe eine interessante modische Nuance verleihen und zugleich die wenigen weißen Haare abdecken. Einen Ansatz sieht man bei diesem Verfahren nicht."
b) „Die weißen Haar fallen nicht mehr auf, wenn man die Haare insgesamt einen Ton heller färbt."
c) „Durch die Anwendung von Pflanzenfarben werden die weißen Haare vollständig abgedeckt und durch die natürlichen Farbpigmente kann auch ein natürlicher Ansatz ausgeschlossen werden."
d) „Wir können Ihre Haare im Naturton färben, dann entsteht kein Ansatz".

35 Einem qualitätsbewussten Kundentyp ist …

a) … ein preisgünstiges Angebot wichtig.
b) … ein hochwertiges Arbeitsgerät des Friseurs wichtig.
c) … ein gehobenes Dienstleistungsangebot wichtig.
d) … ein selbstbewusstes Auftreten der Friseurin wichtig.

36 Der eilige Kundentyp erwartet …

a) … ein ausgeprägtes Serviceangebot.
b) … zielgerichtetes und zielstrebiges Arbeiten.
c) … detaillierte Informationen über das Diagnoseergebnis.
d) … ein anregendes Gespräch.

37	Der bedächtige Kundentyp erwartet …	a) … eine ruhig vorgetragene Beratung.
		b) … eine knappe und fundierte Beratung.
		c) … ein preisgünstiges Angebot.
		d) … hochwertige Arbeitsgeräte des Friseurs.
38	Bei welchem Kundentyp verbietet sich ein breites Beratungsangebot?	a) Qualitätsbewusster Kundentyp
		b) Bedächtiger Kundentyp
		c) Unsicherer Kundentyp
		d) Traditioneller Kundentyp
39	Welcher Kundentyp erwartet ein zielgerichtetes und zügiges Arbeiten?	a) Traditioneller Kundentyp
		b) Eiliger Kundentyp
		c) Skeptischer Kundentyp
		d) Unsicherer Kundentyp
40	Bei einem unsicheren Kundentyp wird das Arbeitergebnis am besten mit welcher Aussage kommentiert?	a) Diese Frisur ist bei Ihnen gar nicht so schlecht.
		b) Jetzt sieht man, dass das Ergebnis mit einer DW noch besser geworden wäre.
		c) Meiner Ansicht nach ist das Ergebnis gut geworden.
		d) Dieser Schnitt steht Ihnen wirklich ausgezeichnet.

Lösungen: 1e; 2c; 3d; 4b; 5b; 6e; 7a; 8c; 9d; 10c; 11c; 12d; 13c; 14d; 15b; 16a; 17d; 18a; 19c; 20a; 21c; 22c; 23c; 24a; 25d; 26c; 27b; 28b; 29c; 30a; 31c; 32d; 33b; 34a; 35c; 36b; 37a; 38c; 39b; 40d

5 Die Bedeutung der Beziehungsstruktur für die Kommunikation

5.1 Grundregeln (Axiome) der Kommunikation nach Watzlawick

1	Nennen Sie die fünf Grundregeln (Axiome) der Kommunikation nach Watzlawick.	Die **fünf Grundregeln** der Kommunikation sind:
		1. Man kann nicht nicht kommunizieren.
		2. Jede Mitteilung enthält einen Inhalts- und einen Beziehungsaspekt.
		3. Kommunikationsvorgänge werden analog und/oder digital geregelt.
		4. Kommunikationsabläufe werden von Interpunktionen bestimmt.
		5. Kommunikationsabläufe sind entweder symmetrisch oder komplementär.

[2]	**Erläutern Sie die Regel Watzlawicks „Man kann nicht nicht kommunizieren".**	Von jedem menschlichen Verhalten in einer Situation geht eine Mitteilung aus. Dabei ist es nicht entscheidend, ob der Mensch handelt oder nicht handelt, etwas sagt oder schweigt. Er steht folglich in einem ständigen Kommunikationsprozess mit seiner Umwelt.
[3]	**Erläutern Sie die Grundregel „Jede Mitteilung enthält einen Inhalts- und Beziehungsaspekt".**	Jede Mitteilung beinhaltet im Kern ein mehr oder weniger hohes Maß an Information. Bei dem Informationsgehalt einer Äußerung spricht man von ihrem **Inhaltsaspekt**. Den zweiten Bestandteil der Mitteilung nennt man **Beziehungsaspekt**. Er sagt etwas über das Verhältnis der Kommunikationspartner zueinander aus.
[4]	**Was meint Watzlawick mit seiner Aussage: „Kommunkationsvorgänge werden analog und/oder digital geregelt"?**	Menschliche Kommunikationsvorgänge werden analog oder digital geregelt. **Analoge** Darstellungsformen umfassen körpersprachliche Signale wie Mimik, Gestik, Körperhaltung, Körperbewegung und Körperdistanzen. **Digitale** Kommunikationsmittel sind geschriebene und gesprochenen Worte. Die digitale Sprache liefert in erster Linie Informationen und vermittelt Wissen.
[5]	**Von Watzlawick stammt die Feststellung, dass „Kommunikationsabläufe von Interpunktionen bestimmt sind". Was bedeutet das?**	Diese Aussage beschreibt die Tatsache, dass Art und Verlauf der Verständigungsvorgänge von dem Verhalten und der Einstellung der Gesprächspartner in der Kommunikationssituation abhängen.
[6]	**Erläutern Sie die Regel Watzlawicks „Kommunikationsabläufe sind entweder symmetrisch oder komplementär".**	Gibt es grundlegende Übereinstimmung zwischen den Kommunikationspartnern, sind Kommunikation, Kommunikationsabläufe und Kommunikationsverhalten zueinander spiegelbildlich. In diesem Fall spricht man auch von **symmetrischer Kommunikation**. Demgegenüber entwickelt sich eine **komplementäre Kommunikation**, wenn das Grundverhalten der Kommunikationspartner unterschiedlich ist. Diese Unterschiedlichkeit steht in engem Zusammenhang mit der sozialen Rolle, die die beiden Gesprächspartner besetzen, und der daran gekoppelten Position. Beispiele für derartige komplementäre Beziehungen sind das Verhältnis Mutter/Kind, Arzt/Patient, Arbeitgeber/Arbeitnehmer und Kundin/Friseurin.

7	Welche Bedeutung hat der Inhalts- und Beziehungsaspekt (Watzlawick) für das Kommunikationsverhalten der Friseurin?	Der Friseurin muss bewusst sein, dass jede Kommunikation auf **zwei Ebenen** erfolgt. Störungen können vermieden werden, wenn auftretende Probleme mit der Kundin auf der Ebene besprochen werden, auf der sie entstanden sind. Dazu ist es erforderlich, den Hintergrund der Störung möglichst genau zu ermitteln.
8	Welche Bedeutung hat die Interpunktion (Watzlawick) im Rahmen der Kommunikation mit der Kundin für die Friseurin?	Mit einem positiven Auftreten und angemessenem Kommunikationsverhalten schafft die Friseurin die besten Voraussetzungen für einen störungsfreien Interpunktionsverlauf. Diese Eigenschaften sind daher für sie ein absolutes Muss während der gesamten Interaktion mit der Kundin.
9	Welche Verpflichtung ergibt sich aus der Regel Watzlawicks „Man kann nicht nicht kommunizieren" für das Verhalten der Friseurin?	Dadurch, dass auch die Friseurin immer in einem Kommunikationsprozess steht, muss ihr gesamtes Verhalten stets kontrolliert, überlegt und zielgerichtet sein.

5.2 Eine Nachricht – vier Botschaften

10	Jede Nachricht enthält nach Schulz v. Thun gleichzeitig vier Botschaften. Nennen Sie diese.	Die **vier Botschaften** einer Mitteilung sind: • eine Aussage über einen bestimmten Sachverhalt (**Sachinhalt**) • ein Hinweis über die Beziehung der Kommunikationspartner zueinander (**Beziehung**) • eine Aufforderung zum Handeln (**Appell**) • eine Information über sich selbst (**Selbstoffenbarung**)
11	Inwiefern geht von jeder Mitteilung eine Botschaft der Selbstoffenbarung aus?	Ein Sprecher übermittelt dem Kommunikationspartner **Selbstoffenbarungsbotschaften**. Durch die Art und Weise, wie die Nachricht verbal und nonverbal „verpackt" wird, gibt der Sender Auskunft über seine inneren Befindlichkeiten, seine Einschätzungen und Fähigkeiten.
12	Erläutern Sie kurz die Botschaft des Appells (Schulz v. Thun), die von jeder Mitteilung ausgeht.	Eine Nachricht enthält immer **Appellbotschaften**. Mit seinen Appellen nimmt der Sender Einfluss auf das Verhalten des Empfängers. Er veranlasst ihn dadurch, etwas zu tun oder zu unterlassen. Aber auch Denken und Fühlen des Empfängers werden dadurch beeinflusst.

13 Welche vier Botschaften (Schulz von Thun) verbergen sich möglicherweise für die Friseurin hinter der Kundenfrage: „Warum verwenden Sie nach der Haarwäsche eine Spülung?"

Sachinhalt: Die Kundin fragt nach dem Sinn einer Spülung.

Beziehung: Die Kundin hinterfragt meine Fachkompetenz, sie kritisiert mich.

Appell: Ich soll also auf die Spülung verzichten.

Selbstoffenbarung: Die Kundin ist unsicher. Sie sorgt sich vermutlich über eine unnötige Verteuerung der Dienstleistung.

14 Die Kundin fragt: „Haben Sie noch einen Kaffee?" Wie antwortet/denkt eine Friseurin auf diese Frage, wenn sie diese
a) sachohrig
b) appellohrig
c) beziehungsohrig
d) selbstoffenbarungsohrig aufnimmt?

a) **Sachohrig:** Ja, ich habe noch mehr als einen Kaffee.
b) **Appellohrig:** Selbstverständlich, ich bringe Ihnen sofort eine Tasse Kaffee!
c) **Beziehungsohrig:** Ich bin doch nicht für diese Kundin die Frau vom Service!
d) **Selbstoffenbarungsohrig:** Die Dame ist ganz schön unverschämt, schließlich habe ich ihr erst vor kurzem schon eine Tasse Kaffee gebracht.

5.3 Multiple-Choice

1 Was bedeutet nach Watzlawick „Analoge Kommunikation"?
a) Reden ohne Punkt und Komma
b) Fachgespräch über die Wachstumsphase
c) Verständigung, die eine Schlussfolgerung beinhaltet
d) Verständigung mit nonverbalen Ausdrucksmitteln

2 Was ist nach Watzlawick mit „Digitaler Kommunikation" gemeint?
a) Verständigung mit Worten
b) Verständigung mithilfe eines Computers
c) Verständigung mithilfe moderner Medien
d) Verständigung mithilfe von Gestik

3 Mit Interpunktion verbindet der Psychologe und Sprachwissenschaftler Watzlawick …
a) … bestimmte Regeln der Zeichensetzung.
b) … Informationen, die zwischen den Zeilen transportiert werden.
c) … Art und Verlauf von Verständigungsvorgängen.
d) … eine bestimmte Beziehungsstruktur zwischen Kommunikationspartnern.

Die Bedeutung der Beziehungsstruktur für die Kommunikation

4 Eine symmetrische Kommunikation ist nach Watzlawick …
a) … eine stressfreie Verständigung.
b) … eine Verständigung unter Personen, die sich gut verstehen.
c) … eine Verständigung unter gleichaltrigen Personen.
d) … eine Verständigung unter Personen, die in ihren Einstellungen, Interessen und Meinungen weitgehend übereinstimmen.

5 Eine komplementäre Kommunikation ist nach Watzlawick …
a) … eine vollständige Kommunikation.
b) … eine Verständigung, bei der das Grundverhalten der Kommunikationspartner unterschiedlich ist.
c) … eine Kommunikation, bei der mindestens zwei Partner beteiligt sein müssen.
d) … eine Verständigung, bei der einem Kommunikationspartner eine Belobigung ausgesprochen wird.

6 Die Tatsache, dass der Mensch immer kommuniziert, auch wenn er nichts sagt, fasst Watzlawick in folgendem Axiom (Grundregel) zusammen:
a) Man kann auch mit Händen und Füßen reden.
b) Man kann nicht immer alles kommentieren.
c) Man kann nicht nicht kommunizieren.
d) Man kann nicht nicht verbalisieren.

7 Eine jede Mitteilung beinhaltet nach Watzlawick neben einem Beziehungsaspekt auch einen…
a) … Inhaltsaspekt.
b) … Kommunikationsaspekt.
c) … Analogaspekt.
d) … Digitalaspekt.

8 Einen störungsfreien Interpunktionsverlauf bewirkt die Friseurin durch …
a) … ein fachsprachlich geprägtes Beratungsgespräch.
b) … ein positives Auftreten.
c) … ein hohes Maß an Fachkompetenz.
d) … eine zielgerichtete Verständigung.

9 Welche der nachfolgenden Botschaften ist nach Schulz v. Thun nicht in einer Mitteilung enthalten?
a) Beziehung
b) Appell
c) Selbstoffenbarung
d) Ausdruck

10 Was tut jemand, der eine Botschaft appellohrig aufnimmt?
a) Er denkt über die Beziehung zum anderen nach.
b) Er hinterfragt die Fachlichkeit einer Aussage.
c) Er erfüllt einen bestimmten Kundenwunsch.
d) Er setzt sich mit dem Charakter des anderen auseinander.

11 Wie antwortet eine sachohrige Auszubildende auf den Hinweis: „Das Waschbecken ist noch schmutzig!"

a) „Ja, ich weiß, ich mache es sofort sauber."
b) „Ja, ich weiß, vor allem mit Farbresten."
c) „Ja, ich weiß, und du bist heute wieder schlecht gelaunt."
d) „Ja, ich weiß, aber warum bin ich immer für die Reinigung zuständig?"

12 Welche Botschaft steht aus Ihrer Sicht bei der folgenden Aussage im Vordergrund: „Als Auszubildende haben Sie solche Arbeiten zu erledigen!"

a) Selbstoffenbarung
b) Beziehung
c) Appell
d) Sachinhalt

Lösungen: 1d; 2a; 3c; 4d; 5b; 6c; 7a; 8b; 9d; 10c; 11b; 12b

6 Gestalten von Gesprächssituationen

6.1 Kundenumgang – Telefonieren

1 Nennen Sie vier Tätigkeiten aus dem Salonalltag, die über das Telefon abgewickelt werden!

Folgende Situationen können **telefonisch** abgewickelt werden:

a) Herstellen eines Kundenkontaktes
b) Absprache von Terminen
c) Änderungen von Terminen
d) Antragen von Reklamationen

2 Wie viel Prozent der Kunden wählen die Kontaktaufnahme mit dem Salon über das Telefon?

Ca. 70 % der Kunden nehmen **telefonisch Kontakt** mit dem Salon auf.

3 Inwieweit ist das Telefonat eine besondere Form der Kommunikation?

Das **Telefonieren** ist eine besondere Kommunikationsform, weil zum Kommunikationspartner kein direkter Blickkontakt besteht. Das bedeutet zugleich, dass dem Telefonat durch die nicht einsetzbaren nonverbalen Ausdrucksmittel ein wesentliches Moment für einen umfassenden und eindeutigen Verständigungsvorgang fehlt.

4 Negative Gefühlslagen eines Telefonpartners verunsichern den anderen Teilnehmer. Wie kann man der eigenen schlechten Stimmung beim Telefonieren entgegenwirken?

Zur Vermeidung einer ungünstigen Stimmungslage hilft:
- Das bewusste Abrufen einer positiven Erinnerung
- Das Lächeln beim Telefonieren
- Das kurze gedankliche Innehalten durch Ablenkung (z. B. durch Konzentration auf bestimmte Details im Raum)

Gestalten von Gesprächssituationen

5 Was gehört zu einer guten Vorbereitung auf ein Telefonat?

Zur guten **Vorbereitung eines Telefonats** zählen:
- **Positive Grundhaltung**
  tatsächliches oder geistiges Lächeln, betriebliche Hektik nicht ins Gespräch mitnehmen
- **Konzentration beim Gespräch**
  genaues Zuhören, wer ist die Kundin, was möchte sie, wie kann ich ihr helfen

6 Jedes professionell geführte Telefonat im Salon besteht aus sechs Phasen. Nennen Sie diese.

Ein **professionelles Telefonat** besteht aus den folgenden Phasen:
1. Begrüßung
2. Kundenwunsch ermitteln
3. Kundenwunsch aufnehmen bzw. spiegeln
4. Angebot bzw. Vorschlag
5. Vereinbarung
6. Verabschiedung

7 Geben Sie ein Formulierungsbeispiel für die Phase „Kundenwunschermittlung" beim Telefonat.

Folgende **Fragen** sind zur Ermittlung des Kundenwunsches geeignet:
- „Was kann ich für Sie tun?"
- „Womit kann ich Ihnen helfen?"

8 Geben Sie ein Formulierungsbeispiel für die Phase „Vereinbarung" beim Telefonat.

Die **Vereinbarung** eines Termins könnte folgendermaßen ablaufen:
- „Also der Termin am … um … zur Dauerwelle wäre Ihnen recht?"
- „Dann werde ich das sofort eintragen!"
- „Sollte von unserer Seite aus etwas dazwischen kommen, würden wir uns umgehend bei Ihnen melden!"
- „Vielleicht geben Sie uns auch Bescheid, wenn Sie den Termin nicht wahrnehmen können? Danke!"

9 Welche zwei Ratschläge geben Sie Ihrer neuen Mitarbeiterin zum Telefonieren in der Salonpraxis?

- Sprechen Sie Ihre Telefonpartnerin möglichst persönlich, das heißt mit ihrem Namen, an. Das schafft Vertrauen und Nähe zur Kundin. Verwechseln Sie persönliche Ansprache aber nicht mit einer Form von Distanzlosigkeit, die sich durch Indiskretion und saloppen Sprechstil auszeichnet.
- Geben Sie Ihrer Gesprächsteilnehmerin viel Gelegenheiten mitzureden und das Gefühl, in die Planungsüberlegungen einbezogen zu sein. Lassen Sie diese teilhaben an Ihren Überlegungen und Entscheidungsschritten.

BERATEN UND VERKAUFEN

10 Im Salonalltag werden viele Kundentermine per Telefon vereinbart. Welche Informationen werden bei der telefonischen Terminvergabe erfragt?

Bei der **telefonischen Terminvergabe** werden folgende Informationen erfragt:
- Kundenwunsch
- Datum und Uhrzeit
- Kundendaten (Name, Telefon, ggf. Adresse)

6.2 Kundenumgang – Begrüßen und Verabschieden

11 Welche Ziele verfolgt die Friseurin bei der Begrüßung der Kundin?

Bei der **Begrüßung**
- zeigt die Friseurin ihre Bereitschaft zur Kontaktaufnahme,
- bekundet sie ihr Interesse an der Kundin,
- verschafft sie sich eine Orientierung über den Kunden(typ).

12 Welche Ziele verbinden Sie mit der Verabschiedung der Kundin?

Bei der **Verabschiedung**
- klärt die Friseurin die Kundenzufriedenheit hinsichtlich der gesamten Dienstleistung ab,
- bietet sie Produkte für die Haar- und Kopfhautpflege und das Frisurenstyling zum Kauf an,
- erstellt die Friseurin die Rechnung für die Dienstleistung.

13 Was wird von einer Friseurin im Rahmen der Kundenbegrüßung erwartet?

Von der Friseurin wird im Rahmen einer **Kundenbegrüßung** erwartet, dass sie
- die Kundin empfängt/sich ihr zuwendet,
- die Kundin begrüßt,
- den Kundenwunsch anspricht,
- die Kundin zur Warteecke/zur Kabine begleitet.

14 Was wird von einer Friseurin im Rahmen der Verabschiedung einer Kundin erwartet?

Von der Friseurin wird im Rahmen der **Kundenverabschiedung** erwartet, dass sie
- die Kundenzufriedenheit ermittelt,
- der Kundin Produkte anbietet und verkauft,
- die Rechnung erstellt,
- ggf. einen neuen Termin abstimmt oder vereinbart,
- die Kundin freundlich verabschiedet und zur Tür begleitet.

6.3 Kundenbetreuung – Rahmenbedingungen für Gesprächssituationen im Salon

15 Was ist ein Smalltalk?

Ein **Smalltalk** ist eine ungezwungene und lockere Unterhaltung.

16 Obwohl der Smalltalk ja von Lockerheit, Spontaneität und Zufälligkeit bestimmt sein soll, gibt es auch hier Grundsätzliches zu beachten. Welche Regeln gelten beim Smalltalk?

Beim **Smalltalk** sind folgende Regeln zu beachten:
- Derjenige, der einen Smalltalk anstrebt, führt. Von ihm müssen Impulse ausgehen, die als Anstöße für Redebeiträge aufgenommen werden können.
- Nimmt der Gesprächspartner Redeanstöße auf, wird er in seinen Ausführungen nicht unterbrochen.
- Nachfragen an den Angesprochenen werden in Form offener W-Fragen gestellt.
- Beim Smalltalk gilt ebenso der körpersprachliche Grundsatz, niemals die persönliche Distanz zum Gesprächspartner zu unterschreiten.

17 Welche vier Gesichtspunkte sorgen für eine positive Gesprächsatmosphäre?

Folgende Gesichtspunkte tragen zu einer **positiven Gesprächsatmosphäre** bei:
- Aktives Zuhören
- Konzentration
- Zeit
- Empathie

18 Was bedeutet „Aktives Zuhören"?

Aktives Zuhören bedeutet,
- die (nahezu uneingeschränkte) Bereitschaft, die in Mitteilungen enthaltenen Botschaften und Informationen auch aufzunehmen und geistig zu verarbeiten;
- dem Gesprächspartner die Bereitschaft zum Zuhören durch entsprechende Hinweise, wie Nachfragen, deutlich zu machen.

19 Worin erkennt eine Kundin die Bereitschaft der Friseurin zum aktiven Zuhören?

Bereitschaft zum aktiven Zuhören wird erkennbar an
- einem grundlegenden Interesse gegenüber der Kundin und ihren Anliegen,
- einem Höchstmaß an Aufmerksamkeit hinsichtlich ihrer verbalen und nonverbalen Äußerungen,
- Geduld während ihrer Ausführungen.

20 Wodurch kann die Friseurin der Kundin deutlich machen, dass sie „aktiv" zuhört?

Die Friseurin kann der Kundin ihr **aktives Zuhören** verdeutlichen durch
- einfache Bestätigungen wie „ja", „nein", „hm", „natürlich", „das finde ich auch…", „da haben Sie auf jeden Fall Recht…" oder ein Nicken;
- Ergänzungen der Kundenbeiträge, wie z. B.: „.. und bei all diesen von Ihnen genannten Problemen darf man ja auch nicht vergessen…" oder „…im Übrigen meine ich sowieso, dass es grundsätzlich falsch ist, wenn…".

21 Zeitdruck wirkt sich negativ auf die gesamte Salonatmosphäre aus. Nennen Sie drei Ursachen für Zeitdruck.

Zeitdruck entsteht durch
- einen übervollen Terminkalender,
- schlecht oder gar nicht organisierte Arbeitsabläufe,
- das Aufschieben von regelmäßigen Arbeiten.

6.4 Multiple-Choice

1 Was ist in jedem Fall bei einer Terminvergabe zu klären?

a) Hautanomalien
b) Uhrzeit der vereinbarten Behandlung
c) Haarfarbe
d) Termin des letzten Besuchs

2 Ihre Kollegin, die gerade eine Kundin bedient, wird am Telefon verlangt. Wie verhalten Sie sich in dieser Situation?

a) Ich erkläre dem Gesprächsteilnehmer, dass die Kollegin im Moment beschäftigt sei.
b) Ich erkläre der Gesprächsteilnehmerin, dass die Kollegin im Moment beschäftigt sei und sie daher zu einem späteren Zeitpunkt noch einmal anrufen möge.
c) Ich ermittle den Grund des Anrufes und bemühe mich dazu Stellung zu nehmen.
d) Ich hole die Kollegin an das Telefon.

3 Sie nehmen am Telefon die Krankmeldung einer Kollegin entgegen. Was haben Sie in diesem Falle zu tun?

a) Nichts, denn die notwendigen Regelungen bei Krankmeldung trifft die Chefin.
b) Ich überprüfe den Terminkalender und organisiere in Absprache mit den Kunden die ersten Termine neu.
c) Ich informiere unmittelbar die Chefin.
d) Ich teile erst auf Nachfrage die Krankmeldung mit.

Gestalten von Gesprächssituationen

4 Die Behandlung der Kundin ist abgeschlossen. Was geschieht als Nächstes?
a) Man reinigt Arbeitsplatz und Arbeitsgeräte.
b) Man geht zur Kasse und erstellt die Rechnung.
c) Man führt einen abschließenden Smalltalk.
d) Man hilft der Kundin beim Verlassen des Arbeitsplatzes und begleitet sie zur Kassenzone.

5 Welche Reihenfolge der genannten Phasen eines Telefonats zur Terminabsprache ist richtig?
a) Angebot, Vereinbarung, Kundenwunsch
b) Angebot, Vereinbarung, Verabschiedung
c) Kundenwunsch, Verabschiedung, Angebot
d) Vereinbarung, Verabschiedung, Angebot

6 Welches ist die richtige Reihenfolge bei einer Begrüßung?
a) Kundenwunsch, Begrüßung, Begleiten zur Warteecke
b) Begleiten zur Warteecke, Kundenwunsch, Empfang
c) Empfang, Begrüßung, Kundenwunsch
d) Begrüßung, Kundenwunsch, Empfang

7 Welche Reihenfolge der verschiedenen Phasen ist bei einer Verabschiedung einzuhalten?
a) Produktverkauf, Kundenzufriedenheit ermitteln, Rechnung
b) Rechnung, Kundenzufriedenheit ermitteln, Verabschieden
c) Produktverkauf, Rechnung, Kundenzufriedenheit ermitteln
d) Kundenzufriedenheit ermitteln, Produktverkauf, Rechnung

8 Welche Regeln gelten für den Smalltalk?
(2 richtige Antworten)
a) Es müssen mindestens drei Personen beteiligt sein.
b) Die Themen sollten sich auf ernsthafte Anliegen beziehen.
c) Derjenige, der den Smalltalk anstrebt, führt.
d) Es sind geschlossene Fragen zu stellen.
e) Die Beiträge des Gesprächspartners werden nicht unterbrochen.

9 Aktives Zuhören bedeutet, ...
a) ... den Fön beim Kundengespräch auszuschalten.
b) ... die uneingeschränkte Bereitschaft zum Zuhören.
c) ... zum Erzählten möglichst keine Nachfragen zu stellen.
d) ... während des Gesprächs immer eine Handlung auszuführen.

Lösungen: 1b; 2c; 3c; 4d; 5b; 6c; 7d; 8c+e; 9b

7 Waren und Dienstleistungen – Der kundengerechte Verkauf

7.1 Das Sortiment

1 Was gehört zum Dienstleistungssortiment der Friseurin?

Das **Dienstleistungssortiment** einer Friseurin beinhaltet sämtliche Arbeitsleistungen wie z. B. Waschen, Schneiden, Dauerwellen, Verkaufen, Beraten usw.

2 Unterscheiden Sie „Kernsortiment" und „Randsortiment".

Waren und Dienstleistungen, mit denen der Betrieb seinen Hauptumsatz macht, bilden das **Kernsortiment**. Zusatzangebote in kleiner Auswahl werden nebenher oder saisonbedingt geführt. Sie werden zum **Randsortiment** zusammengefasst.

3 Bei dem umfassenden Warensortiment des Friseurs ist es sinnvoll, eine „Sortimentsgliederung" vorzunehmen. Nach welchen Kriterien werden die Waren dabei gegliedert?

Die **Sortimentgliederung** erfolgt nach folgenden Gesichtspunkten:
- Fachbereich
- Warenbereich
- Warengruppe
- Artikelgruppe
- Artikel

4 Definieren Sie die Sortimentsgruppen „Fachbereich", „Warenbereich" und „Warengruppe".

In einem **Fachbereich** werden beispielsweise alle Waren für das Haar zusammengefasst.

Die **Warenbereiche** gliedern den Fachbereich grob auf und fassen Waren mit ähnlichen Aufgaben zusammen (z. B. alle Waren für die Haarreinigung).

In einer **Warengruppe** werden Waren zusammengefasst, die einen gemeinsamen Verwendungszweck haben (z. B. alle Shampoos).

5 Der Umfang eines Waren- und Dienstleistungsangebotes wird durch die Begriffe „Sortimentsbreite" und „Sortimentstiefe" beschrieben. Was bedeuten diese Begriffe?

Sortimentsbreite: Ein breites Sortiment besteht aus vielen Waren- bzw. Dienstleistungsgruppen, ein schmales Sortiment besteht aus wenigen Waren- bzw. Dienstleistungsgruppen.

Sortimentstiefe: Ein **tiefes Sortiment** besteht aus vielen Artikelgruppen bzw. Einzeldienstleistungen, ein **flaches Sortiment** besteht aus wenigen Artikelgruppen bzw. Einzeldienstleistungen.

7.2 Verkaufsformen

6	Welche drei Verkaufsformen werden unterschieden?	Es werden folgende **Verkaufsformen** unterschieden: • Beratungsverkauf • Beratungsverkauf mit Vorauswahl • Selbstbedienung
7	Erklären Sie die Verkaufsform „Beratungsverkauf".	Der **Beratungsverkauf** ist die Verkaufsform mit der höchsten Beratungsintensität. Eine solche Verkaufsform ist bei Ware notwendig, die besonders erklärungsbedürftig ist, oder wenn der Kunde einen speziellen Wunsch hat.
8	Erklären Sie die Verkaufsform „Beratungsverkauf mit Vorauswahl".	Beim **Beratungsverkauf mit Vorauswahl** wählt der Kunde die Ware zunächst selbstständig aus. Bevor er zu einer Kaufentscheidung kommt, sucht er die ergänzende Beratung der Verkäuferin.
9	Erklären Sie die Verkaufsform „Selbstbedienung".	Bei der **Selbstbedienung** trifft der Kunde seine Kaufentscheidungen alleine und entnimmt die Ware selbstständig dem frei zugänglichen Warenträger.

7.3 Präsentation von Waren und Dienstleistungen

10	Waren werden üblicherweise auf Warenträgern präsentiert. Dabei unterscheidet man „bleibende Warenträger" und „spezielle Warenträger" (Displays). Grenzen Sie die beiden Arten gegeneinander ab.	**Bleibende Warenträger** gehören zur Saloneinrichtung, z. B. Verkaufstheken, Vitrinen, Wandregale usw. **Spezielle Warenträger (Displays)**, wie z. B. Schütten, Körbe, Sonderregale usw., stellen meist die Herstellerfirmen von Produkten zur Verfügung.
11	Geben Sie drei Beispiele für Warenträger.	**Warenträger** in einem Friseursalon sind: • Regal • Display • Vitrine
12	Nennen Sie vier verschiedene Platzierungsarten.	Häufige **Platzierungsmöglichkeiten** sind: • Warengruppenplatzierung • Verbundplatzierung • Blockplatzierung • Zweitplatzierung

13	Was verstehen Sie unter einer „Blockplatzierung"?	Bei der **Blockplatzierung** werden Serien eines Herstellers als Einheit angeordnet.
14	Was gilt für die „Verbundplatzierung"?	Bei der **Verbundplatzierung** werden die Waren nach ihrem Verwendungszweck nebeneinander zusammengestellt.
15	Was bedeutet „Zweitplatzierung"?	Bei der **Zweitplatzierung** werden die Waren einerseits im Regal angeboten, andererseits aber auch auf einem anderen Warenträger an anderer Stelle des Salons im Verbund.
16	Was verstehen Sie unter einer „Warengruppenplatzierung"?	Bei der **Warengruppenplatzierung** werden Artikel einer Warengruppe (z. B. alle Shampoos) in einer Regalebene nebeneinander angeordnet.
17	Bei Warenregalen gibt es unterschiedlich verkaufsintensive Zonen. Nennen Sie diese.	Die **unterschiedlich verkaufsintensiven Zonen** sind: • Reckzone • Sichtzone • Griffzone • Bückzone
18	Beschreiben Sie Verkaufsintensität und Warenangebote in der „Reckzone".	Die **Reckzone** erhält wenig Aufmerksamkeit. Hier werden Produkte mit geringer Verkaufsleistung untergebracht.
19	Erläutern Sie Verkaufsintensität und Warenangebote in der „Sichtzone".	Die **Sichtzone** findet beim Kunden die größte Beachtung, weil sie in Augenhöhe liegt, und ist deshalb sehr verkaufsintensiv. Folgende Artikel können hier bevorzugt platziert werden: • Produktneuheiten • Artikel mit hoher Gewinnspanne • Nachkaufartikel
20	Beschreiben Sie Verkaufsintensität und Warenangebote in der „Griffzone".	Die **Griffzone** ist verkaufsstark und wird vom Kunden viel beachtet. Hier findet der Kunde häufig Artikel, die ihm aus der Werbung bereits bekannt sind.
21	Erläutern Sie Verkaufsintensität und Warenangebote in der „Bückzone".	Die **Bückzone** ist verkaufsschwach. Größere Artikel und preisgünstige Artikel sollten in diesem Bereich untergebracht werden.
22	Bei der Gestaltung des Schaufensters spielt die Anordnung von Elementen nach dem Gruppenprinzip eine Rolle. Was bedeutet das?	Bei der Anordnung von Elementen nach dem **Gruppenprinzip** werden zusammengehörige Elemente im Schaufenster gruppenweise zusammengestellt, sodass sie eine Einheit bilden.

Waren und Dienstleistungen – Der kundengerechte Verkauf

23	Nennen Sie drei allgemeine Grundsätze der Warenpräsentation.	Grundsätze der **Warenpräsentation** sind: • Die Artikel werden sauber und geordnet platziert. Lücken werden regelmäßig aufgefüllt. • Das Logo des Artikels zeigt immer nach vorne. • Artikel, die verstärkt verkauft werden sollen, stellt man zu Warenblöcken zusammen.
24	Mit welchen visuellen Medien können Dienstleistungen präsentiert werden?	Als Möglichkeiten zur **Präsentation von Dienstleistungen** eignen sich: • Zeitschriften • Fotos • Bilder • Werbeposter • Computer
25	Zu den bedeutendsten Werbemitteln des Friseurs zählt das Schaufenster. Welche Elemente eignen sich zur Schaufenstergestaltung?	• Waren • Plakate • Dekorationsmaterial

7.4 Kundenbedürfnisse und Kaufmotive

26	Hinter dem Kaufwunsch einer Kundin verbirgt sich in der Regel ein Bedürfnis. Nennen Sie verschiedene Kundenbedürfnisse.	**Bedürfnisse**, die dem Kaufwunsch zu Grunde liegen können, sind: Bequemlichkeit, Gesunderhaltung, Ästhetik, Geltungsbedürfnis, Umweltbewusstsein, Nachahmung, Preisbewusstsein, Modebewusstsein, Genuss usw.
27	Verkaufserfolg hängt wesentlich von der Ermittlung des Kundenbedürfnisses und der darauf abgestimmten Darstellung des Nutzens einer Dienstleistung/Ware ab. Stellen Sie diesen Zusammenhang an einem geeigneten Beispiel aus der beruflichen Praxis dar.	Wird im Rahmen des Verkaufsgesprächs das **Kundenbedürfnis** „Bequemlichkeit" ermittelt, muss sich der herausgestellte **Nutzen der Ware/Dienstleistung** auf den Gesichtspunkt „Zeit- und Arbeitsersparnis" beziehen. Als konkretes **Waren- und Dienstleistungsangebot** bieten sich z. B. ein „2 in 1 Shampoo" und ein „Kurzhaarschnitt" an.
28	Ist das Bedürfnis der Kundin ermittelt, werden die auf den Nutzen abgestimmten Merkmale eines Produktes herausgestellt. Nennen Sie verschiedene Waren- oder Produktmerkmale.	Waren weisen folgende **Produktmerkmale** auf: • Wirkungsweise und Eigenschaften • Material, Inhaltsstoffe, Farbe, Form, Duft • Anwendungshinweise, Bedienungshinweise, Wartungs- und Pflegehinweise • Haltbarkeitsdauer, Lebensdauer, Garantie

29 Ist das Bedürfnis der Kundin ermittelt, werden die auf den Nutzen abgestimmten Merkmale einer Dienstleistung herausgestellt. Nennen Sie solche.

Merkmale, die den **Nutzen einer Dienstleistung** ausmachen, können sein:
- Haltbarkeit
- Zeitgeist/Mode
- Zeitaufwand
- Handhabbarkeit/Funktionalität

7.5 Multiple-Choice

1 Was ist ein Kaufmotiv?
a) Ein Anlass, der die Kundin zum Kauf einer Ware oder Dienstleistung bewegt
b) Der bargeldlose Zahlungsverkehr im Dienstleistungsbereich
c) Umfangreiche Marketingbemühungen des Friseurunternehmens
d) Bestimmte Frisurenausschnitte in Fachzeitschriften, die als Friseurdienstleistung zu kaufen sind

2 Welches der nachfolgenden Kaufmotive ist vernunftbetont?
a) Nachahmungstrieb
b) Geldersparnis
c) Angst
d) Kontakt

3 Welche fachlichen Kompetenzen der Salonmitarbeiter erfordert die Verkaufsform „Bedienung"?
a) Wenig Kenntnisse über Eigenschaften und Verwendung von Waren
b) Die richtige Einordnung von Waren in die entsprechenden Regalzonen
c) Fundierte Kenntnisse über Inhaltsstoffe und Eigenschaften der Verkaufsprodukte
d) Bestimmte Präsentationstechniken der Waren in Körben

4 Welches Kaufmotiv ist für eine Kundin, die viel beschäftigt ist und über wenig Zeit verfügt, bestimmend?
a) Umweltbewusstsein
b) Geldersparnis
c) Anerkennung
d) Bequemlichkeit

5 Welche Produkte können bei der Verkaufsform „Bedienung" angeboten werden?
(3 richtige Antworten)
a) Haarspangen
b) Haarspray
c) Nachtcreme
d) Haarkur

6	Sie werden von der Chefin aufgefordert, Waren verkaufsfördernd im Regal zu platzieren. Welche Regalzonen bieten sich dafür an? (2 richtige Antworten)	a) Bückzone b) Sichtzone c) Greifzone d) Reckzone
7	Welches Kaufmotiv verbirgt sich hinter der Aussage „Die Föhnwelle muss mindestens eineinhalb Wochen halten"?	a) Geldersparnis b) Anerkennung c) Nachahmung d) Wunsch nach Schönheit
8	Was gehört zur Warenpräsentation? (2 richtige Antworten)	a) Das Verkäuferverhalten gegenüber der Kundin b) Erläuterungen zur Ware im Rahmen des Verkaufsgesprächs c) Anordnen von Waren im Schaufenster d) Herausstellen von Fachkenntnissen des Produktberaters

Lösungen: 1a; 2b; 3c; 4d; 5b+c+d; 6b+c; 7a; 8b+c

8 Beratung und Verkauf

8.1 Das Beratungsgespräch und seine Bestandteile

1 In welche Phasen gliedert sich ein Beratungsgespräch?

Ein **Beratungsgespräch** gliedert sich in der Regel in folgende Phasen:

1. **Die Eröffnungsphase:**
   Die Kundin wird auf das Gespräch vorbereitet.
2. **Die Bedarfsermittlung:**
   Wünsche und Bedürfnisse der Kundin werden festgestellt.
3. **Die Verkaufsargumentation mit Preisnennung:**
   Die Friseurin überzeugt die Kundin sachlich vom Nutzen der Ware oder Dienstleistung. Dabei nennt sie zum geeigneten Zeitpunkt den Preis.
4. **Die Einwandbehandlung:**
   Mögliche Zweifel der Kundin werden ausgeräumt.
5. **Der Kaufabschluss:**
   Im Idealfall kauft die Kundin die Ware oder Dienstleistung; sie wird verabschiedet.

2 Welche Gründe können dazu führen, dass eine Kundin das Beratungsgespräch ablehnt?

Gründe, aus denen die Kundin ein **Beratungsgespräch** ablehnen kann, sind:
- Die Kundin wollte sich nur umschauen und informieren.
- Die Kundenansprache erfolgte zu früh.
- Die Kundenansprache erfolgte unhöflich oder floskelhaft.
- Die Kundin fühlt sich zu einem Kauf verpflichtet, den sie vielleicht gar nicht tätigen will.

3 Nennen Sie zwei Möglichkeiten, wie ein Gespräch eröffnet werden kann.

Ein **Beratungsgespräch** kann folgendermaßen **eröffnet** werden:
- **Eine konkrete Hilfestellung anbieten**
  „Sie interessieren sich für einen Lippenstift? Ich zeige Ihnen gerne unsere gesamte Auswahl."
- **Eine Aussage bezüglich der Ware machen**
  „Das Shampoo, das Sie in der Hand haben, enthält Wirkstoffe, die für Ihr dauergewelltes Haar pflegend sind."

4 Erläutern Sie den Unterschied zwischen offenen und geschlossenen Fragen.

Die **offenen Fragen**, auch W-Fragen genannt, lassen einen weiten Antwortspielraum zu. Sie beginnen meist mit einem Fragewort (Wer, Wie, Wann, Wo, Was usw.).

Bei den **geschlossenen Fragen**, auch als Ja-Nein-Fragen bezeichnet, ist der Antwortspielraum für die Kundin gering.

5 Nennen Sie drei Arten von Lenkungsfragen und geben Sie jeweils ein Beispiel.

Lenkungsfragen sind:
- **Suggestivfragen**, z. B.: „Meinen Sie nicht auch, dass Ihr Haar sich nun weicher anfühlt?"
- **Entscheidungsfragen bzw. Alternativfragen**, z. B.: „Bevorzugen Sie den roten Lippenstift oder den korallfarbenen?"
- **Bestätigungsfragen**, z. B.: „Die Frisur soll also insgesamt pflegeleicht und modisch sein?"

6 Bei der Ermittlung des Kundenwunsches antwortet die Kundin überwiegend mit „Ja" oder „Nein". Ein richtiges Gespräch kommt nicht zustande. Inwieweit hat die Friseurin Anteil an diesem Kundenverhalten und was müsste sie ändern?"

Die Friseurin hat offensichtlich überwiegend **geschlossene Fragen** gestellt, die nur ein geringes Maß an Kundenbeteiligung zulassen. Um ein kundenorientiertes Beratungsgespräch mit einem Höchstmaß an Kundenbeteiligung in Gang zu setzen, muss die Friseurin **offene Fragen** stellen.

8.2 Warenvorlage

7 Welche Ziele verfolgt eine Friseurin mit der Vorlage einer Ware?

Die **Warenvorlage**
- erleichtert der Kundin die Auswahl,
- erhöht die Anschaulichkeit und
- fördert den Kaufwunsch.

8 Wann erfolgt die Warenvorlage? Geben Sie eine Begründung für diese Vorgehensweise.

Die **Warenvorlage** sollte im Rahmen der Kundenbetreuung möglichst früh erfolgen. Aus den Äußerungen der Kundin über die vorgelegte Ware kann das Kundenbedürfnis ermittelt und danach die weitere Warenvorlage ausgerichtet werden.

9 Wie wird die Ware vorgelegt? Begründen Sie.

Die Ware wird **kundennah** vorgelegt, das heißt, man zeigt der Kundin die Ware und gibt sie ihr in die Hand. Durch diese Art der Warenvorlage werden mehrere Sinne (Sehsinn, Tastsinn, Geruchsinn usw.) bei der Kundin angesprochen. Sie sieht die Ware, kann sie anfassen und den Duft bzw. das Aroma der Ware erfassen.

10 Welche Preislage sollten die vorgelegten Waren haben?

Die Friseurin legt zunächst Waren **mittlerer Preislage** vor und orientiert sich bei der weiteren Warenvorlage an den Reaktionen der Kundin.

11 Welche Hilfsmittel bieten sich beim Verkauf von Dienstleistungen zu ihrer Verdeutlichung an?

Beim **Verkauf von Dienstleistungen** kann das fertige Ergebnis der Kundin nicht – wie bei einer Ware – vorgelegt werden. Daher werden Frisurenhefte, Bilder, Farbkarten und der Frisurencomputer als Entscheidungshilfen genutzt.

8.3 Die Verkaufsargumentation

12 In welche Schritte gliedert sich eine vollständige Argumentation?

Die Schritte einer **vollständigen Argumentation** sind:
1. These
2. Argument
3. Beleg

13 Erklären Sie den Begriff „These".

Die **These** wird auch als Behauptung bezeichnet. Sie ist der einleitende Satz in der Verkaufsargumentation. Man kann sie z. B. als Empfehlung oder Vorschlag formulieren.

14 Was leistet der so genannte Beleg in der Verkaufsargumentation?

Der **Beleg** (Beweis) stützt das Argument und ist nachprüfbar (z. B. durch wissenschaftliche Untersuchungen, Zahlen, Erfahrungswerte).

Beraten und Verkaufen

15 Welche Grundsätze gelten für die Verkaufsargumente?

Verkaufsargumente müssen
a) positiv,
b) informativ,
c) verständlich und
d) kundenbezogen sein.

16 Formulieren Sie eine vollständige Argumentation am Beispiel des Verkaufs eines Shampoos.

Ich kann Ihnen dieses Pflegeshampoo empfehlen **(These)**,

weil es hochwertige Pflegeproteine enthält, die sich an das Haar anlagern und Strukturschäden ausgleichen **(Argument)**.

Wissenschaftliche Tests haben bewiesen, dass die Haare bei regelmäßiger Anwendung bis zu 20 % mehr Glanz erhalten **(Beleg)**.

17 Formulieren Sie eine vollständige Argumentation am Beispiel des Verkaufs der Dienstleistung „Volumenwelle".

Diese Volumenwelle ist für Sie geeignet **(These)**,

weil sie mit der Luftdusche geknetet werden kann und Sie Zeit beim Trocknen sparen **(Argumente)**.

Meine Kollegin Eva ist mit dieser Art von Umformung bei sich selbst auch sehr zufrieden und kann die leichte Anwendung wie auch die Zeitersparnis beim Trocknen der Haare bestätigen **(Beleg)**.

18 Welche vier Argumente eignen sich im Rahmen der Empfehlung einer Kurbehandlung bei einer Kundin mit strukturgeschädigtem Haar?

Argumente für die Empfehlung einer Haarkur:
1. Das Produkt gleicht Strukturschäden aus.
2. Das Produkt verbessert die Kämmbarkeit der Haare.
3. Das Produkt gibt Ihrem Haar den Glanz zurück.
4. Das Produkt beugt Haarspliss vor.

8.4 Preisnennung

19 Was muss die Friseurin beim Verkauf von Produkten/Dienstleistungen im Rahmen der Preisnennung beachten?

Die **Preisnennung** sollte niemals zu Beginn der Verkaufsargumentation erfolgen, da die Gefahr besteht, dass die Kundin während der nachfolgenden Verkaufsargumentation über den Preis nachdenkt und unaufmerksam wird. Sie muss zunächst ausreichend über die Ware bzw. Dienstleistung informiert werden. Die Friseurin stellt dabei Vorteile und Nutzen des Angebots heraus. Hat sie das Gefühl, dass die Kundin genügend Informationen hat, um sich eine Wertvorstellung zu machen, nennt sie den Preis.

20	Was ist die „Sandwichmethode"?	Bei der **Sandwichmethode** wird der Preis zwischen den Argumenten versteckt genannt, sodass der Nutzen der Ware bzw. Dienstleistung gegenüber dem Preis in den Vordergrund rückt. Durch diese Art der Preiseinbindung tritt der Preis in den Hintergrund und „belastet" nicht das Verkaufsgespräch und die Kaufbereitschaft der Kundin.
21	Bei der Preisnennung sind Reizwörter wie „teuer" oder „billig" zu vermeiden. Notieren Sie drei alternative Formulierungen für den Begriff „billig".	• Die Ware ist preisgünstig. • Das Angebot ist preiswert. • Das Produkt kostet weniger als vergleichbare Produkte anderer Hersteller.

8.5 Kundeneinwand

22	Bisweilen haben Kundinnen Einwände gegenüber dem Beratungs-/Verkaufsangebot. Welche Gründe kann das haben?	• Die Kundin ist durch die Verkaufsargumente noch nicht vom Nutzen der Ware überzeugt worden. • Die Kundin ist nicht überzeugt, dass das Preis-Leistungs-Verhältnis stimmt. • Die Kundin wünscht weitere Vergleichsangebote. • Die Ware oder Dienstleistung entspricht noch nicht ihren Vorstellungen.
23	Mit welchen Methoden kann man Kundeneinwänden begegnen?	• Ja-Aber-Methode • Nachteil-Vorteil-Methode • Bumerang-Methode • Rückfrage-Methode
24	Erläutern Sie, a) in welchem Fall Sie die „Nachteil-Vorteil-Methode" bei einem Kundeneinwand anwenden und b) wie Sie dabei vorgehen.	a) Die **Nachteil-Vorteil-Methode** wendet man an, wenn die Kundin einen Einwand vorträgt, der zutreffend ist und als Nachteil erscheint. b) Man stimmt der Kundin dabei zunächst zu und erkennt den Nachteil an. Dem berechtigten Einwand wird anschließend ein deutlicher Nutzen (Vorteil) der Ware oder Dienstleistung gegenübergestellt. Der von der Kundin zunächst genannte Nachteil wird dadurch ausgeglichen.

Beraten und Verkaufen

25 Erläutern Sie,
  a) in welchem Fall Sie die „Bumerang-Methode" bei einem Kundeneinwand anwenden und
  b) wie Sie dabei vorgehen.

a) Die **Bumerang-Methode** wird angewendet, wenn die Kundin einen Einwand vorträgt, der zutreffend ist und ihr als Nachteil erscheint.

b) Bei der Bumerang-Methode stimmt man zunächst der Kundin zu. Der Einwand der Kundin wird anschließend aufgegriffen und in ein wirkungsvolles Verkaufsargument umgewandelt. Somit wird der von der Kundin genannte Nachteil eines Warenmerkmals in einen Vorteil desselben Warenmerkmals umgekehrt.

26 Erläutern Sie,
  a) in welchem Fall Sie die „Ja-Aber-Methode" bei einem Kundeneinwand anwenden und
  b) wie Sie dabei vorgehen.

a) Die **Ja-Aber-Methode** wird angewendet, wenn die Kundin einen Einwand vorbringt, der nicht zutreffend ist.

b) Bei dieser Methode der Einwandbehandlung wird der Standpunkt der Kundin zunächst scheinbar anerkannt. Anschließend folgt ein neues, positives Verkaufsargument, das die Zweifel der Kundin beseitigt.

27 Erläutern Sie,
  a) in welchem Fall Sie die „Rückfrage-Methode" bei einem Kundeneinwand anwenden und
  b) wie Sie dabei vorgehen.

a) Die **Rückfrage-Methode** wird angewendet, wenn die Kundin einen unklaren Einwand vorträgt, bei dem die Friseurin nicht genau weiß, wogegen sich dieser richtet.

b) Dabei signalisiert die Friseurin zunächst, dass sie den Einwand ernst nimmt. Anschließend wird versucht, den unklaren Einwand durch eine Rückfrage zu konkretisieren. Dadurch erhält man zusätzliche Informationen von der Kundin. Diese Informationen helfen das Verkaufsgespräch fortzuführen.

28 Wie verhalten Sie sich bei Reklamationen einer Kundin?

1. Der Kundin die Möglichkeit geben, ihre **Reklamation** vorzutragen. Dazu wird die Kundin an einen ruhigen Bereich des Salons gebeten, sodass das Gespräch von anderen Kundinnen nicht mitverfolgt wird (Diskretion).
2. Die Friseurin lässt die Kundin ausreden und signalisiert Interesse an ihrem Problem.
3. Die Friseurin bleibt freundlich und überhört persönliche Angriffe.
4. Die Kundin wird darin bestärkt, dass es richtig ist, sich mit ihrem Problem direkt an den Salon/die Friseurin zu wenden.

8.6 Multiple-Choice

1 Welche Frageart eignet sich besonders zur Ermittlung des Kundenwunsches?
a) Suggestivfrage
b) Offene Frage
c) Alternativfrage
d) Rhetorische Frage

2 Zum Abschluss der Behandlung wird der Kundin mit dem Spiegel das Arbeitsergebnis gezeigt, damit sie…
a) … den optimalen Service erkennt.
b) … das Arbeitsergebnis später nicht reklamiert.
c) … erkennt, inwieweit ihre Wünsche realisiert wurden.
d) … das Arbeitsergebnis lobend anerkennt.

3 Nachdem Sie den Haarschnitt einer Kundin fast fertig gestellt haben, wünscht diese eine erhebliche Kürzung der Haarlängen. Wie reagieren Sie darauf?
a) Ich beziehe mich auf die getroffenen Vereinbarungen und lehne die weitere Kürzung der Haare ab.
b) Ich kläre das Missverständnis sachlich und binde den Chef für weitere Anweisungen in das Gespräch ein.
c) Ich lehne diesen ungerechtfertigten Einwand ab.
d) Ich kläre die Kundin über den Rechtsanspruch der Nacherfüllung auf.

4 Wie nennt man das gezielte Vorgehen der Friseurin bei einem Verkaufsgespräch, das zum Kaufentschluss führt?
a) Kausalkette
b) Argumentationskette
c) Thesenbildung
d) Marketing

5 Eine Kundin ist unschlüssig, ob sie Strähnchen oder eine modische Tönung machen lassen soll. Durch welche Frageart kann die Entscheidung herbeigeführt werden?
a) durch geschlossene Fragen
b) durch rhetorische Fragen
c) durch offene Fragen
d) durch Informationsfragen

6 Ihr Chef hat die Preise für die Dienstleistungen angehoben. Wie argumentieren Sie gegenüber einer entrüsteten Kundin angemessen?
a) Ich erläutere, dass wegen gestiegener Betriebskosten die Preise angehoben werden mussten.
b) Ich erkläre, dass die Preispolitik Sache des Chefs sei.
c) Ich erkläre, dass doch schließlich alles teurer würde, und so auch die Preise beim Friseur.
d) Ich erkläre ihr die Preiserhöhung mit dem Hinweis, dass das Weihnachtsgeld der Mitarbeiter erhöht werden soll.

BERATEN UND VERKAUFEN

7 Welche Hinweise sind geeignet, einen Kunden zum Kauf eines Toupets zu bewegen?

a) Das Toupet ist sehr teuer und kostet 650,– €.
b) Das Toupet ist seinen Preis schon wert.
c) Das Toupet ist aus Echthaar gefertigt und kostet dennoch nur 650,– €.
d) Das Toupet muss passen, dann ist der Preis sekundär.

8 Eine Kundin, die auf die Frage nach dem Kundenwunsch „Wie immer" antwortet, ist nach der Fertigstellung der Arbeit mit dem Ergebnis unzufrieden. „Diese Frisur steht mir nicht!", klagt sie. Wie hätte eine Beschwerde vermieden werden können?

a) Die Friseurin hätte der Kundin das Ergebnis besser erläutern müssen.
b) Die Friseurin hätte den geäußerten Kundenwunsch mehr hinterfragen müssen.
c) Die Friseurin hätte während der Behandlung stärker auf Serviceangebote achten müssen.
d) Die Friseurin hätte gegenüber der Kundin mehr Empathie entfalten müssen.

9 Eine ökologisch orientierte Kundin benötigt für ihr strukturgeschädigtes Haar eine Pflege-Spülung zur Heimbehandlung. Welche Hinweise zum Produkt überzeugen die Kundin und führen zu einer Kaufentscheidung?

a) Die Wirkstoffe dieses Produkts lassen sich mithilfe der Portionsflasche besonders gut auf die Haarpartien aufbringen.
b) Die enthaltenen Wirkstoffe entfalten eine sehr angenehme natürliche Duftnuance.
c) Insbesondere die keratinaffinen Stoffe sorgen bei Ihrem Haar für einen nachhaltigen Strukturausgleich.
d) Mit dieser Spülung gleichen Sie die Haarstruktur aus und Sie können die Flasche bei Bedarf in unserem Salon wiederbefüllen.

10 Bisweilen sind Kunden mit dem Ergebnis der Dienstleistung unzufrieden und äußern ihren Unmut. Wie bewerten Sie solche Kundenbeschwerden?

a) Kundenbeschwerden können als Hinweise verstanden werden, wo Arbeitsweisen noch zu verbessern sind.
b) Kundenbeschwerden sind immer auch als Störungen auf der Beziehungsebene anzusehen.
c) Kundenbeschwerden sind in der Regel als ungerechtfertigte Reklamationen zu betrachten.
d) Kundenbeschwerden sind als Versuche inferiorer Personen einzuordnen, mit dem superioren Gesprächspartner symmetrisch kommunizieren zu wollen.

Beratung und Verkauf

11 Wie reagiert die Friseurin auf die Reklamation einer Kundin, dass ihr neu gefärbter Rotton bereits nach der ersten Haarwäsche verblasst sei?
(4 richtige Antworten)

a) Den Sachverhalt prüfen.
b) Auf das Recht der Minderung verweisen.
c) Hintergründe der Reklamation abklären.
d) Reklamation als unberechtigt einstufen.
e) Kulanz anbieten.
f) Das Verständnis der Kundin gegenüber der Unerfahrenheit der Auszubildenden erbitten, die die Farbe aufgetragen hat.
g) Verständnis zeigen.
h) Den Sachverhalt mit der falschen Shampoowahl der Kundin erklären.

12 Wie gehen Sie mit Kundeneinwänden richtig um?

a) Auf den Einwand argumentativ eingehen.
b) Den Einwand überaus fachsprachlich kommentieren.
c) Der Kundin in jedem Falle Recht geben.
d) Die Kundin behutsam auf ihre Inkompetenz bei dem Sachverhalt hinweisen.
e) Den Einwand ignorieren.

13 Eine klassisch gekleidete Kundin mit empfindlicher Haut möchte ein Shampoo kaufen. Welches Verkaufsargument ist am besten geeignet, die Kaufentscheidung der Kundin herbeizuführen?

a) Dieses Shampoo reinigt besonders intensiv und ist auch für anspruchsvolles Haar geeignet.
b) Dieses Shampoo reinigt besonders mild und hat auch keine Farbzusätze.
c) Dieses Shampoo ist besonders geeignet, da es das Haar bestens für das anschließende Einlegen vorbereitet.
d) Dieses Shampoo ist besonders geeignet, da es anionaktive Tenside enthält.

14 Mit welchen Argumenten empfehlen Sie der Kundin nach einer Blondierung eine Haarpackung?

a) Die Restalkalien werden nachhaltig in ihrer Wirkung unterstützt.
b) Eine schleichende Aufhellung der Haare erfolgt durch die Produktanwendung in kontrollierter Form.
c) Das restliche H_2O_2 wird durch Antioxidantien unwirksam und eine weitere Aufhellung der Haare dadurch unterbunden.
d) Die adstringierende Wirkung findet in erster Linie in der Medulla statt.

Lösungen: 1b; 2c; 3b; 4b; 5a; 6a; 7c; 8b; 9d; 10a; 11a+c+e+g; 12a; 13b; 14c

9 Unternehmenskonzept

9.1 Marketing

1 Was bedeutet der Begriff „Marketing"?

Marketing (engl.) bedeutet frei übersetzt „Handel treiben". Unter dem Marketing eines Salons sind sämtliche Maßnahmen zu verstehen, die dem Ziel der Absatzsteigerung von Dienstleistungen und Produkten dienen.

2 Ein gutes Marketing steigert die Erfolgschancen eines Unternehmens. Erfolge eines Salons lassen sich an verschiedenen Beobachtungen festmachen. Geben Sie dafür fünf Beispiele.

1. Allgemeine Kundenzufriedenheit bezüglich Waren und Dienstleistungen
2. Eine große Stammkundschaft
3. Wettbewerbsfähigkeit des Unternehmens gegenüber der Konkurrenz
4. Gutes Image
5. Steigerung von Umsatz und Gewinn

3 Ein Saloninhaber plant neue Marketingstrategien. Was muss er dazu genauer prüfen? Nennen Sie fünf Beispiele.

Zur **Marktstrategie** eines Salons gehören folgende Punkte:
1. Die Preispolitik
2. Die Sortimentspolitik
3. Die Personalpolitik
4. Werbemaßnahmen
5. Salonorganisation

9.2 Preisbildung

4 Erläutern Sie das Prinzip der kostenorientierten Preisbildung.

Die **kostenorientierte Preisbildung** orientiert sich in erster Linie an den Unternehmenskosten. Von dem Umsatz eines Salons werden die Unternehmenskosten abgezogen.

5 Nennen Sie fünf Beispiele für Unternehmenskosten.

Zu den **Unternehmenskosten** gehören:
- Lohnkosten
- Mietkosten
- Kosten für Verbrauchsmaterial (Shampoo, Kur, Festiger usw.)
- Kosten für Verkaufsware (Haarspray, Gel, Gelwachs, Hautcremes usw.)
- Steuern und Zinsen

6 Was verstehen Sie unter „konkurrenzorientierter Preisbildung"?

Befindet sich ein Salon in unmittelbarer Nähe zu einem oder mehreren **Konkurrenzunternehmen**, richtet die Saloninhaberin die Preise für ihre Waren und Dienstleistungen nach der Konkurrenz aus.

Unternehmenskonzept

7 Erklären Sie die „kundenorientierte Preisbildung".

Bei der **kundenorientierten Preisbildung** steht das Preisbewusstsein der Kundin im Mittelpunkt. Die Friseurin geht davon aus, dass der Preis die zentrale Einflussgröße auf die Kaufentscheidung der Kundin ist. Für viele Kundinnen ist der Preis ein **Qualitätsmaßstab**. Oft setzen sie niedrige Preise mit geringer Qualität und hohe Preise mit hoher Qualität gleich. Daher muss die Friseurin entscheiden, welche Preisstrategie sie anwenden will: eine **Hochpreisstrategie** oder eine **Niedrigpreisstrategie**.

8 Welche Grundsätze und Überlegungen spielen bei der Niedrigpreisstrategie eines Salons eine Rolle?

Bei der **Niedrigpreis-Strategie** ist der Preis das wichtigste Werbeargument. Die Preise liegen unter denen der vergleichbaren Mitbewerber. Aufgrund der niedrigen Preise wird bei den Kundinnen das Image eines Niedrigpreisgeschäftes erzeugt. Zielgruppen solcher Salons sind z. B. Kundinnen, die wenig Wert auf Exklusivität legen, oder auch solche, die wenig Geld haben.

9 Welche Grundsätze und Überlegungen spielen bei der Hochpreisstrategie eines Salons eine Rolle?

Verkauft ein Salon seine Waren und Dienstleistungen zu **hohen Preisen**, so verbindet die Käuferin damit hohe Qualität. Gleichzeitig erwartet sie einen guten Service, hervorragende Beratung und ein entsprechendes Ambiente. Salons, die die Hochpreisstrategie anwenden, sind durch ihr gutes Image bekannt. Die Zielgruppe besteht aus Kundinnen mit hohem Qualitäts- und Prestigeanspruch. Mit dieser Preisstrategie versucht die Saloninhaberin möglichst langfristig hohe Preise zu erzielen.

10 In welchen Fällen wird für einen Salon eine Preisänderung erforderlich? Geben Sie drei Beispiele.

Folgende Situationen erfordern **Preisänderungen**:
- Die Kostensituation hat sich verändert, z. B. sind Einkaufspreise gestiegen, die Lohnkosten haben sich erhöht.
- Die Konkurrenzsituation hat sich verändert, z. B. hat in der Nähe ein Billiganbieter einen Salon eröffnet.
- Die Nachfragesituation hat sich verändert, z. B. kaufen Kundinnen nicht mehr bevorzugt bestimmte Produkte.

11 Was schreibt die Preisangabeverordnung zwingend vor?

Laut **Preisangabeverordnung** (PAngV) besteht für alle Waren und Dienstleistungen Auszeichnungspflicht.

12 Der Verkauf von Waren und Dienstleistungen steht in engem Zusammenhang mit Nebenleistungen, wie z. B. dem Kundenservice. Geben Sie drei Beispiele für Nebenleistungen dieser Art aus dem Salon.

Die Nebenleistung **Kundenservice** umfasst z. B.
- die kostenlose und ausführliche Beratung,
- die Reklamationsbearbeitung,
- Ergänzungsbehandlungen (Kopfmassage, Handmassage, kleines Tages-Make-up nach der Haarbehandlung).

13 Verkaufsfördernde Maßnahmen sollen einem Salon kurzfristige Umsatzerhöhungen bringen. Geben Sie fünf Beispiele für derartige Maßnahmen.

Verkaufsfördernde Maßnahmen sind:
- Preisausschreiben, Verlosungen und Gewinnspiele
- Gutscheine und Zugaben
- Rabatte, Sonderpreise und Preisnachlässe
- Sonderveranstaltungen (z. B. Jubiläumsverkäufe, Räumungsverkäufe)
- Warenproben, Warenmuster und Werbegeschenke

9.3 Werbung

14 Welche Vor- und Nachteile bringt eine Innenstadtlage des Salons mit sich?

Eine **Innenstadtlage** hat Vor- und Nachteile:
- Ein **Vorteil** ist die hohe Passantendichte.
- Ein **Nachteil** sind hohe Mietkosten.

15 Welche Zielgruppe wird bei einer Innenstadtlage erreicht?

Mit einer der Innenstadtlage wird vorwiegend **Laufkundschaft** erreicht.

16 Die Marketingmaßnahme „Werbung" unterliegt gesetzlichen Bestimmungen. Welche Arten und Formen von Werbung sind danach verboten?

Folgende **Formen der Werbung** sind **nicht erlaubt**:
- Irreführende Werbung
- Unzumutbare Werbung
- Vergleichende Werbung

17 Was ist „unzumutbare Werbung"?

Unzumutbare Werbung liegt dann vor, wenn eine Kundin durch diese Werbung belästigt wird. Bei Werbung durch Telefonanrufe, SMS, Telefax oder E-Mail ist dies der Fall, wenn vorher kein ausdrückliches Einverständnis eingeholt wurde.

18 Beim Erfolg eines Salons spielen auch Unternehmensart/-konzepte eine Rolle. Geben Sie dafür Beispiele.

Neben Einzelunternehmen existieren als besondere Unternehmenskonzepte die **Salonketten** und **Franchisesalons**.

Unternehmenskonzept

19 Erläutern Sie das Franchise-Prinzip.

Die Inhaber eines einzelnen Franchise-Salons arbeiten eng mit dem **Franchise-Geber** zusammen. Dieser stellt den Namen, die Ausstattung, das Logo; er legt das Waren- und Dienstleistungssortiment fest, entwickelt Werbestrategien und bestimmt die Preispolitik. Zentrale Mitarbeiterschulungen gewährleisten einheitliche Qualitätsstandards. Ein **Franchise-Nehmer** muss z. B. ein einmaliges Entgelt an den Franchise-Geber entrichten oder diesen regelmäßig am Umsatz beteiligen.

20 Ein Unternehmen wirbt für sich und seine Leistungsfähigkeit auch durch engagierte Mitarbeiter. Mithilfe eines gezielten Mitarbeiter-Controllings wird dieses Engagement sichergestellt. Was muss im Rahmen eines Mitarbeiter-Controllings ermittelt werden?

Ein **Mitarbeitercontrolling** ermittelt unter anderem,
- inwieweit die Mitarbeiter die Unternehmensziele kennen,
- ob die Mitarbeiter wissen, welche Aufgaben- und Verantwortungsbereiche ihnen zugeteilt sind und ob sie diese erfüllen,
- inwieweit die Mitarbeiter regelmäßig an Fort- und Weiterbildungsveranstaltungen teilnehmen,
- ob die Mitarbeiter kollegial miteinander umgehen und der Teamgedanke verwirklicht wird.

21 Mit welchen betrieblichen Entscheidungen wirbt ein Saloninhaber indirekt für sein Unternehmen?

Werbewirksame Merkmale eines Salons sind:
- Salongröße, -einrichtung und -aussehen
- Standort des Salons
- Öffnungszeiten
- Personal
- Verkaufsform
- Service

22 In ihrem eigenen Interesse ist den Herstellern von Friseurprodukten an der Umsatzsteigerung der Friseure beim Verkauf von Waren und Dienstleistungen gelegen.
Durch welche Maßnahmen unterstützen sie die Saloninhaber bei deren Werbebemühungen?

Unterstützende Maßnahmen der Hersteller sind das Mitwirken bei der Schaufenster- und Salongestaltung sowie das Schalten von Werbeaktionen in öffentlichen Medien wie Rundfunk, Fernsehen und Zeitschriften.

9.4 Kundenverwaltung

23 Besucht eine neue Kundin den Salon, werden zu Beginn des Beratungsgesprächs Kundendaten erfasst, die bei den nachfolgenden Behandlungen ergänzt werden. Nennen Sie fünf bedeutende Kundendaten.

Folgende **Kundendaten** werden erfasst:
- Name, Adresse und Telefonnummer der Kundin
- Daten der Haar- und Kopfhautdiagnose (Haarstärke, Haarstruktur, Kopfhautzustand usw.)
- Behandlungstermin
- Behandlungsdaten, z. B. bezüglich Dauerwell- und Farbrezepturen
- Produktempfehlung zur Reinigung und Pflege

24 Worin sehen Sie den Nutzen einer Kundenkartei?

Die **Vorteile einer Kundendatei** sind:
- Orientierung für den Fall, dass eine andere Mitarbeiterin als bisher die Kundin bedienen muss
- Erkenntnisse über Dienstleistungen, die erbracht wurden
- Erkenntnisse über Allergien der Kundin
- Informationen über die benutzten Produkte

25 Unter welchen Gesichtspunkten kann es sinnvoll sein, in die Kundenkartei das Geburtsdatum der Kundin aufzunehmen?

Die Aufnahme des **Geburtsdatums** in die Kundenkartei bietet dem Salon die Möglichkeit,
- der Kundin aus Anlass ihres Geburtstages einen Geburtstagsgruß zu übermitteln oder beim nächsten Besuch ein Präsent zu überreichen (Kundenbindung);
- die Altersstruktur derjenigen Kunden zu ermitteln, mit denen der größte Umsatz erzielt wird (Basis für gezielte Werbemaßnahmen).

26 Zur Vermeidung von langen Wartezeiten und zur Optimierung betrieblicher Arbeitsabläufe nutzt die Friseurin verschiedene Organisationshilfen. Nennen Sie zwei Organisationshilfen und stellen Sie deren Nutzen dar.

Zur Vermeidung langer Wartezeiten und zur Optimierung betrieblicher Arbeitsabläufe nutzt die Friseurin **Organisationshilfen**, wie z. B.:
- **Kundenkarteikarten**
  Sie helfen bei der Vergabe von Terminen durch genaue Kenntnisse über Einwirkzeiten bei der Kundin und deren individuelle Wünsche.
- **Terminbuch**
  Durch gewissenhaftes Führen des Terminbuches und das Berücksichtigen der betrieblich ermittelten Bedienzeiten ist eine bestmögliche Auslastung der Mitarbeiter gewährleistet, Wartezeiten für Kunden sind nahezu ausgeschlossen.

27 Mehr und mehr nutzen Saloninhaber die Mitarbeit von Rezeptionisten. Beschreiben Sie deren zentrale Aufgaben.

Rezeptionisten haben folgende Aufgaben:
- Durch genaue Terminplanung und Terminvergabe eine bestmögliche Auslastung des Friseurbetriebs sichern
- Eingehende Telefonate annehmen und ggf. vermitteln
- Die Kunden empfangen und verabschieden

9.5 Multiple-Choice

1 Anhand welcher Belege/Niederschriften lassen sich die vielfältigen Kundenwünsche der letzten Behandlungen am besten auswerten?

a) Kassenbon
b) Kundenkartei
c) Bestellbuch
d) Persönliche Notizen
e) Bilanzen des Steuerberaters

2 Unter welcher Kostenstelle kann das Gehalt einer Rezeptionistin verbucht werden?

a) Gemeinkosten
b) Lohnkosten
c) Herstellungskosten
d) Materialkosten

3 Warum muss bei der Preisgestaltung ein Gewinn berücksichtigt werden?

a) Weil er die Umsatzsteuer abdeckt
b) Weil er Materialverluste der Kabinettware ausgleicht
c) Weil er das Auszahlen von Sonderleistungen (Weihnachtsgeld) sichert
d) Weil er das Risiko des Betriebs abdeckt

4 Eine Preisänderung bei den Produkten/Dienstleistungen ist erforderlich, ... (2 richtige Antworten)

a) ... wenn sich die Nachfragesituation verändert.
b) ... wenn sich die Kostensituation des Salons verändert.
c) ... wenn die Kosten für den Betriebsausflug höher ausgefallen sind.
d) ... wenn eine Mitarbeiterschulung stattgefunden hat.

5 Unter Mitarbeiter-Controlling versteht man ...

a) ... eine Mitarbeiterversammlung.
b) ... die Kontrolle des Chefs, inwieweit die Pausenzeiten der Mitarbeiter konsequent eingehalten werden.
c) ... das Aufdecken möglicher Schwachstellen in der Personalpolitik.
d) ... eine genaue Überprüfung des erstellten Arbeitsergebnisses durch die jeweilige Mitarbeiterin.

BERATEN UND VERKAUFEN

6 Eine Kundenkarteikarte nutzt die Friseurin in erster Linie …

a) … zur Feststellung, wie viele Kunden die anderen Mitarbeiter bedient haben.
b) … zur Rückversicherung über die bei einer zurückliegenden Behandlung verwendeten Präparate.
c) … zur Ermittlung ihres persönlichen Umsatzes.
d) … zur Klärung der Frage, ob die Kundin anlässlich ihres Geburtstages ein Präsent erhalten hat.

7 Vor der Berechnung des Gewinnzuschlags bei einer Dienstleistung muss der Friseur die Selbstkosten ermitteln. Woraus setzen sich diese zusammen?

a) Wagnis und Gewinn
b) Nettopreis und Mehrwertsteuer
c) Herstellungskosten und Gemeinkosten
d) Materialkosten und Lohnkosten

8 Unter „nicht direkt verrechenbaren Kosten" versteht man auch die Gemeinkosten. Welche der genannten Kostenarten gehört dazu?

a) Miete, Strom- und Heizkosten
b) Materialeinsatz
c) Urlaubsgeld
d) Ausbildungsvergütung

9 Welche Daten werden üblicherweise nicht auf der Kundenkarteikarte erfasst?

a) Name
b) Letzte Behandlung
c) Allergien
d) Kundentyp

10 Mit welchen betrieblichen Entscheidungen wirbt ein Saloninhaber bei den Kunden indirekt für sein Unternehmen? (4 richtige Antworten)

a) Salongröße, -einrichtung und -aussehen
b) Standort des Salons
c) Auszahlung von Weihnachtsgeld
d) Personal
e) Betriebsausflüge
f) Service
g) Festgelegte Themen für den Smalltalk mit den Kunden

11 Die Marketingmaßnahme „Werbung" unterliegt gesetzlichen Bestimmungen und Vorgaben. Welche Arten und Formen von Werbung sind danach verboten?

a) Werbung für branchenfremde Artikel
b) Laute Radiowerbung
c) Irreführende Werbung
d) Einseitige Werbung

Lösungen: 1b; 2a; 3d; 4a+b; 5c; 6b; 7d; 8a; 9d; 10a+b+d+f; 11c

GESTALTUNG

1 Formgestaltung

1.1 Gestaltungselemente

1 Welche Elemente der Formgestaltung kennen Sie?

Gestaltungselemente sind die Bausteine einer Frisur. Sie bestimmen ihre Wirkung. Hierzu gehören:
- Linien
- Flächen
- Haarschmuck

2 Nennen Sie Linien der Frisur und der Frisurengestaltung.

Frisurenlinien sind:
- Kammführungslinie
- Scheitel
- Umrisslinie
- Konturenlinie

Linien der Frisurengestaltung sind:
- Abteilungslinie
- Schnittlinie

3 Was verstehen Sie unter „Frisurenumriss"?

Der **Frisurenumriss** ist die Begrenzungslinie einer Frisur. Man unterscheidet zwei Linien:
- **Innere Umrisslinie**
  Sie ist die Grenzlinie zwischen Frisur und Gesicht.
- **Äußere Umrisslinie**
  Sie ist der äußere Umriss der Frisur (Silhouette).

4 Zeichnen Sie die Umrisslinien in die Abbildung ein.

durchgezogene Linie = äußere Umrisslinie
gestrichelte Linie = innere Umrisslinie

GESTALTUNG

5 **Erklären Sie den Begriff „Kontur".**

Die **Haarkontur** ist die Begrenzungslinie zwischen der Haarwuchsgrenze und Gesicht bzw. Nacken.

6 **Benennen Sie die einzelnen Abschnitte der Kontur.**

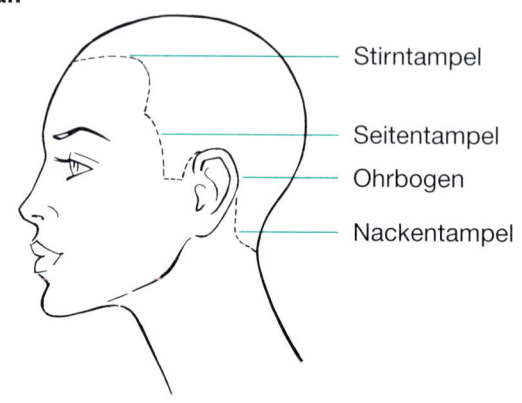

- Stirntampel
- Seitentampel
- Ohrbogen
- Nackentampel

7 **Was ist die „Oberfläche" der Frisur und wie kann sie gestaltet sein?**

Die **Oberfläche** einer Frisur ist die Abgrenzung der gesamten Frisur nach außen. Sie wird auch als **Textur** bezeichnet. Man unterscheidet zwei Formen:
- **Aktivierte Textur**
  Die Oberfläche der Frisur ist aufgelockert.
- **Nichtaktivierte Textur**
  Die Oberfläche der Frisur ist glatt.

8 **Benennen Sie die Texturen der abgebildeten Frisuren.**

Aktivierte Textur

Nicht aktivierte Textur

Formgestaltung

9 Zu den Elementen der Frisurengestaltung gehört auch der Haarschmuck. Nennen Sie die zwei Arten von Haarschmuck und geben Sie Beispiele.

Es werden zwei Arten von **Haarschmuck** unterschieden:

Natürlicher Haarschmuck sind Zöpfe, Knoten, Stocklocken, Haarteile usw.

Künstlicher Haarschmuck sind Accessoires wie Klammern, Bänder, Blumen und Glimmer.

10 In der Biedermeierzeit (ca. 1820–1850) wurden die drei Gestaltungselemente Linie, Fläche und Haarschmuck deutlich wahrnehmbar eingesetzt. Kennzeichnen Sie diese Gestaltungselemente im untenstehenden Bild.

— Haarteil
— Blume
— Fläche
— Scheitel
— Bänder
— Stocklocken

1.2 Gestaltungsprinzipien

11 Nach welchen Prinzipien können Frisuren gestaltet werden?

Es gibt unterschiedliche **Prinzipien der Frisurengestaltung**, die jeweils bestimmte Wirkungen erzielen. Hierzu zählen:
- Symmetrie
- Asymmetrie
- Reihung
- Rhythmus
- Kontrast
- Steigerung

12 Erläutern Sie die Prinzipien Symmetrie und Asymmetrie.

Symmetrie ist das spiegelbildliche Gleichgewicht von zwei Seiten. Symmetrische Frisuren wirken ausgewogen, klar und geordnet.

Bei der **Asymmetrie** wird die Symmetrie durch Gewichtsverlagerung aufgehoben. Asymmetrische Frisuren wirken interessant; sie erzeugen Spannung und Dynamik.

GESTALTUNG

13 Welche der beiden Frisuren ist symmetrisch, welche asymmetrisch gestaltet?

asymmetrisch

symmetrisch

14 Erklären Sie die Begriffe „Reihung" und „Rhythmus".

Bei einer **Reihung** wiederholen sich gleiche Elemente in Form oder Farbe.
Unter **Rhythmus** versteht man das Wiederholen einer Gruppe von Elementen, wobei sich die einzelnen Elemente in Größe oder Farbe unterscheiden.

15 Welche Gestaltungsprinzipien liegen bei diesen beiden Frisuren vor?

Rhythmus

Reihung, Symmetrie

Formgestaltung

16 Erklären Sie die Begriffe „Kontrast" und „Steigerung".

Kontrast bedeutet Gegensatz. Bei der Frisurengestaltung werden Farbkontraste wie hell und dunkel sowie Flächenkontraste wie glatte und gelockte Flächen eingesetzt.

Bei der **Steigerung** liegt eine Wiederholung der Form mit zunehmend größeren oder kleineren Ausmaßen vor.

17 Ordnen Sie die beiden Frisuren den Gestaltungsprinzipien „Kontrast" und „Steigerung" zu.

Kontrast

Steigerung

1.3 Ziele der Formgestaltung

18 Nennen Sie die Ziele der Formgestaltung.

Die wesentlichen **Aufgaben der Formgestaltung** sind:
- Unterstreichen des Typs der Kundin
- Verändern des Typs
- Ausgleichen von unvorteilhaften Formen

19 Welche Formen gelten bei Kopf, Gesicht und Nägeln als ideal?

Als **ideale Formen** werden angesehen:
- Vorteilhafte Kopfform (ohne die unter 20 aufgeführten Abweichungen)
- Ovales Gesicht
- Ovaler Nagel, vorne leicht abgerundet

GESTALTUNG

20 Welches sind die häufigsten Abweichungen von der idealen Kopfform?

Ungünstige Kopfformen sind durch folgende Merkmale bestimmt:
- Flacher Hinterkopf
- Fliehende Stirn
- Fliehendes Kinn

21 Platzieren Sie das Haarvolumen, um die vorliegenden Abweichungen zu betonen bzw. auszugleichen.

	Kopfform	Betonung	Ausgleich
Fliehende Stirn			
Flacher Hinterkopf			
Fliehendes Kinn			

22 Nennen Sie vom Ideal abweichende Halsformen.

Abweichungen von der idealen Halsform sind:
- Langer Hals
- Kurzer Hals
- Dicker Hals
- Doppelkinn

Formgestaltung

23 Gestalten Sie Frisuren, mit denen die Mängel im Halsbereich betont bzw. ausgeglichen werden.

	Halsform	Betonung	Ausgleich
Kurzer Hals			
Langer Hals			

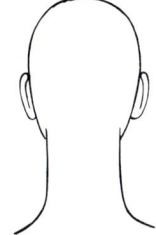

24 Nennen Sie Gesichtsformen, die von der ovalen Form abweichen.

Abweichungen von der **ovalen Form** sind:
- Runde Gesichtsform
- Rechteckige Gesichtsform
- Quadratische Gesichtsform
- Dreieckige Gesichtsform

25 Durch welche Faktoren wird ein Gesicht bestimmt?

Das Gesicht wird durch die folgenden Faktoren bestimmt:
- **Gesichtsform**
  Oval, rund, rechteckig, dreieckig, länglich schmal
- **Gesichtszonen**
  Stirnzone, Mittelzone, Kinnzone
- **Details des Gesichts**
  Stirn, Augen, Nase, Mund, Wangen, Ohren

GESTALTUNG

26 Zeichnen Sie Frisuren, mit denen die vorliegenden Abweichungen betont bzw. ausgeglichen werden.

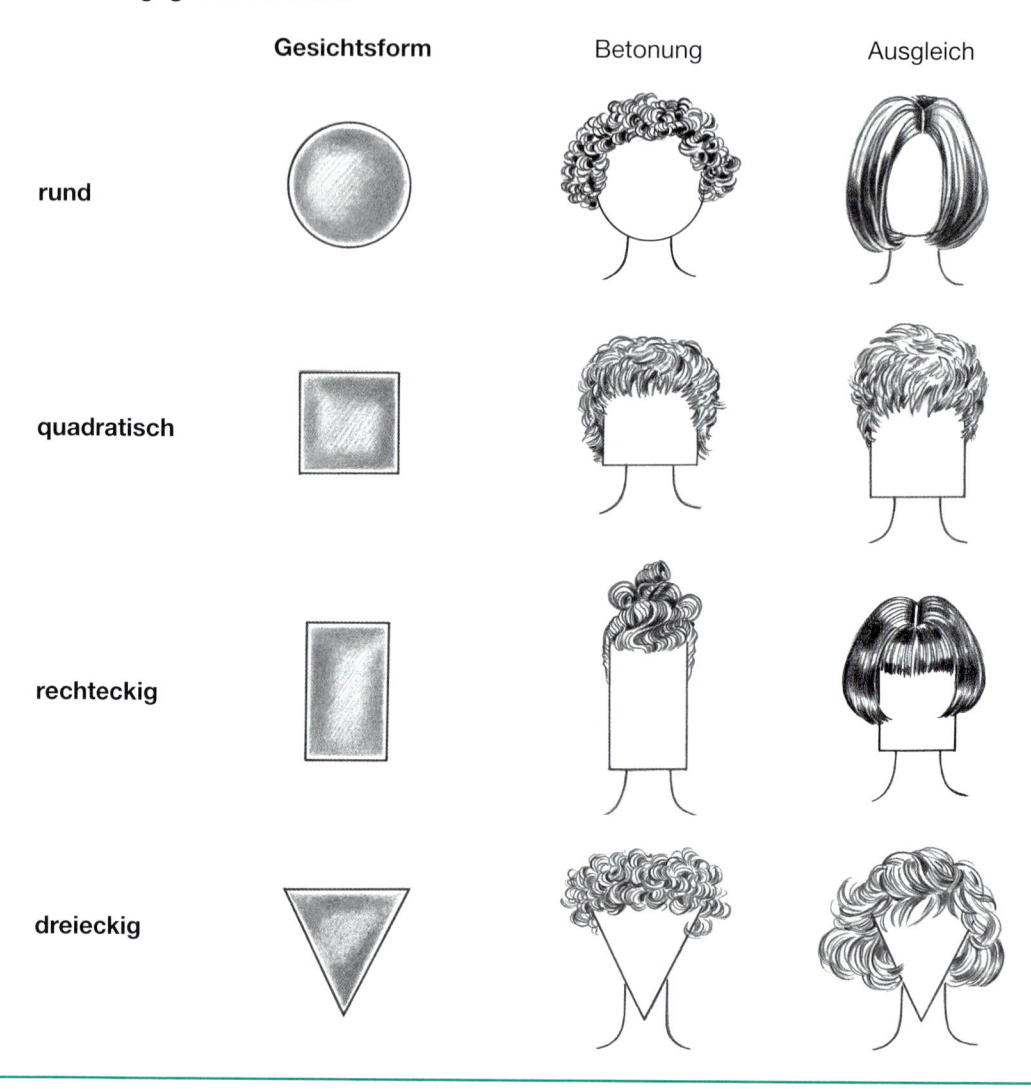

Gesichtsform		Betonung	Ausgleich
rund	⬤		
quadratisch	■		
rechteckig	▮		
dreieckig	▼		

27 Wann spricht man von einem harmonischen Gesicht?

Ein **harmonisches Gesicht** ist oval und symmetrisch. Seine Gesichtszonen sind etwa gleich groß und seine Details stehen in Größe, Form und Abstand in einem ausgewogenen Verhältnis zueinander.

Formgestaltung

28 Zeichnen Sie die Gesichtszonen in die Abbildung ein und benennen Sie diese.

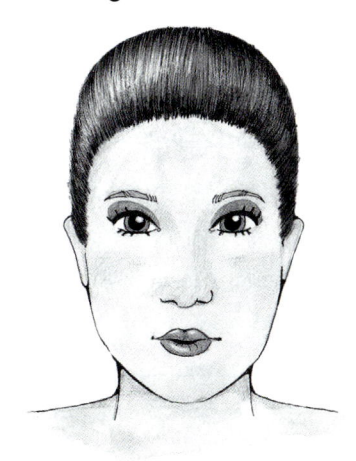

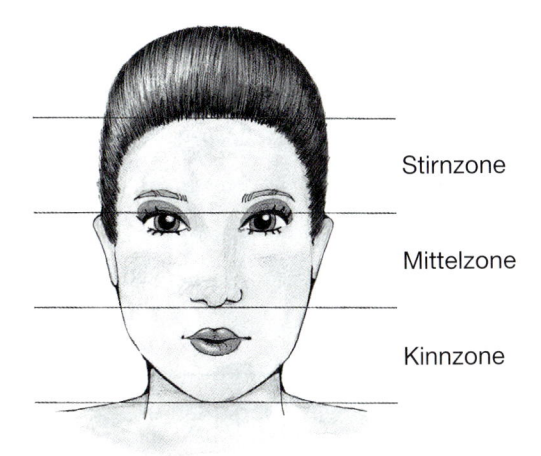

Stirnzone

Mittelzone

Kinnzone

29 Beschreiben Sie die ideale Augenbrauenform und bestimmen Sie Beginn und Ende der Augenbraue.

Die **ideale Augenbraue** beginnt am inneren Augenwinkel mit der größten Breite, verläuft mit der Augenlidform und verjüngt sich zum Ende.

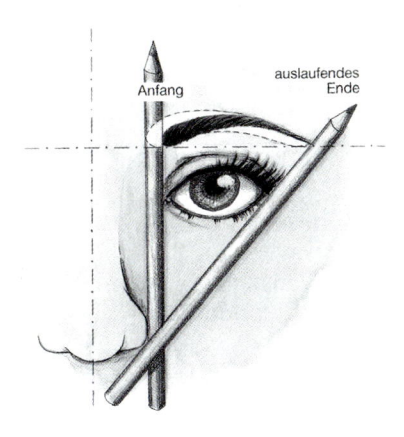

Anfang — auslaufendes Ende

30 Welche Nagelformen werden unterschieden?

Im Wesentlichen werden **drei Nagelformen** unterschieden:

- **Ovaler Nagel**
  Lässt Finger und Hände schlank und schmal erscheinen.
- **Langer Nagel**
  Lässt Finger und Hände ebenfalls schlank und schmal erscheinen.
- **Kurzer Nagel**
  Lässt Finger und Hände eher breiter und grober erscheinen.

GESTALTUNG

31 Tragen Sie den Nagellack so auf, dass der Fingernagel schlanker erscheint.

32 Gestalten Sie ein Nageldesign.

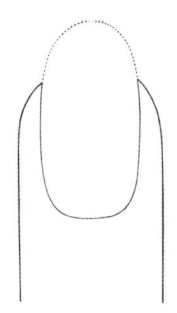

1.4 Multiple-Choice

1 Wie wird die Grenzlinie zwischen Frisur und Gesicht bezeichnet?
a) Führungslinie
b) Haaransatzlinie
c) Äußere Umrisslinie
d) Innere Umrisslinie

2 Welche Linie entspricht der Silhouette einer Frisur?
a) Konturenlinie
b) Äußere Umrisslinie
c) Abteilungslinie
d) Kammführungslinie

3 Was verstehen Sie unter der „Kammführungslinie"?
a) Linie zur Festlegung der Silhouette
b) Linie, die die Fallrichtung der Haare bestimmt
c) Linie, die den inneren Umriss der Frisur bestimmt
d) Linie zur Abgrenzung von Tampeln

Formgestaltung

4 Welche Bewertung trifft für eine asymmetrische Frisur zu?
a) Ausgewogen
b) Geordnet
c) Streng
d) Interessant

5 Wie wirken symmetrische Frisuren?
a) Extravagant
b) Auffällig
c) Dynamisch
d) Ausgewogen

6 Der Kopf einer Kundin weist vorne kleine und nach hinten immer größer werdende Locken der gleichen Form auf. Welches Prinzip der Frisurengestaltung liegt hier vor?
a) Reihung
b) Steigerung
c) Kontrast
d) Symmetrie

7 Die beiden Seiten einer Frisur sind spiegelbildlich gleich. Welches Prinzip der Frisurengestaltung ist angewendet worden?
a) Symmetrie
b) Asymmetrie
c) Rhythmus
d) Kontrast

8 Wodurch kann eine fliehende Stirn kaschiert werden?
a) Voller, voluminös frisierter Pony
b) Zurückgekämmtes Haar
c) Betonter Ober- und Hinterkopf
d) Volle Seitenpartien

9 Die Kinnspitze sollte mit einem dunkleren Rouge geschminkt werden bei …
a) … einer breiten Gesichtsform.
b) … einer runden Gesichtsform.
c) … einem Gesicht mit einem spitzen Kinn.
d) … einer quadratischen Gesichtsform.

10 Ein Kunde ist nicht glücklich über seinen flachen Hinterkopf. Wie können Sie diesen Mangel ausgleichen? Sie empfehlen ihm …
a) … einen Vollbart, der vom Hinterkopf ablenkt.
b) … einen Kurzhaarschnitt, weil die Haare dabei stehen.
c) … eine leichte Umformung, um am Hinterkopf mehr Volumen zu erzielen.
d) … eine volle Nackenpartie.

11 Wie würden Sie die Frisur bei einem runden Gesicht gestalten?
a) Die Seitenpartien werden möglichst kurz geschnitten.
b) Der Oberkopf wird flach frisiert.
c) Das gesamte Haar wird zurückgesteckt.
d) Die Seitenpartien werden ins Gesicht gekämmt und der Oberkopf wird voll gestaltet.

Lösungen: 1d; 2b; 3b; 4d; 5d; 6b; 7a; 8a; 9c; 10c; 11d

2 Farbgestaltung

2.1 Farbenlehre

1 Nennen Sie die Grundfarben und Mischfarben 1. Ordnung.

Die **Grundfarben** sind:
Rot, Gelb, Blau

Die **Mischfarben 1. Ordnung** sind:
Orange, Grün, Violett

2 Farben werden in warme und kalte Farben eingeteilt. Geben Sie jeweils Beispiele.

Farben können anregen oder entspannen. Danach werden sie in **warme** und **kalte Farben** eingeteilt.
- **Warme Farben** sind:
  Rot, Orange, Gelb
- **Kalte Farben** sind:
  Grün, Blau, Violett

3 Woraus besteht weißes Licht?

Weißes Licht besteht aus den sechs Spektralfarben (Regenbogenfarben) Rot, Orange, Gelb, Grün, Blau, Violett.

Die Lichtstrahlen sind elektromagnetische Wellen von einer Wellenlänge zwischen 380 nm bis 750 nm. (nm ist die Abkürzung für Nanometer; 1 nm = 1 millionstel mm.)

Alle Spektralfarben zusammen ergeben weißes Licht.

4 Welche weiteren elektromagnetischen Strahlen werden im Friseurbereich eingesetzt?

Außer dem sichtbaren Licht werden die **nicht sichtbaren Infrarotstrahlen** und **UV-Strahlen** eingesetzt.

Infrarotstrahlen sind Wärmestrahlen, die z. B. von einem Solar erzeugt werden.

UV-Strahlen sind energiereiche Strahlen. Sie werden zur Hautbräunung und zur Bekämpfung von Akne eingesetzt. Bei zu starker Dosierung verursachen sie Sonnenbrand, Hautalterung und Hautkrebs.

5 Warum muss das künstliche Licht im Salon dem weißen Tageslicht entsprechen?

Nur ein Licht, das eine dem Tageslicht vergleichbare Zusammensetzung von Spektralfarben aufweist, lässt die Farben ähnlich erscheinen wie das Tageslicht.

Das Licht normaler Glühbirnen enthält einen höheren Gelb-Anteil. Dadurch erscheinen die Farben lebhafter und wärmer.

Dagegen enthält das Licht einer Neonröhre einen höheren Blauanteil. Die beleuchteten Gegenstände wirken deshalb aschig, blass und kälter.

2.2 Wirkung von Farben

6	**Was können Sie generell durch den Einsatz von Farben im Friseurbereich erreichen?**	Durch den Einsatz von Farben kann der Typ der Kundin **unterstrichen** oder **verändert** werden.
7	**Was müssen Sie bei der Farbgestaltung berücksichtigen, damit Sie ein harmonisches Farbergebnis erzielen?**	Um ein typgerechtes Farbergebnis zu erzielen, müssen die natürlich vorliegenden Farben von Haar, Teint und Augen berücksichtigt werden. Aus ihrem Zusammenspiel ergeben sich die **Farbtypen**.
8	**Nennen Sie die Farbtypen.**	Es werden folgenden **Farbtypen** unterschieden: • Frühlingstyp • Sommertyp • Herbsttyp • Wintertyp
9	**Nennen Sie die wesentlichen Merkmale der Farbtypen.**	Die Farben der einzelnen Farbtypen unterscheiden sich in ihrer **Helligkeit** und **Nuancierung**. Bei der Nuancierung wird zwischen warmen und kalten Farben unterschieden.
10	**Wie unterscheiden sich die Farbtypen in Bezug auf ihre Helligkeit?**	Beim Frühlings- und Sommertyp dominieren blondes Haar, helle Haut und blaue Augen. Der Herbst- und Wintertyp wird von dunkleren Farben bestimmt. Die Augen sind vorwiegend braun, grünbraun oder dunkelblau. Die Haarfarbe liegt im Braunbereich.
11	**Bei welchen Farbtypen liegen eher warme Farben vor?**	Beim Frühlings- und Herbsttyp dominieren eher warme Farben. Daher unterstreichen warme Farben beim Make-up und der Kleidung den Farbtyp der Kundin.
12	**Bei welchen Farbtypen liegen eher kalte Farben vor?**	Der Sommer- und Wintertyp weist eher kalte Farben auf. Die Haare haben einen aschigen Reflex und der Teint einen bläulichen Unterton. Kalte Farben für das Make-up und die Kleidung unterstützen den Farbtyp der Kundin.
13	**Mit welchen Hilfsmitteln kann die Farbtypanalyse unterstützt werden?**	Farbtücher und Farbfächer können zur Bestimmung des Farbtyps eingesetzt werden. Erleichtert wird die Farbtypbestimmung durch einen gut ausgeleuchteten Arbeitsplatz.

GESTALTUNG

14 Farben haben einen Einfluss auf die Wirkung von Flächen.
Nennen Sie Beispiele.

Helle Flächen erscheinen größer und leichter; sie treten in den Vordergrund. Flächen mit dunklen Farben wirken dagegen kleiner und schwerer; sie treten in den Hintergrund.

Sollen Gesichtspartien zurücktreten, werden sie mit dunklen Tönen schattiert. Sie wirken so kleiner.

15 Korrigieren Sie die abgebildeten Gesichtsformen durch Auftragen von dunklem Rouge.

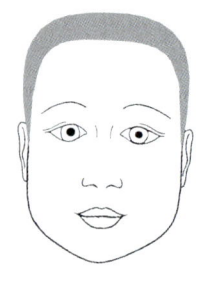

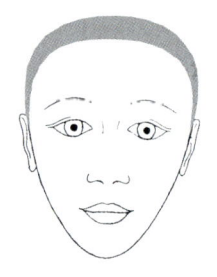

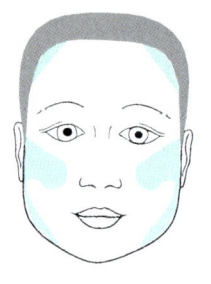

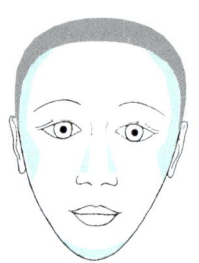

Viereckiges Gesicht Dreieckiges Gesicht

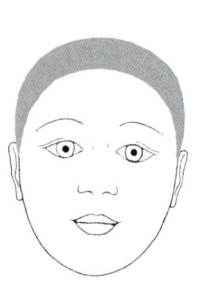

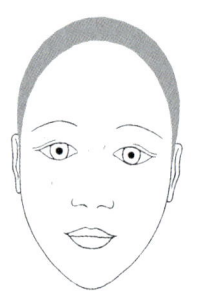

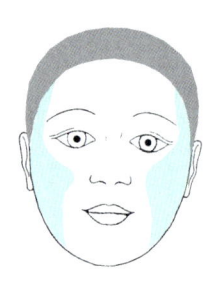

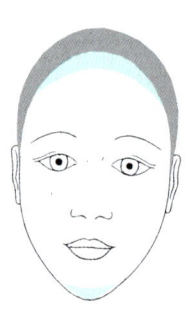

Rundes Gesicht Längliches Gesicht

16 Welche Haarfarben lassen eine ältere Kundin jünger erscheinen?

Bei einer älteren Kundin sollte man das Färben mit dunklen Farben meiden. Zu empfehlen ist der Einsatz eines helleren Farbtons oder von hellen Strähnchen.

17 Nach einer Blondierung weist das Haar einen Orange-Stich auf. Erklären Sie, wie dieser unerwünschte Farbton korrigiert werden kann.

Unerwünschte Farbtöne können mit der **Gegenfarbe** (Komplementärfarbe) aufgehoben werden. Die Gegenfarbe von Orange ist Blau. Deshalb wird eine Tönung oder ein Farbfestiger mit einem Blauanteil (Asch, Silber) zur Beseitigung des Orangestichs verwendet.

2.3 Multiple-Choice

1 Welche Farbe wird zu den kalten Farben gezählt?
a) Rot
b) Rotorange
c) Blauviolett
d) Gold

2 Wie werden Farben genannt, die sich im Farbkreis gegenüberliegen?
a) Komplementärfarben
b) Mischfarben
c) Spektralfarben
d) Getrübte Farben

3 Mit welcher Nuance kann ein Rotstich im Haar abgedeckt werden?
a) Gold
b) Asch
c) Perl
d) Matt

4 Welches Merkmal gehört <u>nicht</u> zum Frühlingstyp?
a) Hautfarbe: pfirsichfarben, rosig
b) Haarfarbe: Hellblond mit leuchtenden Reflexen
c) Haarfarbe: Hellblond mit aschigen Reflexen
d) Augenfarbe: intensives Blau

5 Der Sommertyp ist gekennzeichnet durch …
a) … einen dunklen Teint.
b) … dunkelbraune Augen.
c) … dunkelbraunes Haar.
d) … aschblondes Haar.

6 Der Teint einer Kundin ist goldgrundig, ihre Haarfarbe ist Kastanienbraun und ihre Augen sind hellbraun. Welcher Farbtyp liegt hier vor?
a) Frühlingstyp
b) Sommertyp
c) Herbsttyp
d) Wintertyp

7 Welches Merkmal gehört <u>nicht</u> zum Wintertyp?
a) Hautfarbe: Bläulich-oliv
b) Haarfarbe: Hellaschbraun
c) Augenfarbe: Braun
d) Sommersprossen

8 Eine ausgeprägte Teleangiektasie wird vor dem Schminken abgedeckt. Dazu verwenden Sie einen …
a) … braunen Farbton.
b) … hautfarbenen Farbton.
c) … grünlichen Farbton.
d) … bläulichen Farbton.

Lösungen: 1c; 2a; 3d; 4c, 5d; 6c; 7d; 8c

3 Stil- und Frisurenkunde

3.1 Frisurengestaltung als Ausdruck des Zeitgeistes

1 **Frisuren können Ausdruck der Zugehörigkeit eines Menschen zu einer gesellschaftlichen Gruppe sein. Geben Sie hierzu einige Beispiele aus der Frisurengeschichte.**

Seit alters her signalisierte die Frisur die Zugehörigkeit der Menschen zu sozialen Gruppen:
- Bei den Germanen und bei den Römern war das volle Haar ein Zeichen der Freiheit; Sklaven wurde das Haar abgeschnitten.
- Am Ende des 17. Jahrhunderts (Barock) wurde die Allonge-Perücke als Zeichen der Zugehörigkeit zum Adel und der Oberschicht getragen. Sie galt auch als Zeichen für Macht und Männlichkeit.
- Die emanzipierte Frau trug in den 20er Jahren des vorigen Jahrhunderts eine glatte Kurzhaarfrisur.

2 **Geben Sie Beispiele und Gründe für das Bedecken von weiblichem Kopfhaar.**

Das lang und offen getragene Haar der Frauen gilt seit Jahrhunderten als erotisch und attraktiv. Deshalb muss es in bestimmten Kulturen bedeckt werden. Beispiele dafür sind:
- Im Mittelalter verhüllte die verheiratete Frau ihr Haar unter der Haube, z. B. dem Grand Hennin.
- Nonnen mussten ihr Haar abschneiden als Verzicht auf erotische Reize. Sie trugen eine Haube.
- Viele muslimische Frauen bedecken noch heute ihr Kopfhaar unter Tüchern.

3 **Nach welchen Prinzipien wurden die Frisuren gestaltet?**

Bei der Gestaltung der historischen Frisuren der verschiedenen Stilepochen können zwei Prinzipien unterschieden werden:
- **Natürlichkeit**
  Im griechischen Altertum, der Renaissance und dem Klassizismus wurden die Haare natürlich frisiert.
- **Künstlichkeit**
  In anderen Epochen, wie z. B. im ägyptischen Altertum, dem Barock und Rokoko, wurden zur Gestaltung der Frisuren Perücken und Haarteile eingesetzt.

4 **Welche Wirkung sollte durch die voluminösen Frauen-Perücken im ägyptischen Altertum erzielt werden?**

Im alten Ägypten wurde der Kopf durch Perücken verbreitert und erhöht. Dadurch ergab sich ein Kontrast zum Körper der Frau, der auf diese Weise schlanker und zierlicher wirkte.

Stil- und Frisurenkunde

5 | Welche Faktoren beeinflussten die Entstehung der Frisuren in den geschichtlichen Kulturen und Stilepochen? | Die Frisurengestaltung wurde mitbestimmt von:
- Wertvorstellungen der Gesellschaft
- Einfluss der bildenden Künste, vor allem der Malerei
- Technischen Möglichkeiten der Frisurengestaltung

6 | Nennen Sie technische Möglichkeiten der Frisurengestaltung in der Frisurengeschichte. | Die folgenden Entwicklungen beeinflussten die Frisurengestaltung in den Stilepochen:
- **Tonwickler** ermöglichten das Krausen von Haaren in der ägyptischen Antike.
- Das **Calamistrum** diente in der griechischen und römischen Antike zum Krausen und Wellen der Haare.
- **Drahtgestelle** dienten der Gestaltung kunstvoller Kopfbedeckungen in der Gotik und der Damenfrisuren im Barock und Rokoko.

7 | Nennen Sie ein Beispiel für einen plötzlichen Wechsel des Frisurenbildes. | Mit der **Französischen Revolution** im Jahre 1789 änderte sich der Zeitgeist. Die herrschende Klasse wurde liquidiert und mit ihr die Rokoko-Frisuren. An ihre Stelle traten die natürlicheren klassizistischen Frisuren nach dem Vorbild der griechischen Antike.

8 | Was verstehen Sie unter den Begriffen „Stil" und „Stilepoche"? | Der Begriff „Stil" umfasst die typische Ausprägung einer Person und ihrer Lebensweise (persönlicher Lebensstil).

Mit „**Stilepoche**" bezeichnet man einen größeren Zeitraum vor dem Hintergrund der wesentlichen stilistischen Merkmale. Sie wird geprägt von Architektur, Kunst und Lebensweise der Menschen. Hierzu gehört auch die Frisurenmode.

9 | Grenzen Sie den Begriff „Mode" vom Begriff „Stilepoche" ab. | Als Mode bezeichnet man die kurzfristigen Veränderungen und Variationen innerhalb einer Stilepoche. So wurden z. B. in der Biedermeier-Zeit die Frisuren durch unterschiedliche Scheitelformen variiert. Aus dem geraden Mittelscheitel wurden T-, V-, Y- und U-Scheitel.

3.2 Epochen der Frisurengeschichte

9 **Nennen Sie die Merkmale der ägyptischen Frisuren (ca. 3000 bis 500 v. Chr.).**

Die schwarzen Wollperücken der Ägypter sind aus dünnen Zöpfen geflochten. Die Perücke der Frau ist mit einem Zierreif und die des Mannes mit einem Band zusammengehalten.

10 **Beschreiben Sie die abgebildeten griechischen Frisuren (ca. 600 bis 200 v. Chr.).**

Das Haar der Frau ist wellig nach hinten frisiert und zu einem Haarknoten zusammengefügt. Der Kopf wird dadurch gestreckt. Ein Diadem schmückt die Frisur und gibt ihr Halt. An den Seiten verzieren Korkenzieherlocken die Frisur.

Der griechische Jüngling trägt kurzes, gelocktes Haar. Die Frisur geht vom Wirbel aus; die Locken reichen bis in die Stirn. Sie bedecken an den Seiten und im Nacken den natürlichen Haaransatz.

11 **Was sind die Merkmale der abgebildeten römischen Frisuren (ca. 300 v. bis 500 n. Chr.)?**

Die Damenfrisur ist am vorderen Teil des Kopfes zu einem Lockenkranz frisiert. Zum Hinterkopf hin ist das Haar wellenförmig geformt und zu einem Knoten gebunden.

Das Kopfhaar des Mannes ist kurz geschnitten und fransig in die Stirn gekämmt.

Stil- und Frisurenkunde

12 Woran erkennen Sie, dass die Abbildungen aus der Zeit der Gotik stammen (ca. 1200 bis 1500)?

Die Frau bedeckt ihr Haar in der Öffentlichkeit mit einer Haube, hier mit einem Hennin.

Der Mann trägt halblanges Haar im Nacken und an den Seiten, die Stirn ist zum Teil bedeckt. Ausgangspunkt der Frisur ist der Wirbel.

13 Beschreiben Sie die abgebildeten Renaissance-Frisuren (ca. 1500 bis 1600).

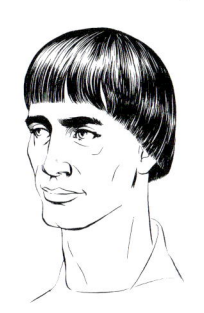

Am Vorderkopf ist das Haar der Frau glatt frisiert. Der Oberkopf ist mit einem Tuch bedeckt, das der Kopfform folgt und bis in den Nacken reicht.

Eine Girlande verziert den Übergang von Tuch und Kopfhaar. Die Seiten sind mit schulterlangen Spirallocken gestaltet.

Das Haar des Mannes ist vom Wirbel ausgehend frisiert und in Ohrenhöhe geschnitten. Die Frisur ist von einer harten inneren Umrisslinie geprägt.

14 Nennen Sie besondere Merkmale der beiden Barock-Frisuren (ca. 1600 bis 1700).

Die berühmte **Fontange-Frisur** der Damen ist symmetrisch angeordnet. Ein Drahtgestell stabilisiert das hochfrisierte Haar, in das Papilloten und Stocklocken eingearbeitet sind. Die Silhouette der Frisur wird von einem kunstvoll geformten Stoff aus gestärkter Spitze aufgenommen.

Die **Allonge-Perücke** der Männer besteht aus einer Vielzahl von Stocklocken. Sie reicht weit über den Kragen hinaus.

Die Allonge-Perücke wurde als Zeichen von Macht und Männlichkeit getragen.

GESTALTUNG

15 **Beschreiben Sie die abgebildeten Rokoko-Frisuren (ca. 1700 bis 1789).**

Die Aufbauten der Damen-Frisuren sind im Vergleich zum Barock noch gesteigert. Für den Halt der Frisur sorgen eingearbeitete Drahtgestelle und Füllmaterialien. In die so stabilisierte Frisur sind Gegenstände wie z. B. Segelschiffe (**Frisur a la „Fregatte"**) oder Vogelkäfige einfrisiert.

Der Mann trägt eine **Zopfperücke**. Der Oberkopf ist glatt, an den Seiten sind Stocklocken frisiert. Das Nackenhaar wird durch ein Band oder einen Haarbeutel gehalten.

16 **Was sind die speziellen Merkmale der klassizistischen Frisuren (ca. 1789 bis 1820)?**

Nach der Französischen Revolution verzichtet man auf die Stilelemente des Rokokos. Frisuren und Haarschmuck orientieren sich an der griechischen Antike. Die natürliche Kopfform wird wieder stärker betont.

Vom Diadem aus wird das Haar der Frau leicht wellig und lockig nach hinten frisiert. Zur Stirn und zu den Seiten trägt sie kurze, symmetrisch angeordnete Papilloten.

Der Mann trägt gelocktes Haar bis in die Stirn. Das Gesicht wird von langen Koteletten eingerahmt.

17 **Welche Gestaltungselemente charakterisieren die Frisuren des Biedermeier (ca. 1820 bis 1850)?**

Die Biedermeier-Frisuren sind symmetrisch angeordnet. Der Oberkopf ist glatt frisiert und durch unterschiedliche Scheitelformen gekennzeichnet. Die Ohrenpartie besteht aus Locken, Schnecken o. Ä. Im Bereich des Wirbels befinden sich auf dem Oberkopf schleifenartig geformte oder geflochtene Partien.

Die Männer tragen gewelltes oder gelocktes Haar, das vom Wirbel aus nach vorne frisiert ist, und lange Koteletten.

Stil- und Frisurenkunde

3.3 Multiple-Choice

1 Was gehört nicht zu den Hilfsmitteln, die zur Frisurengestaltung verwendet werden?
a) Calamistrum
b) Kandelaber
c) Onduliereisen
d) Kreppeisen

2 In welcher Stilepoche bedeckten verheiratete Frauen ihr Kopfhaar mit dem Hennin?
a) Rokoko
b) Mittelalter
c) Klassizismus
d) Renaissance

3 In welcher Epoche trugen Männer die Allonge-Perücke?
a) Ägyptisches Altertum
b) Griechisches Altertum
c) Rokoko
d) Barock

4 Welche Hilfsmittel oder Frisurenelemente wurden bei der Erstellung der Fontange-Frisur nicht eingesetzt?
a) Stocklocken
b) Papilloten
c) Drahtgestelle
d) Onduliereisen

5 In welcher Epoche wurden Gegenstände wie Vogelkäfige und Segelschiffe in die Frisur eingebaut?
a) Biedermeier
b) Klassizismus
c) Rokoko
d) Barock

6 Ein wesentliches Gestaltungselement der Biedermeierfrisur sind die ...
a) ... langen Zöpfe.
b) ... Stocklocken am Oberkopf.
c) ... glatten Seitenpartien.
d) ... unterschiedlichen Abscheitelungen, z. B. in gerader, T-, V-, Y- oder U-Form.

7 Welche Stilrichtung folgte der Renaissance?
a) Biedermeier
b) Rokoko
c) Barock
d) Klassizismus

8 Der Bubikopf war eine Kurzhaarfrisur als Zeichen der Emanzipation der Frauen. Wann wurde diese Frisur getragen?
a) Nach der Französischen Revolution
b) Im Klassizismus
c) Im Biedermeier
d) Nach dem 1. Weltkrieg

Lösungen: 1b; 2b; 3d; 4d; 5c; 6d; 7c; 8d

Wirtschafts- und Sozialkunde

1 Ausbildung im Handwerksbetrieb

1.1 Berufsausbildung

1 Nennen Sie die Vertragspartner des Berufsausbildungsvertrags.

Der **Berufsausbildungsvertrag** wird zwischen dem Ausbildenden und dem Auszubildenden abgeschlossen. Falls der Auszubildende nicht voll geschäftsfähig ist, ist die Einwilligung des gesetzlichen Vertreters erforderlich.

2 Welche Pflichten ergeben sich aus dem Ausbildungsvertrag für den Auszubildenden?

Die wichtigsten **Pflichten des Auszubildenden**
- Lernpflicht
- Berufsschulpflicht
- Weisungsgebundenheit (betriebliche Anweisungen müssen befolgt werden)
- Schweigepflicht

3 Welche Pflichten ergeben sich aus dem Ausbildungsvertrag für den Ausbildenden?

Die wichtigsten **Pflichten des Ausbildenden**
- Ausbildungspflicht
- Berufsschulpflicht (Berufsschulbesuch ermöglichen und überwachen)
- Fürsorgepflicht (Förderung der körperlichen, geistigen und charakterlichen Entwicklung; Sozialversicherungspflicht)
- Vergütungspflicht

4 Die wichtigste Pflicht des Ausbilders ist laut Berufsausbildungsvertrags die Vermittlung der beruflichen Handlungsfähigkeit.
In welchen Bestimmungen wird diese Aufgabe geregelt?

- Der **Ausbildungsrahmenplan** führt alle Fertigkeiten und Kenntnisse auf, die für das Erreichen des Berufsziels vermittelt werden müssen.
- Der Ausbildende hat auf dieser Grundlage einen **Ausbildungsplan** zu erstellen, der die sachliche und zeitliche Gliederung der Ausbildung regelt.

5 Wie kann das Berufsausbildungsverhältnis beendet werden?

- Während der Probezeit von höchstens drei Monaten kann das Ausbildungsverhältnis von beiden Seiten ohne Angabe von Gründen gelöst werden.
- Der Auszubildende kann mit einer Kündigungsfrist von vier Wochen kündigen, wenn er die Ausbildung in seinem Beruf aufgibt.
- Mit bestandener Abschlussprüfung endet das Ausbildungsverhältnis ohne Kündigung.

Ausbildung im Handwerksbetrieb

6 Nach bestandener Gesellenprüfung können Sie den Betrieb wechseln. Nach welchen Gesichtspunkten würden Sie sich den neuen Arbeitsplatz aussuchen?

Bei der Wahl eines neuen **Arbeitsplatzes** sind folgende Gesichtspunkte zu beachten:
- Image des Salons
- Bezahlung
- Betriebsklima
- Entfernung zum Wohnort

7 Welche Dokumente sollten bei einer Bewerbung um einen neuen Arbeitsplatz vorgelegt werden?

Die **Bewerbungsunterlagen** enthalten:
- Bewerbungsschreiben
- Lebenslauf mit Lichtbild
- Zeugnisse
- Nachweise über berufliche Tätigkeiten bzw. Qualifikationen

8 Was bedeutet der Begriff „duale Ausbildung"?

Die **Ausbildung** erfolgt mindestens an **zwei Lernorten**: im Betrieb und in der Berufsschule. Aus diesem Grund wird dieses Ausbildungssystem als **dual** (lat. für Zweiheit) bezeichnet.

9 Welche Aufgaben hat die überbetriebliche Ausbildung im Rahmen der Berufsausbildung?

Die überbetriebliche Ausbildung ergänzt die Berufsausbildung. Sie wird von den Innungen durchgeführt. Hier werden die Fertigkeiten besonders wichtiger Facharbeiten vertieft sowie Bereiche gelehrt, die nicht in allen Betrieben durchgeführt werden. Hierzu gehörten z. B. die Kosmetik und die Maniküre.

10 Auch nach der bestandenen Gesellenprüfung ist eine berufliche Weiterbildung notwendig. Nennen Sie hierfür einige Gründe.

Eine berufliche **Weiterbildung** im Friseurberuf ist aus folgenden Gründen zu empfehlen:
- Bessere Berufschancen
- Sicherer Arbeitsplatz
- Persönliche Zufriedenheit
- Sozialer Aufstieg (leitende Stellung, Selbstständigkeit)

1.2 Aufbau des Handwerks

11 Wie war das Handwerk im Mittelalter organisiert?

Der **Friseurberuf** ist ein Handwerksberuf. Das Handwerk hat in Deutschland eine lange Tradition. Im Mittelalter waren die Meister eines Handwerksberufs in Zünften organisiert. Die Vorgänger der Friseure, die Bader und Barbiere, waren Mitglieder der Bader- bzw. Barbierzunft.

12	**Wie ist das Handwerk heute organisiert?**	Das **Handwerk** ist fachlich (nach Berufen) und überfachlich (für alle Handwerksberufe) organisiert.
13	**Beschreiben Sie die fachliche Organisation des Handwerks.**	Die einzelnen Handwerksberufe sind zu **Innungen** und **Landesinnungsverbänden** sowie zum **Bundesinnungsverband** zusammengefasst.
14	**Erklären Sie das Wesen einer Innung.**	Eine **Innung** ist der freiwillige Zusammenschluss selbstständiger Handwerksmeister eines Berufes auf Kreisebene. Die **Friseurinnung** besteht also ausschließlich aus selbstständigen Friseurmeisterinnen und Friseurmeistern.
15	**Wie heißt der Zusammenschluss der Friseurinnungen auf Landesebene?**	Der Zusammenschluss aller Friseurinnungen auf Landesebene ist der **Landesinnungsverband für Friseure**. Der Landesinnungsverband ist Tarifpartner für die Arbeitgeberseite.
16	**Wie heißt die Organisation der Friseure auf Bundesebene?**	Der **Bundesinnungsverband der Friseure** ist der **Zentralverband des Deutschen Friseurhandwerks**. Er ist der Zusammenschluss aller Landesinnungsverbände der Friseure auf Bundesebene.
17	**Beschreiben Sie die überfachliche Organisation des deutschen Handwerks.**	Das deutsche Handwerk hat folgende überfachliche **Organisationsstruktur**: • In den **Kreishandwerkerschaften** sind alle Handwerksinnungen eines Kreises zusammengeschlossen. • Die **Handwerkskammer** ist eine behördliche Einrichtung auf Regierungsbezirksebene. Alle Handwerksbetriebe müssen Mitglied sein. • Der **Deutsche Handwerkskammertag** ist der Zusammenschluss aller Handwerkskammern Deutschlands. • Der **Zentralverband des Deutschen Handwerks** ist die Dachorganisation des deutschen Handwerks. Er vertritt die Gesamtinteressen des Handwerks.

Ausbildung im Handwerksbetrieb

18 Welche Aufgaben hat eine Friseurinnung?

Eine **Friseurinnung** hat die folgenden Aufgaben zu erfüllen:

- **Ausbilden**
  Überbetriebliche Ausbildung, Haarschneidekurse

- **Weiterbilden**
  Fachseminare, Präsentation der Modeempfehlungen

- **Prüfen**
  Durchführung der Gesellen- und Zwischenprüfungen

- **Kontrollieren**
  Überwachung der Ausbildung

- **Schlichten**
  Beilegen von Lehrlingsstreitigkeiten

19 Welche Aufgaben haben die Landesinnungsverbände der Friseure?

Die **Landesinnungsverbände** haben die folgenden Aufgaben:

- Aushandeln der Tarifverträge mit der Gewerkschaft (Vereinigte Dienstleistungsgewerkschaft, Kurzform: Ver.di)
- Erlassen der Pläne für die überbetriebliche Ausbildung
- Stellen der Prüfungsaufgaben für die theoretische Prüfung (Kenntnisprüfung) der Friseure
- Durchführen von Wettbewerben und Landesmeisterschaften

20 Nennen Sie wichtige Aufgaben des Zentralverbands des Deutschen Friseurhandwerks.

Der **Zentralverband des Deutschen Friseurhandwerks** ist für die folgenden Aufgaben zuständig:

- Entwickeln der neuen Mode im Frühjahr und Herbst eines jeden Jahres (Modeempfehlung)
- Herausgeben von Fachzeitschriften
- Vertreten der Gesamtinteressen des Friseurhandwerks

21 Welche wichtigen Aufgaben hat eine Kreishandwerkerschaft?

Die **Kreishandwerkerschaft** nimmt folgende Aufgaben wahr:

- Ausführen der Geschäfte und Verwaltungsarbeiten der Innungen
- Ausführen der von der Handwerkskammer erlassenen Vorschriften und Anordnungen

WIRTSCHAFTS- UND SOZIALKUNDE

22 Wofür ist eine Handwerkskammer zuständig?

Die **Handwerkskammer** ist für folgende Bereiche zuständig:
- Vorbereiten auf Meisterprüfungen
- Abnehmen der Meisterprüfungen
- Überwachen der Betriebe, Innungen, Kreishandwerkerschaften sowie der Gesellenprüfungen
- Schlichten von Streitigkeiten zwischen Handwerksmeistern und Kunden
- Erstellen von Gutachten für gerichtliche Auseinandersetzungen

1.3 Der Betrieb

23 Was ist im wirtschaftlichen Sinn ein Betrieb?

Ein **Betrieb** ist ein Ort, an dem Güter hergestellt bzw. Dienstleistungen erbracht werden.

24 Erklären Sie am Beispiel eines Friseursalons, wie ein Handwerksbetrieb aufgebaut ist.

In der Regel wird der **Friseurbetrieb** von einer Friseurmeisterin geleitet. Sie ist die Unternehmerin, die die gesamte Verantwortung und das Risiko trägt. Mitarbeiterinnen und Auszubildende sind ihr unterstellt.

25 Welche Unternehmensform hat ein Friseursalon in der Regel?

Ein Friseurbetrieb ist in der Regel ein **Einzelunternehmen**, für das die Friseurmeisterin mit ihrem gesamten Vermögen haftet.

26 Nennen Sie zwei weitere Unternehmensformen für einen Friseurbetrieb.

Weitere mögliche **Unternehmensformen** für Friseurbetriebe sind:
- Offene Handelsgesellschaft
- Gesellschaft mit beschränkter Haftung
- Aktiengesellschaft

27 In welchem Fall wird eine Offene Handelsgesellschaft als Unternehmensform gewählt?

Wenn z. B. zwei Friseurinnen einen Betrieb gründen wollen, so bietet sich die **Offene Handelsgesellschaft** als Unternehmensform an.

Beide Gesellschafter haften mit ihrem gesamten Vermögen.

Der Firmenname kann z. B. lauten: „Haube & Meier" oder „Haube & Co" bzw. „Haube OHG".

28	Nennen Sie die Merkmale einer GmbH.	Bei einer **Gesellschaft mit beschränkter Haftung** schließen sich mindestens zwei Personen zusammen. Sie haften nur mit einer Einlage (in die Firma eingebrachtes Geld), aber nicht mit ihrem gesamten Vermögen. Eine GmbH bietet sich als Unternehmensform für „Friseurketten" an.
29	Was ist eine Aktiengesellschaft und in welchen Fällen kann eine Umwandlung eines Friseurunternehmens in eine Aktiengesellschaft sinnvoll sein?	Eine **Aktiengesellschaft** ist eine Kapitalgesellschaft, an der die Gesellschafter mit **Aktien** (Anteilen) beteiligt sind. Die Aktien können an der Börse erworben werden. Die Aktieneigner werden durch jährliche Dividenden am Gewinn beteiligt. Bei guter Geschäftslage verdienen die Aktionäre auch am steigenden Kurswert der Aktien. Große Friseurketten können diese Unternehmensform wählen. Sie erhalten durch die Ausgabe von Aktien zusätzliches Geld für den Ausbau des Unternehmens.
30	Welche besonderen Vor- und Nachteile hat die Selbstständigkeit als Friseurmeisterin?	Aus der **Selbstständigkeit** als Einzelunternehmerin ergeben sich Vor- und Nachteile für die Friseurmeisterin. **Vorteile**: Sie hat die alleinige Geschäftsführung, den alleinigen Gewinnanspruch und darf alle Rechte allein wahrnehmen. **Nachteile**: Sie muss das Kapital für den Salon aufbringen und haftet mit ihrem gesamten Vermögen.
31	Wie lautet die Bezeichnung der Arbeitnehmervertretung in den Betrieben?	Die Vertretung der Arbeitnehmer in Betrieben ist der **Betriebsrat**.
32	Durch welches Gesetz ist die Wahl von Betriebsräten geregelt?	Das **Betriebsverfassungsgesetz** regelt die Wahl von Betriebsräten. Ein **Betriebsrat** wird in Betrieben mit mindestens fünf ständigen wahlberechtigten Arbeitnehmern gewählt. Voraussetzung für die Wählbarkeit ist eine sechsmonatige Betriebszugehörigkeit.

1.4 Multiple-Choice

1 Aus welchem Grund kann das Ausbildungsverhältnis durch den Ausbildenden gekündigt werden?
a) Kündigung wegen Leistungsschwäche
b) Kündigung wegen Nichtversetzung in der Berufsschule
c) Kündigung wegen schlechter Auftragslage
d) Kündigung wegen groben Verstoßes gegen den Ausbildungsvertrag

2 Die Berufsausbildung wird vom Staat durch Berufsausbildungsbeihilfe gefördert.
Diese Zuwendung erhalten Auszubildende, ...
a) ... die volljährig sind.
b) ... deren Ausbildungsbeihilfe unter einem bestimmten Betrag liegt.
c) ... die hohe Fahrtkosten zum Arbeitsplatz haben.
d) ... die nicht bei ihren Eltern wohnen.

3 Bei wem kann sich eine Auszubildende über Mängel in der Ausbildung beschweren?
a) Beratungslehrer in der Berufsschule
b) Berufsgenossenschaft für Gesundheitsdienst
c) Ausbildungsberater der Industrie- und Handelskammer
d) Ausbildungsberater der Handwerkskammer

4 Welche der aufgeführten Organisationen gehört zum fachlichen Aufbau des Handwerks?
a) Kreishandwerkerschaft
b) Landesinnungsverband
c) Handwerkskammer
d) Gesellenprüfungsausschuss

5 Welche Aufgabe nimmt der Landesinnungsverband wahr?
a) Aushandeln der Tarifverträge
b) Abnahme von Meisterprüfungen
c) Erarbeiten der halbjährlichen Modeempfehlung
d) Kontrolle der Ausbildungsbetriebe

6 Was gehört <u>nicht</u> zum Aufgabenbereich einer Handwerkskammer?
a) Vorbereiten auf die Meisterprüfung
b) Erstellen von Gutachten
c) Schlichten von Streitigkeiten zwischen Meistern und Kunden
d) Durchführen von Gesellenprüfungen

7 Welche Aussage ist richtig?
Die selbstständige Friseurmeisterin haftet ...
a) ... mit ihrem Geschäftsvermögen.
b) ... mit ihrem Privatvermögen.
c) ... mit ihrem Gesamtvermögen.
d) ... mit ihrem Bankguthaben.

Lösungen: 1d; 2d; 3d; 4b; 5a; 6d; 7c

2 Soziale Absicherung

2.1 Sozialversicherungen

1 Was ist allgemein gesagt die Hauptaufgabe der Sozialversicherungen?

Die **Hauptaufgabe der Sozialversicherungen** besteht darin, ihre Mitglieder für die „Wechselfälle des Lebens", wie Krankheit, Arbeitsunfälle, Arbeitslosigkeit, Altersarmut und Pflegebedürftigkeit, abzusichern.

2 Wie wurde der soziale Schutz der Menschen vor der Gründung der Sozialversicherungen gewährt?

Diese Aufgaben übernahmen **im Mittelalter** in erster Linie die Großfamilien. In der Regel lebten drei Generationen als Wohn- und Arbeitsgemeinschaft unter einem Dach.

Die Auflösung der Großfamilien im 19. Jahrhundert als Folge der industriellen Revolution führte in weiten Kreisen der Bevölkerung zu Not und Elend.

3 Welche weiteren Möglichkeiten gab es vor der Gründung der Sozialversicherungen, um den Bedürftigen zu helfen?

Kirchen und Klöster halfen den Bedürftigen. Hilfsbedürftige Handwerker wurden von den Zünften unterstützt.

4 Wann wurden in Deutschland die Sozialversicherungen gegründet?

Gegen **Ende des 19. Jahrhunderts** wurde in Deutschland ein umfangreiches Sozialversicherungssystem geschaffen, das im Prinzip bis heute existiert. Durch Reformen wurde es ständig auf die aktuellen Erfordernisse der jeweiligen Zeit abgestimmt und den finanziellen Möglichkeiten angepasst.

5 Die aktuellen Probleme der Sozialversicherungen sollen durch weitere Reformen gelöst werden.
Nennen Sie Gründe für diese Probleme.

Gründe für die heutigen Probleme der Sozialversicherungen sind:
- Steigende Zahl der Rentner
- Sinkende Zahl der jungen Menschen (Geburtenrückgang)
- Steigende Kosten für das Gesundheitssystem
- Hohe Arbeitslosigkeit
- Zunahme pflegebedürftiger Menschen

6 Nennen Sie die Sozialversicherungen.

Es gibt fünf **Sozialversicherungen:**
- Krankenversicherung
- Unfallversicherung
- Rentenversicherung
- Arbeitslosenversicherung
- Pflegeversicherung

WIRTSCHAFTS- UND SOZIALKUNDE

7 Wie hoch sind die Versicherungsbeiträge bei der gesetzlichen Krankenkasse und wer zahlt sie?

Die **Beitragshöhe** unterscheidet sich je nach Krankenversicherung, im Durchschnitt liegt sie bei ca. 14 % vom Bruttolohn.

Bis zur Höhe der Einkommensgrenze zahlt der Arbeitgeber den gesamten Betrag.

Ab der Einkommensgrenze zahlen Arbeitnehmer und Arbeitgeber je 50 %.

8 Nennen Sie die Leistungen einer gesetzlichen Krankenversicherung.

Die gesetzlichen **Krankenversicherungen** erbringen die folgenden Leistungen:

- **Gesundheitsförderung**
  Aufklärung, Beratung
- **Früherkennung**
  Krebsvorsorge, Gesundheitscheck
- **Krankenhilfe**
  Krankenpflege: Arzt, Zahnarzt, Medikamente
  Krankenhauspflege
  Krankengeld von der 7.–78. Woche
  Haushaltshilfe
- **Mutterschaftshilfe**
  Vorsorgeuntersuchungen, Betreuung, Mutterschaftsgeld
- **Familienhilfe**
  Familienangehörige sind mitversichert

9 Wer sind die Träger der Unfallversicherung?
Wer zahlt die Beiträge?

Die Träger der Unfallversicherungen sind die **Berufsgenossenschaften**.

Die Friseure sind in der Berufsgenossenschaft für Gesundheitsdienst und Wohlfahrtspflege (BGW) versichert.

Die Beiträge zahlt der Arbeitgeber.

Die Höhe der Beiträge richtet sich nach der Jahreslohnsumme des Betriebes und der Gefahrenklasse des Berufs.

10 Welche Leistungen erbringt die Unfallversicherung?

Die **Leistungen der Unfallversicherung** sind:

- Zur Verhütung von Arbeitsunfällen und Berufskrankheiten beitragen (zu den Arbeitsunfällen gehören auch Unfälle auf dem Weg von und zur Arbeit)
- Heilung von Berufserkrankungen sowie von Verletzungen durch Berufsunfälle finanzieren
- Einkommen in Form von Unfallrente, Hinterbliebenenrente und Sterbegeld sichern

11. Nennen Sie die Träger der Rentenversicherungen. Wer zahlt die Beiträge?

Die Träger der **Rentenversicherungen für Handwerker und Arbeiter** sind die Landesversicherungsanstalten (LVA).

Die Träger der **Rentenversicherung für Angestellte** ist die Bundesversicherungsanstalt für Angestellte (BfA).

Die Beitragshöhe liegt zurzeit bei 19,5 % vom Bruttolohn.

Bis zur Höhe der Einkommensgrenze zahlt der Arbeitgeber den gesamten Betrag.

Ab der Einkommensgrenze zahlen Arbeitnehmer und Arbeitgeber je 50 %.

12. Welche Leistungen erbringen die Rentenversicherungen?

Die **Rentenversicherungen** erbringen folgende Leistungen:

- Renten bei Erwerbsunfähigkeit
- Altersruhegeld
- Witwen- und Waisenrente
- Kuren zur Erhaltung und Wiederherstellung der Erwerbsfähigkeit (Rehabilitationsmaßnahmen)

13. Wer ist der Träger der Arbeitslosenversicherung?

Träger der Arbeitslosenversicherung ist die **Bundesagentur für Arbeit** in Zusammenarbeit mit den lokalen Agenturen.

Die Höhe der Beiträge beträgt zurzeit 6,5 % vom Bruttolohn.

Ab der Einkommensgrenze zahlen Arbeitnehmer und Arbeitgeber je 50 %.

14. Was sind die Hauptleistungen der Arbeitslosenversicherung?

Die wichtigsten **Leistungen der Arbeitslosenversicherung** sind:

- Verhinderung von Arbeitslosigkeit (Vermittlung, Beratung, Ausbildung, Umschulung)
- Die Zahlung von Arbeitslosengeld für 1 Jahr. Es beträgt bis zu 68 % des letzten Nettoeinkommens.

15. Welche Leistungen erbringt die Pflegeversicherung?

Die **Leistungen der Pflegeversicherung** sind:

- Pflege durch Pflegeeinrichtungen
- Pflegegeld für Pflege durch Privatpersonen
- Pflegemittel zur Erleichterung der Pflege, z. B. ein Gerät, mit dem man besser in die Badewanne steigen kann
- Zuschüsse zur Verbesserung des Wohnumfelds, z. B. für eine rollstuhlgerechte Wohnung

2.2 Arbeitslosengeld II

16 Welche Leistungen werden seit dem 1.1.2005 zum Arbeitslosengeld II zusammengefasst?

Ab dem 1.1.2005 werden die Arbeitslosenhilfe und die Sozialhilfe zum **Arbeitslosengeld II** zusammengefasst.

17 Wer hat Anspruch auf das Arbeitslosengeld II?

Anspruch auf Arbeitslosengeld II haben
- Langzeitarbeitslose, die keinen Anspruch mehr auf Arbeitslosengeld I haben und bedürftig sind,
- ehemalige Sozialhilfeempfänger.

18 Welche Leistungen umfasst das Arbeitslosengeld II?

Das Arbeitslosengeld II umfasst die folgenden **Leistungen**:
- Regelleistungen
- Unterkunftskosten
- Soziale Absicherung
- Leistungen für Mehrbedarf
- Ggf. Zuschläge

19 Wie hoch sind die Regelleistungen?

Die **Regelleistungen** sind gestaffelt:
- Allein Stehende in den alten Bundesländern erhalten zwischen 505 € (nach einem Jahr Arbeitslosigkeit) und 345 € (nach 3 Jahren Arbeitslosigkeit).
  Die entsprechenden Sätze für Ostdeutschland sind 491 bzw. 331 €.
- Für Kinder bis 14 Jahren werden davon 60 % gezahlt.
- Kinder von 15–18 Jahren bekommen 80 %.
- Der Partner erhält 90 %.

20 Welche Unterkunftskosten werden erstattet?

Unterkunftskosten werden für eine angemessene Unterkunft gezahlt. Dabei ist die Größe der Wohnung von der Anzahl der Familienmitglieder abhängig.

21 Was verstehen Sie unter „Sozialer Absicherung" im Rahmen des Arbeitslosengelds II?

Das Arbeitslosengeld II enthält auch die **Beiträge** für die folgenden **Sozialversicherungen**:
- Krankenversicherung
- Pflegeversicherung
- Rentenversicherung

22	**In welchen Fällen werden zusätzliche Leistungen erbracht?**	In besonderen Fällen werden Leistungen für **Mehrbedarf** gezahlt: • Allein Erziehende • Geburt • Behinderung • Klassenfahrten der Kinder • Erstausstattung des Haushalts
23	**Wer hat Anrecht auf Zuschläge zum Arbeitslosengeld II?**	Beim Übergang von Arbeitslosengeld I zum Arbeitslosengeld II werden für zwei Jahre Zuschläge gezahlt.
24	**Welche Einkommen oder Vermögen werden auf das Arbeitslosengeld II angerechnet?**	Hat der **Hilfsbedürftige** oder sein **Partner** Einkommen oder Vermögen, so muss er zunächst darauf zurückgreifen bzw. dieses aufbrauchen. Ein bestimmter Teil seines Vermögens gilt dabei aber als geschützt.
25	**Was verstehen Sie unter dem Begriff „geschütztes Vermögen"?**	Ein Teil des **Vermögens** wird nicht auf das Arbeitslosengeld II angerechnet; es ist geschützt. Hierzu gehören z. B. • Barvermögen (max. 13.000 €) • Vermögen zur Altersvorsorge (max. 13.000 €) • Haus bzw. Eigentumswohnung in angemessener Größe • Angemessenes Kraftfahrzeug

2.3 Individualversicherungen

26	**Welche wesentlichen Unterschiede bestehen zwischen den Sozialversicherungen und den Individualversicherungen?** **Welche Arten von Individualversicherungen gibt es?**	Die **Individualversicherungen** sind eine wichtige Ergänzung zu den Sozialversicherungen. Es besteht keine Versicherungspflicht. Die Beiträge der Individualversicherungen werden als Prämien bezeichnet, der Versicherungsschein heißt Police. Die Individualversicherungen können unterteilt werden in: • Personenversicherungen • Sachversicherungen • Haftpflichtversicherungen
27	**Nennen Sie unterschiedliche Personenversicherungen.**	Die **wichtigsten Personenversicherungen** sind: • Kapitallebensversicherung • Risikolebensversicherung • Private Krankenversicherung • Berufsunfähigkeitsversicherung

WIRTSCHAFTS- UND SOZIALKUNDE

28 Nennen Sie die wesentlichen Merkmale einer Kapitallebensversicherung.

Die **Kapitallebensversicherung** besteht aus zwei Teilen: dem Sparvertrag und der eigentlichen Lebensversicherung.

Ein Teil der geleisteten Prämien wird gespart und nach der vereinbarten Zeit mit Gewinn (Überschussanteil) ausgezahlt. Mit dem anderen Teil wird das Risiko des Ablebens abgedeckt.

Die Kapitallebensversicherung dient auch als zusätzliche private Altersversorgung.

29 Nennen Sie wesentliche Merkmale einer Risikolebensversicherung.

Bei einer **Risikolebensversicherung** wird für eine relativ niedrige Prämie das Risiko des Ablebens vor dem Ende der Laufzeit abgesichert. Überlebt der Versicherte die Laufzeit, so wird folglich kein Geld ausgezahlt.

Eine Risikolebensversicherung gilt als empfehlenswerte Absicherung für eine junge Familie.

30 Welche Leistungen erbringt eine Berufsunfähigkeitsversicherung?

Die **Berufsunfähigkeitsversicherung** versichert das Risiko einer Berufsunfähigkeit. Im Versicherungsfall wird eine monatliche Unterstützung bis zum Renteneintritt gezahlt.

Bei Abschluss der Versicherung müssen gefährliche Hobbys wie Motorsport, Reiten usw. angegeben werden.

31 Welche Individualversicherungen sollten Sie bevorzugt abschließen?

Wichtig sind alle Versicherungen, die **existenzbedrohende Risiken** abdecken. Hierzu gehören:
- Hausratversicherung
- Haftpflicht
- Risikolebensversicherung
- Berufsunfähigkeitsversicherung

32 Nennen Sie unterschiedliche Sachversicherungen.

Die wichtigsten **Sachversicherungen** sind:
- Hausratversicherung
- Gebäudeversicherung
- Kasko- und Teilkaskoversicherungen

33 Welche Risiken deckt eine Hausratsversicherung ab?

Eine **Hausratsversicherung** deckt – je nach Vertrag – die folgenden Risiken ab:
- Einbruch-Diebstahl
- Feuer
- Vandalismus
- Leitungswasser
- Glasbruch
- Sturmschäden

34	**Welche Risiken deckt eine private Haftpflichtversicherung ab?**	Eine **private Haftpflicht** reguliert alle Schäden, die einem Dritten zugefügt werden, bis zur Höhe der Versicherungssumme.
		Mitversichert sind Ehepartner und Kinder bis zum Abschluss der Berufsausbildung.
		Eine private Haftpflicht braucht **jeder**: als Privatperson, als Familienvorstand, als Mieter, als Radfahrer im Verkehr, als Sportler usw. Sie ist die wohl wichtigste aller **privaten** Versicherungen.

2.4 Multiple-Choice

1	**Welche der folgenden Abkürzungen steht für eine Krankenkasse?**	a) LVA b) BGW c) BfA d) BEK
2	**Für welche der aufgeführten Sozialversicherungen brauchen Arbeitnehmer keine Beiträge zu zahlen?**	a) Unfallversicherung b) Krankenversicherung c) Pflegeversicherung d) Arbeitslosenversicherung
3	**Welche Bedeutung hat der Begriff „Einkommensgrenze" in Bezug auf Versicherungen?**	a) Ein Wechsel in eine private Krankenkasse ist möglich, wenn das Einkommen über dieser Grenze liegt. b) Bei einem Einkommen unterhalb der Einkommensgrenze muss der Arbeitnehmer keine Beiträge für die Sozialversicherungen zahlen. c) Zuzahlungen für Hilfsmittel wie Brillen entfallen, weil das Einkommen zu niedrig ist. d) Die Kosten für den Zahnersatz werden Personen, deren Einkommen unterhalb der Grenze liegt, erstattet.
4	**Für welche Schadensfälle zahlt die gesetzliche Unfallversicherung keine Leistungen?**	a) Unfall auf dem Weg zur Arbeit b) Unfall beim Abholen eines Paketes mit Haarfarben während der Arbeitszeit c) Unfall in der Mittagspause auf dem Weg zur Vorstellung bei einem anderen Friseurbetrieb d) Unfall beim Dekorieren des Schaufensters

Wirtschafts- und Sozialkunde

5 Was ist mit „Einkommenssicherung" als Leistung der gesetzlichen Unfallversicherung gemeint?
a) Verhütung von Unfällen zur Sicherung des Einkommens
b) Heilung von Berufskrankheiten, damit die Arbeitskraft erhalten bleibt
c) Intensive Behandlung von Unfallverletzungen
d) Zahlung einer Rente für die Zeit eines verletzungsbedingten Ausfalls nach einem Betriebsunfall

6 Bei welcher Sozialversicherung ist ein Wechsel des Trägers möglich?
a) Unfallversicherung
b) Pflegeversicherung
c) Arbeitslosenversicherung
d) Krankenversicherung

7 Welche Leistungen erbringt das Arbeitslosengeld II?
a) Krankenkassenbeiträge
b) Krankenhauskosten
c) Krankenhaustagegeld
d) Beiträge für die Arbeitslosenversicherung

8 Welche der aufgeführten Versicherungen ist für eine angestellte Friseurin die wichtigste?
a) Hausratversicherung
b) Private Haftpflichtversicherung
c) Private Krankenversicherung
d) Kapitallebensversicherung

9 Welche Versicherung sollte eine junge Familie unbedingt abschließen?
a) Tierhalterhaftpflicht für den Hund
b) Kfz-Insassenversicherung
c) Vollkaskoversicherung
d) Risikolebensversicherung für den Ernährer der Familie

10 Wann wird die Risikolebensversicherung in Anspruch genommen?
a) Bei Berufsunfähigkeit
b) Bei einem Arbeitsunfall
c) Beim Ableben des Versicherten
d) Beim Ableben der Ehefrau

11 Welche Risiken deckt eine Hausratversicherung ab?
a) Leitungswasserschäden bei einem Defekt einer Wasserleitung
b) Einbruch-Diebstahl bei zugezogener Etagentür
c) Loch im Teppich durch eine brennende Zigarette
d) Einbruch in eine abgeschlossene Wohnung und Zerstörung der Möbel

Lösungen: 1d; 2a; 3b; 4c; 5d; 6d; 7a; 8b; 9d; 10c; 11d

3 Rechtsgrundlagen

3.1 Arbeitsrecht

1 Was ist der Sinn des Jugendarbeitsschutzgesetzes?

Das „Gesetz zum Schutze der arbeitenden Jugend" (**Jugendarbeitsschutzgesetz**) enthält Bestimmungen, die die Jugendlichen, also junge Menschen bis zur Vollendung des 18. Lebensjahres, vor zu starken Belastungen und vor gesundheitlichen Gefahren bei der Ausübung der Berufsarbeit schützen sollen.

2 Nennen Sie wichtige Bestimmungen des Jugendarbeitsschutzgesetzes.

Wichtige Bestimmungen des Jugendarbeitsschutzgesetzes betreffen:

- **Arbeitszeit**
  täglich 8 Stunden, 5 Arbeitstage pro Woche, Arbeitsbeginn frühestens 6 Uhr, Arbeitsschluss spätestens 20 Uhr

- **Berufsschulunterricht**
  Freistellung für den Unterricht und Anrechnung auf die Arbeitszeit

- **Pausenregelung**
  bei 4,5 bis 6 Std. Arbeitszeit: 30 Minuten Pause
  bei mehr als 6 Std. Arbeitszeit: 60 Minuten Pause

- **Freizeit**
  mindestens 12 Stunden zwischen Arbeitsende und Arbeitsbeginn

- **Urlaub**
  15-Jährige: 30 Werktage
  16-Jährige: 27 Werktage
  17-Jährige: 25 Werktage

3 An wen kann sich ein Jugendlicher bei Verstößen gegen das Jugendarbeitsschutzgesetz wenden?

Bei **Nichteinhaltung** des Jugendarbeitsschutzgesetz kann der Jugendliche

- das Gespräch mit der Friseurmeisterin suchen,
- die Friseurinnung bzw. die Handwerkskammer einschalten,
- das Amt für Arbeitsschutz und Arbeitssicherheit einschalten.

4 **Wie sind die Arbeitnehmer vor betriebsbedingten Kündigungen geschützt?**

Der **Kündigungsschutz** für Arbeitnehmer (Friseurinnen) ist nach der Dauer der Betriebszugehörigkeit unterschiedlich geregelt. Die gesetzliche Kündigungsfrist beträgt bei einer Betriebszugehörigkeit von
- weniger als 2 Jahren 4 Wochen,
- von 2–5 Jahren 1 Monat,
- von 5–8 Jahren 2 Monate,
- von 8–10 Jahren 3 Monate.

5 **Wann ist eine außerordentliche (fristlose) Kündigung gerechtfertigt?**

Eine **fristlose Kündigung** ist sowohl durch den Arbeitgeber als auch durch den Arbeitnehmer möglich, wenn schwerwiegende Gründe vorliegen.

Der Arbeitgeber kann fristlos kündigen bei Diebstahl, Arbeitsverweigerung, schweren Beleidigungen.

Der Arbeitnehmer kann fristlos kündigen bei nichterfolgter Lohnzahlung, bei körperlicher Züchtigung, schweren Beleidigungen.

6 **Auf welche Arbeitnehmerinnen bezieht sich das Mutterschutzgesetz?**

Das **Mutterschutzgesetz** gilt für alle Frauen, die in einem Beschäftigungsverhältnis stehen, also auch für Auszubildende.

7 **Nennen Sie wichtige Bestimmungen aus dem Mutterschutzgesetz.**

Wichtige **Bestimmungen des Mutterschutzgesetzes** sind:
- Verbot von körperlich schweren Arbeiten
- Verbot von Arbeiten mit gesundheitsgefährdenden Stoffen
- Verbot von Nacht-, Sonntags- und Feiertagsarbeit
- Verbot der Beschäftigung 6 Wochen vor und 8 Wochen nach der Entbindung
- Kündigungsschutz während der Schwangerschaft bis vier Monate nach der Entbindung
- Recht auf dreijährigen Erziehungsurlaub bei geichzeitigem Kündigungsschutz
- Beitragsfreie Sozialversicherung während des Erziehungsurlaubs

8 **Wer hat Anspruch auf Erziehungsgeld nach dem Erziehungsgeldgesetz?**

Anspruch auf **Erziehungsgeld** haben Eltern,
- deren Kinder bis zum 31.12.2006 geboren wurden und die in Deutschland wohnen,
- die mit den Kindern zusammenleben,
- festgelegte Einkommensgrenzen nicht überschreiten.

9	Wie lange wird Elterngeld mindestens gezahlt und wonach richtet sich seine Höhe?	Das Elterngeld wird mindestens 12 Monate gezahlt. • Normalverdiener erhalten 67 % des wegfallenden Netto-Einkommens, maximal 1.800 € im Monat. • Für Geringverdiener wird ein höherer Prozentsatz des wegfallenden Netto-Einkommens errechnet. • Eltern ohne Einkommen aus Erwerbstätigkeit erhalten den Sockelbetrag von 300 €.
10	Wie sollte bei Streitigkeiten in Bezug auf das Ausbildungsverhältnis vorgegangen werden?	Zur Lösung von **Streitigkeiten** aus dem **Ausbildungsverhältnis** sollte zunächst im Gespräch zwischen Ausbilder und Auszubildenden eine einvernehmliche Lösung angestrebt werden. Als nächstes kann der Ausbildungsberater der Innung (Lehrlingswart) und dann die Schlichtungsstelle der Handwerkskammer eingeschaltet werden.
11	Welches Gericht ist für Streitigkeiten aus Arbeitsverhältnissen zuständig?	Für Streitigkeiten aus dem Arbeitsverhältnis ist das **Arbeitsgericht** zuständig. Die übergeordneten Instanzen sind das **Landesarbeitsgericht** und das **Bundesarbeitsgericht**.

3.2 Vertragsrecht

12	Welche Bedeutung hat das Vertragsrecht für das Funktionieren des Wirtschaftslebens?	Eine wichtige Voraussetzung für das Funktionieren des gesamten Wirtschaftslebens ist das **Vertragsrecht**. Es gibt allen Beteiligten die Sicherheit, zu ihrem vertraglich festgelegten Recht zu kommen. Werden Verträge nicht eingehalten, kann die Einhaltung gerichtlich erstritten werden.
13	Welche Voraussetzung müssen die Vertragspartner beim Vertragsabschluss erfüllen?	Die Vertragspartner müssen beim Vertragsabschluss **geschäftsfähig** sein. **Geschäftsfähigkeit** ist die Fähigkeit, Rechtsgeschäfte selbstständig und gültig abzuschließen.
14	Warum hat der Gesetzgeber festgelegt, dass die Geschäftsfähigkeit schrittweise erreicht wird?	Abgeschlossene **Verträge** bedeuten immer eine **Verpflichtung**. Die Tragweite eines Vertragsabschlusses, z. B. der Kauf eines Computers, kann von Kindern und Jugendlichen noch nicht abgeschätzt werden. Deshalb hat der Gesetzgeber festgelegt, dass die Geschäftsfähigkeit schrittweise erreicht wird.

WIRTSCHAFTS- UND SOZIALKUNDE

15 **Nennen Sie die Stufen der Geschäftsfähigkeit.**

- **Geschäftsunfähig** sind
  Kinder bis zur Vollendung des 7. Lebensjahres.
  Kaufen Kinder ein, dann nur im Auftrag der Erziehungsberechtigten. Sie sind in diesem Fall nur Boten.
- **Beschränkt geschäftsfähig** sind
  Kinder und Jugendliche vom 7. bis zur Vollendung des 18. Lebensjahres.
  Für alle Rechtsgeschäfte ist die Zustimmung der Eltern erforderlich.
  Ausnahmen sind

  o alle Rechtsgeschäfte, die mit dem Taschengeld finanzierbar sind,

  o Rechtsgeschäfte, die nur rechtliche Vorteile bringen,

  o Rechtsgeschäfte, die der beschränkt Geschäftsfähige innerhalb eines eingegangenen Arbeits- oder Dienstverhältnisses abschließt.
- **Voll geschäftsfähig** sind
  Bürger ab dem 18. Lebensjahr.
  Alle Rechtsgeschäfte sind gültig, sofern sie nicht gegen die Gesetze und die guten Sitten verstoßen.

16 **Was ist ein Vertrag?**

Ein **Vertrag** ist eine übereinstimmende Willenserklärung von mindestens zwei Personen über einen Gegenstand (Kauf eines Shampoos) oder ein Recht (Ausbildung zur Friseurin).

17 **Welche Formen sind für Verträge vorgeschrieben bzw. empfehlenswert?**

Bei den Verträgen des täglichen Lebens werden zwei **Vertragsformen** unterschieden:

Formlos ist die nicht schriftliche Form eines Vertragsabschlusses. Sie wird beim Kauf von Waren des täglichen Lebens bevorzugt. Schriftliche Formen wären zu umständlich und aufwändig.

Die **schriftliche Form** ist beim Kauf hochwertiger Güter, wie z. B. beim Kauf eines Autos oder der Buchung einer Reise sinnvoll. Bei anderen Verträgen, wie z. B. Berufsausbildungsverträgen, ist die schriftliche Form vorgeschrieben.

Beim Kauf von Immobilien ist die **notarielle Form** erforderlich.

Bei besonders wichtigen Verträgen, wie z. B. Adoptionsverträgen, ist die **Mitwirkung von Zeugen und Urkundsbeamten** vorgeschrieben.

| 18 | Nennen Sie wichtige Vertragsarten, die im Friseurbereich abgeschlossen werden. | Zu den **wichtigsten Verträgen**, die im Berufsalltag des Friseurs von Bedeutung sind, gehören:
- **Berufsausbildungsvertrag**
  Vertrag zwischen Arbeitgeber (Friseurmeisterin) und Auszubildenden zur Regelung der Ausbildung
- **Arbeitsvertrag**
  Vertrag zwischen Saloninhaberin und angestellter Friseurin. Der Arbeitsvertrag kann mündlich (formlos) abgeschlossen werden, empfehlenswerter ist aber die Schriftform.
- **Kaufvertrag**
  Verkauf und Eigentumsüberlassung von Verkaufsartikeln, wie z. B. Pflegeshampoo für die Heimbehandlung
- **Werkvertrag**
  Facharbeiten des Friseurs, z. B. Haare Schneiden („Herstellung eines Werkes an fremder Sache")
- **Werklieferungsvertrag**
  Herstellung einer Perücke
- **Mietvertrag**
  Überlassen der Räume zur Einrichtung eines Salons gegen monatliches Entgelt (Miete)
- **Pachtvertrag**
  Übernehmen eines Friseurbetriebes gegen monatliches Entgelt (Pacht) |
| 19 | Wie kommt es zum Abschluss von Kaufverträgen? | Ein **Kaufvertrag** kommt durch **Kaufantrag** und durch **Annahme** des Kaufantrags zustande.

Der Kaufantrag geht in der Regel vom Verkäufer aus, indem er die Ware anbietet.

Der Kaufantrag kann auch vom Käufer ausgehen, wenn er seinen Willen erklärt, die Ware zu einem von ihm festgelegten Preis zu kaufen. |
| 20 | Welche Pflichten ergeben sich für die Vertragspartner aus dem Kaufvertrag? | Aus dem Kaufvertrag ergeben sich **Pflichten** für den Verkäufer und den Käufer:
- **Pflichten des Verkäufers**
  Übergeben der Ware und Eigentumsübertragung,
  Annahme des Kaufpreises
- **Pflichten des Käufers**
  Zahlung des Kaufpreises,
  Annahme der Ware |

WIRTSCHAFTS- UND SOZIALKUNDE

21 In welcher Form kann die Zahlung des Kaufpreises erfolgen?

Zahlungen erfolgen als Barzahlung oder als bargeldlose Zahlung.
- **Barzahlung**
  kleinere Beträge, z. B. beim Friseur, im Geschäft oder Supermarkt
- **Bargeldlose Zahlung**
  Bezahlung von Rechnungen, größere Beträge in Geschäften
  Die bargeldlose Zahlung erfolgt durch Überweisung, Abbuchungen, Dauerauftrag, EC-Karte usw.

22 Nennen Sie Vorteile der bargeldlosen Zahlung gegenüber der Barzahlung.

Die **bargeldlose Zahlung** hat gegenüber der Barzahlung Vorteile. Sie ist
- schneller und preiswerter, wenn Käufer und Verkäufer nicht am selben Ort sind,
- sicherer, weil die Gefahr der Falschgeldannahme nicht besteht,
- einfacher, weil keine zusätzlichen Quittungen ausgestellt werden müssen.

23 Wo liegen die Vorteile der Barzahlung?

Die **Barzahlung** ist sinnvoll bei
- der Bezahlung kleinerer Beträge, wie z. B. bei einem Haarschnitt,
- Käufen an Orten, wo die technischen Voraussetzungen für eine bargeldlose Zahlung nicht möglich sind, wie z. B. auf Wochenmärkten.

24 Welche Störungen können sich bei der Erfüllung des Kaufvertrags ergeben?

Es werden folgenden **Störungen** bei der Erfüllung von **Kaufverträgen** unterschieden:
- Lieferungsverzug
- Lieferung mangelhafter Ware
- Zahlungsverzug

25 Welche Rechte hat ein Friseurmeister, wenn z. B. eine Bestellung von Haarfarben mit Verspätung ausgeliefert wird?

Bei schuldhafter **Nichteinhaltung des Liefertermins** (Lieferungsverzug) kann der Käufer
- auf Erfüllung des Kaufvertrags bestehen und zusätzlich Schadenersatz verlangen,
- die Lieferung ablehnen und vom Vertrag zurücktreten,
- die Lieferung ablehnen und zusätzlich Schadenersatz verlangen.

Rechtsgrundlagen

26 Welche Rechte und Pflichten hat eine Friseurmeisterin, wenn z. B. statt der bestellten Oxidationshaarfarbe eine Intensivtönung (Mängel der Art) geliefert wurde?

Bei Lieferung **mangelhafter Ware** kann der Käufer
- vom Vertrag zurücktreten,
- Preisnachlass verlangen,
- auf Erfüllung des Kaufvertrags bestehen und zusätzlich Schadenersatz verlangen.

Die Mängelrüge muss unverzüglich erfolgen.

27 Welche Möglichkeiten hat ein Verkäufer bei nicht erfolgter Zahlung?

Bei **Zahlungsverzug** geht der Verkäufer wie folgt vor:
- Zahlungserinnerung
- 1.–3. Mahnung
- Mahnbescheid (gerichtliches Mahnverfahren)
- Zwangsvollstreckung (Pfändung)

28 Unterscheiden Sie zwischen einseitigen und zweiseitigen Rechtsgeschäften.

Verträge sind **zweiseitige Rechtsgeschäfte**. Sie kommen durch die übereinstimmende Willenserklärung von zwei Parteien zustande.
Einseitige Rechtsgeschäfte kommen durch die Willenserklärung einer Person zustande. Hierzu gehören Kündigung, Testament und Steuererklärung.

3.3 Tarifverträge

29 Nennen Sie die für den Friseurbereich zuständigen Tarifpartner.

Tarifverträge werden zwischen den Vertretern der Arbeitgeber und Arbeitnehmer abgeschlossen.
- Der **Landesinnungsverband der Friseure** vertritt die Friseurmeister.
- Die **Gewerkschaft Ver.di** vertritt die angestellten Friseurinnen.

30 Was bedeutet „Tarifautonomie"?

Die **Tarifautonomie** ist das Recht der Tarifparteien, Tarifverträge selbstständig und ohne Einmischung Dritter (wie z. B. staatlicher Organe) abzuschließen.

31 Erklären Sie den Begriff „Schlichtung".

Falls es bei den Tarifverhandlungen nicht zu einer Einigung kommt, so wird eine **Schlichtung** durch eine anerkannte Persönlichkeit (Schlichter) angestrebt. Das Ergebnis der Schlichtung ist der neue Tarifvertrag.

WIRTSCHAFTS- UND SOZIALKUNDE

32 Welche Mittel können die Tarifparteien zur Durchsetzung ihrer Ziele einsetzen?

Bei einem Arbeitskampf können die Gewerkschaften den **Streik** und die Arbeitgeber die **Aussperrung** als Kampfmittel einsetzen.
- Beim Streik legen die Arbeitnehmer die Arbeit nieder.
- Bei der Aussperrung schließen die Arbeitgeber die Betriebe und sperren die Arbeitnehmer aus.

33 Was versteht man unter einem Tarifvertrag?

Tarifverträge sind Verträge, die von den Tarifparteien abgeschlossen werden. Es werden unterschieden:
- **Lohn- und Gehaltstarifverträge**, in denen die Lohnhöhe festlegt wird
- **Manteltarifverträge**, in denen Arbeitszeit, Urlaubsdauer usw. festgelegt werden

34 Was ist ein Einzelarbeitsvertrag?

Ein **Einzelarbeitsvertrag** ist jeder Arbeitsvertrag, der zwischen einem Arbeitgeber und einem Arbeitnehmer abgeschlossen wird.

Im Friseurbereich wird er in der Regel nicht schriftlich abgeschlossen.

Es gelten, falls nichts anderes vereinbart wird, automatisch die in den Tarifverträgen festgelegten Bedingungen.

35 Wie wird ein Einzelarbeitsvertrag beendet?

Einzelarbeitsverträge enden
- bei Zeitarbeitsverträgen **nach Ablauf der vereinbarten Zeit**,
- durch **ordentliche Kündigung** unter Einhaltung der gesetzlichen Kündigungsfrist,
- durch **fristlose Kündigung** bei schwerwiegenden Gründen, wie z. B. Diebstahl.

36 Was verstehen Sie unter „Bruttolohn" und „Nettolohn"?

Die von den Tarifpartnern ausgehandelten Löhne sind **Bruttolöhne**, von denen ein Teil einbehalten wird.

Der ausgezahlte Lohn ist der **Nettolohn**.

37 Nennen Sie die Positionen, die vom Bruttolohn abgezogen werden.

Vom Bruttolohn werden **Lohnsteuer**, **Kirchensteuer**, **Solidaritätszuschlag** und der Arbeitnehmeranteil für **Sozialversicherungsbeiträge** abgezogen.

Rechtsgrundlagen

38 Was verstehen Sie unter Werbungskosten?

Unter **Werbungskosten** versteht man alle Kosten, die dem Arbeitnehmer bei der Ausübung seines Berufes entstehen. Für eine Friseurin gehören dazu:
- Ausgaben für die Fahrt zum Arbeitsplatz
- Ausgaben für Berufskleidung
- Ausgaben für Fortbildung und Fachliteratur usw.
- Ausgaben für Gewerkschaftsbeiträge

Die Werbungskosten können vom zu versteuernden Bruttolohn abgezogen werden, sodass die Steuerschuld (die zu zahlenden Steuern) niedriger wird.

3.4 Multiple-Choice

1 Wie viele Tage Jahresurlaub stehen einer 17-jährigen Auszubildenden gesetzlich zu?
a) 30 Tage
b) 27 Tage
c) 25 Tage
d) 23 Tage

2 Wer ist bei Verstößen gegen das Jugendarbeitsschutzgesetz zuständig?
a) Berufsgenossenschaft BGW
b) Obermeister/Obermeisterin der Friseure
c) Lehrlingswart der Friseurinnung
d) Ordnungsamt

3 Welcher Grund kann zur fristlosen Kündigung des Arbeitnehmers führen?
a) Schlechte Betriebsauslastung
b) Einstellung eines neuen Mitarbeiters mit niedrigerer Lohngruppe
c) Arbeitsverweigerung
d) Reklamationen aufgrund schlechter Arbeit

4 In welchem Gesetz sind die Bestimmungen für das Erziehungsgeld geregelt?
a) Mutterschutzgesetz
b) Jugendarbeitsschutzgesetz
c) Berufsausbildungsgesetz
d) Bundeserziehungsgeldgesetz

5 Welche Aussage ist richtig?
a) Ein 6-jähriges Mädchen kann im Rahmen seines Taschengeldes Geschäfte gültig abschließen.
b) Ein 16-jähriger Junge kann sich von seinem Konfirmationsgeld eine Zimmereinrichtung kaufen.
c) Ein 17-jähriges Mädchen kann sich vom Taschengeld einen Hund kaufen.
d) Ein 16-jähriges Mädchen kann sich vom Taschengeld einen CD-Player kaufen.

Wirtschafts- und Sozialkunde

6 Eine Kundin lässt sich die Haare färben. Welcher Vertrag liegt vor?
a) Kaufvertrag
b) Werkvertrag
c) Werklieferungsvertrag
d) Arbeitsvertrag

7 Ein Kaufvertrag kann angefochten werden, wenn …
(2 richtige Antworten)
a) … ein Irrtum vorliegt.
b) … man den gekauften Gegenstand nicht benötigt.
c) … der Käufer arglistig getäuscht wurde.
d) … der Artikel bei der Konkurrenz billiger ist.

8 Kaufverträge können von vorneherein nichtig sein.
Welcher der vorliegenden Verträge ist <u>nicht</u> ungültig?
a) Es liegt ein Scherzgeschäft vor.
b) Der Vertrag verstößt gegen die guten Sitten.
c) Die gesetzlich vorgeschriebene Form wird nicht eingehalten.
d) Die Eltern stimmen dem Kauf eines Jugendlichen im Rahmen seines Taschengeldes nicht zu.

9 Bei der Lieferung mangelhafter Ware kann der Kunde nicht …
a) … einen Preisnachlass verlangen.
b) … die Zahlung verweigern.
c) … Schadenersatz verlangen.
d) … vom Vertrag zurücktreten.

10 Wann liegt ein einseitiges Rechtsgeschäft vor?
a) Kauf im Supermarkt ohne Bedienung
b) Kauf am Automaten
c) Kauf im Internet
d) Kündigung bei Einhaltung der Kündigungsfrist

11 Beim Abschluss von Tarifverträgen wird die Arbeitgeberseite der Friseure vertreten von …
a) … ausgewählten Friseurbetrieben.
b) … Friseurinnungen.
c) … dem Landesinnungsverband.
d) … dem Bundesinnungsverband.

12 Welche Organisation vertritt die angestellten Friseurinnen bei den Tarifabschlüssen?
a) Gesellenvertretung der Innungen
b) Gewerkschaft Ver.di
c) Verband der Haarformer
d) Gewerkschaft Erziehung und Wissenschaft

Lösungen: 1c; 2d; 3c; 4d; 5d; 6b; 7a+c; 8d; 9d; 10d; 11c; 12b

4 Volkswirtschaftliche Grundlagen

4.1 Bedürfnisse, Güter

1 Erklären Sie den Begriff „Bedürfnis" im volkswirtschaftlichen Sinn.

Unter einem **Bedürfnis** versteht man ein Gefühl des Mangels. Wichtige Bedürfnisse sind Hunger und Durst. Sie müssen durch Essen und Trinken befriedigt werden.

Die menschlichen Bedürfnisse sind die Triebfeder allen Wirtschaftens.

2 Welche Arten von Bedürfnissen kennen Sie?

Es gibt **unterschiedliche Bedürfnisse**:
- **Existenzbedürfnisse**
  Wunsch nach Nahrung, Kleidung, Wohnung
- **Kulturbedürfnisse**
  Wunsch nach Musik, Theater, Literatur
- **Luxusbedürfnisse**
  Wunsch nach hochwertigen Gütern und Dienstleistungen

3 Was verstehen Sie unter dem Begriff „Bedarf"?

Unter **Bedarf** versteht man das konkretisierte Bedürfnis.

So hat z. B. eine Kundin das Bedürfnis gut zu riechen. Entschließt sie sich, dieses Bedürfnis zu befriedigen, entsteht daraus ein Bedarf an Parfüm oder anderen Duftstoffen.

4 Definieren Sie den Begriff „Güter".

Mit **Gütern** werden **Bedürfnisse befriedigt**.

5 Unterscheiden Sie die verschiedenen Güter.

Güter werden zunächst in zwei Gruppen unterteilt: in **freie Güter** und **Wirtschaftsgüter**.

Freie Güter sind im Überfluss vorhanden, wie z. B. Luft.

Wirtschaftsgüter sind knapp und gegen Kosten erhältlich. Deshalb muss mit ihnen wirtschaftlich umgegangen werden.

Wirtschaftsgüter werden unterschieden in:
- Sachgüter
- Dienstleistungen
- Rechte

Sachgüter werden nach ihrer Verwendung unterteilt in:
- Konsumgüter
- Produktivgüter

Sachgüter werden nach der Häufigkeit ihrer Nutzbarkeit unterteilt in:
- Gebrauchsgüter
- Verbrauchsgüter

WIRTSCHAFTS- UND SOZIALKUNDE

6	Was sind Konsumgüter?	**Konsumgüter** sind Güter, die der Endverbraucher für den privaten Bereich verwendet, wie z. B. Lebensmittel, Shampoo, Haarspray.
7	Erklären Sie den Begriff „Produktionsgut".	**Produktionsgüter** werden zur Herstellung von Gütern und Dienstleistungen benötigt. Hierzu gehören z. B. Werkzeuge und Präparate.
8	Definieren Sie den Begriff „Gebrauchsgut".	Ein **Gebrauchsgut** kann mehrfach verwendet werden, wie z. B. Bücher, Kleidung usw.
9	Erklären Sie den Begriff „Verbrauchsgut".	Ein **Verbrauchsgut** lässt sich nur einmal nutzen, wie z. B. Lebensmittel, Haarfarbe, Haarspray usw.
10	Wie wird die Summe aller Güter einer ganzen Volkswirtschaft, die innerhalb eines Jahres hergesellt werden, bezeichnet?	Die Summe aller Waren und Dienstleistungen (produktive Leistung) einer Volkswirtschaft eines Jahres wird als **Bruttoinlandsprodukt** bezeichnet.

4.2 Geld

11	Beschreiben Sie, wie Geld entstanden ist.	Ursprünglich wurde **Ware** gegen Ware getauscht. Sehr bald setzten die Menschen **Zwischengüter** wie Perlen, Muscheln, Felle usw. zum Tausch ein. Diese Güter waren relativ leicht, gut zu transportieren, nicht verderblich und von hohem Wert. Aus diesen Tauschmitteln entwickelte sich das **Geld**.
12	Was war das erste echte Geld?	Das erste echte Geld war das **Metallgeld**. Münzen aus Gold und Silber wurden eingeführt. Der Geldwert entsprach dem Materialwert.
13	Wie wurde der Wert des Papiergeldes garantiert?	**Papiergeld** war ein Papierschein, auf dem ein Geldbetrag eingetragen war. Der Gegenwert lag in Form von Goldreserven in den Tresoren der Staatsbanken. Die gesamte Geldmenge eines Staates war durch Gold gedeckt.
14	Welche Geldform hat sich heute neben Münzen und Papiergeld durchgesetzt?	In der heutigen Wirtschaft spielt das **Buchgeld** eine wichtige Rolle. Beispiele hiefür sind der Scheck, elektronische Überweisungen mit dem Internet, Bezahlung mit Scheckkarten, Abbuchungen usw.

Volkswirtschaftliche Grundlagen

15 Nennen Sie die Aufgaben des Geldes.

Geld nimmt vier wichtige **Aufgaben** wahr. Es dient als
- Tauschmittel,
- gesetzliches Zahlungsmittel,
- Wertmesser (Wertmaßstab),
- Wertaufbewahrungsmittel.

16 Was bedeutet der Satz „Geld ist ein Tauschmittel"?

Geld ist ein **Tauschmittel**, weil es gegen Waren und Dienstleistungen getauscht werden kann. Das heißt: Mit Geld kann man Güter kaufen.

17 Was bedeutet der Ausdruck „Geld ist ein gesetzliches Zahlungsmittel"?

„Geld ist ein **gesetzliches Zahlungsmittel**" bedeutet, dass es zur Tilgung von Schulden angenommen werden muss. Der Verkäufer einer Ware kann auf Bezahlung in der Landeswährung bestehen.

18 Inwiefern ist Geld ein Wertmesser?

Geld dient als **Wertmesser**, wenn der Wert von Gütern angegeben werden soll.

Der Wert eines Friseursalons einschließlich Einrichtung, Werkzeugen und Waren kann mithilfe des Geldes berechnet und ausgedrückt werden.

19 Erklären Sie, inwiefern Geld als Wertaufbewahrungsmittel dient.

Geld dient als **Wertaufbewahrungsmittel**, weil es im Gegensatz zu den meisten Gütern gut aufbewahrt werden kann. Es nimmt wenig Platz ein und verdirbt nicht.

Zur Aufbewahrung bieten sich viele sichere und Gewinn bringende Formen an:
- Sparbuch
- Sparbriefe
- Bausparen
- Bundesanleihen
- Wertpapiere

20 Von welchen Faktoren ist der Wert des Geldes abhängig?

Der **Wert des Geldes** ergibt sich aus dem **Verhältnis der Geldmenge zur Gütermenge**.

Das Verhältnis von Geld- und Gütermenge muss konstant sein, wenn der Geldwert stabil bleiben soll.

Bei einer Veränderung der Gütermenge eines Landes muss die Geldmenge angepasst werden. Hiefür ist im Euro-Gebiet die **EZB**, die **Europäische Zentralbank**, zuständig.

21	Was versteht man unter der Kaufkraft des Geldes?	Die **Kaufkraft** des Geldes wird durch die Menge der Waren und Dienstleistungen bestimmt, die man für einen bestimmten Betrag erhält.
22	Was ist eine Inflation?	Eine **Inflation** liegt vor, wenn aufgrund einer stärkeren Zunahme der Geldmenge die Preise steigen, die Kaufkraft des Geldes also sinkt.
23	Was bedeutet „Deflation"?	Bei einer **Deflation** ist die Wirtschaft nicht genügend mit Geld versorgt. Die Preise sinken, die Kaufkraft des Geldes steigt.
24	Mit welcher Maßnahme wird die Geldmenge am effektivsten reguliert?	Die wirkungsvollste Methode zur Regulierung der Geldmenge ist die **Diskontpolitik** (Zinspolitik).
25	Erklären Sie den Mechanismus der Diskontpolitik.	Banken und Sparkassen müssen sich bei der Bundesbank mit Geld versorgen, wenn sie größere Kredite geben wollen. Hierfür müssen auch sie Zinsen zahlen. Der Zinssatz für diese Kredite ist der **Diskontsatz**. Wird der Diskontsatz erhöht, müssen die Banken auch höhere Zinsen von ihren Kunden nehmen. Die Kunden leihen sich weniger Geld, die Geldmenge steigt nicht so stark, der Geldwert bleibt stabil. Wird der Diskontsatz gesenkt, so werden die Kredite billiger, die Kunden leihen sich mehr Geld, die Geldmenge wird vermehrt. Es kann mehr gekauft werden, die Wirtschaft wird angekurbelt. Die größere Geldmenge kann auch Preissteigerungen zur Folge haben. Dann wird durch Erhöhung des Diskontsatzes wieder gegengesteuert.

4.3 Ziele der Wirtschaftspolitik

26	Welche Hauptziele hat die Wirtschaftspolitik?	Die **Wirtschaftspolitik** strebt die folgenden **Ziele** an: • Geldwertstabilität • Vollbeschäftigung • Wirtschaftswachstum • Ausgeglichene Zahlungsbilanz
27	Wann wird der Geldwert als stabil bezeichnet?	Unter **Geldwertstabilität** versteht man ein stabiles Preisniveau, wobei ein geringer Preisanstieg von 1–1,5 % noch als preisstabil bezeichnet wird.

Volkswirtschaftliche Grundlagen

28	Was bedeutet „Vollbeschäftigung"?	**Vollbeschäftigung** bedeutet, dass alle, die in der Lage sind zu arbeiten, einen Arbeitsplatz haben bzw. finden. Auch bei einer geringfügigen „Sockelarbeitslosigkeit" von Betroffenen, die nicht vermittelbar sind, spricht man noch von Vollbeschäftigung.
29	Wann spricht man von einem Wirtschaftswachstum?	**Wirtschaftswachstum** bedeutet, dass der Wert der in einer Volkswirtschaft produzierten Güter und Dienstleistungen jährlich zunimmt.
30	Wann liegt eine ausgeglichene Zahlungsbilanz vor?	Die **Zahlungsbilanz** ist ausgeglichen, wenn der Wert der eingeführten (importierten) Güter und Dienstleistungen dem der ausgeführten (exportierten) Güter und Dienstleistungen entspricht.
31	Nennen Sie weitere Ziele der Wirtschaftspolitik.	Zu den klassischen Zielen der Volkswirtschaftslehre gibt es noch zwei **weitere Ziele**: • Erhaltung der Umwelt • Gerechte Einkommensverteilung
32	Warum wird das gleichzeitige Erreichen aller Wirtschaftsziele auch als magisches Vieleck bezeichnet?	Das gleichzeitige Erreichen aller Wirtschaftsziele würde an Zauberei (**Magie**) grenzen, da es prinzipiell nicht möglich ist.
33	Erklären Sie, warum z. B. die Ziele „Wirtschaftswachstum" und „Erhalt der Umwelt" nicht gleichzeitig zu erreichen sind.	Ein **Wirtschaftwachstum** bedeutet, dass zusätzliche Produktionsstätten und Straßen gebaut werden müssen und mehr Energie verbraucht wird. Dabei wird Grund und Boden bebaut und die Umwelt belastet.

4.4 Konjunktur

34	Was versteht man unter dem Begriff „Konjunktur"?	Die **Konjunktur** ist die wirtschaftliche Gesamtlage einer Volkswirtschaft. Sie ist durch ein ständiges Auf und Ab der Wirtschaftsdaten gekennzeichnet. Die grafische Darstellung dieser Wirtschaftsdaten ergibt eine wellenförmige Linie, die typisch für den Konjunkturverlauf ist. (Eine grafische Darstellung des Konjunkturverlaufs finden Sie auf Seite 292.)

35 Nennen Sie die Phasen des Konjunkturverlaufs.

Das **Konjunkturtief** (Depression) liegt im Wellental. Es liegen die schlechtesten Wirtschaftsdaten vor.

Im **Konjunkturaufschwung** (Expansion) beginnt die Wirtschaft wieder zu wachsen.

In der **Hochkonjunktur** (Boom) läuft die Produktion auf Hochtouren.

Der **Konjunkturabschwung** (Rezession) wird durch Überproduktion und Absatzrückgang eingeleitet. Er führt schließlich zu einem neuen Konjunkturtief.

---

36 Welche Aufgaben hat die Konjunkturpolitik bei einer Hochkonjunktur?

Das Ziel der **staatlichen Konjunkturpolitik** liegt darin, durch Entgegensteuern eine starke Überhitzung der Konjunktur und ein Abrutschen der Konjunktur in eine Rezession zu vermeiden.

---

37 Nennen Sie staatliche Maßnahmen zur Überwindung eines konjunkturellen Tiefs.

Bei einem **Konjunkturtief** muss die Wirtschaft angekurbelt werden. Die Maßnahmen sollen vorrangig **Nachfrage** nach Gütern fördern, z. B. durch

- Erhöhung der Staatsausgaben,
- Senkung der Steuern,
- Verbilligung der Kredite (Senkung des Diskontsatzes).

4.5 Wirtschaftsordnung, Marktformen

38 Welche Wirtschaftsordnungen kennen Sie?

Im Wesentlichen werden **drei Wirtschaftsordnungen** unterschieden:

- Soziale Marktwirtschaft
- Freie Marktwirtschaft
- Sozialistische Planwirtschaft

---

39 Nennen Sie wesentliche Merkmale der Sozialen Marktwirtschaft.

Die **Soziale Marktwirtschaft** ist die Wirtschaftsordnung der Bundesrepublik Deutschland. Wesentliche Merkmale sind:

- Die Betriebe sind vorwiegend in Privatbesitz.
- Sie wirtschaften eigenverantwortlich.
- Der Staat schützt durch entsprechende Gesetzgebung die sozial Schwachen vor Armut und Not.
- Die Preise ergeben sich aus Angebot und Nachfrage. Bei steigender Nachfrage steigen die Preise, bei sinkender Nachfrage fallen sie.

Volkswirtschaftliche Grundlagen

40 Was sind wesentliche Merkmale einer Freien Marktwirtschaft?

Die **Freie Marktwirtschaft** war die vorherrschende Wirtschaftsordnung des Kapitalismus im 19. Jahrhundert.
- In der freien Marktwirtschaft waren die Betriebe in Privatbesitz. Sie wirtschafteten eigenverantwortlich.
- Angebot und Nachfrage regelten die Wirtschaftsabläufe.
- Die sozial Schwachen lebten in Not und Elend.
- Die Preise ergaben sich aus Angebot und Nachfrage.

41 Nennen Sie wesentliche Merkmale einer Sozialistischen Planwirtschaft.

Die **Sozialistische Planwirtschaft** ist die Wirtschaftsordnung kommunistischer Diktaturen.
- Produktionsbetriebe sind in staatlicher Hand. Der Staat plant die gesamten wirtschaftlichen Vorgänge.
- Die Arbeitnehmer sind sozial abgesichert.
- Die Planwirtschaft führt in den meisten Fällen zum wirtschaftlichen Niedergang.
- Die Preise werden staatlich festgelegt.

42 Welche Marktformen kennen Sie?

Je nach der Anzahl der am Markt beteiligten Anbieter und Nachfrager werden **drei Marktformen** unterschieden:
- **Monopol**
  nur ein Anbieter oder Nachfrager
- **Oligopol**
  wenige große Anbieter
- **Polypol**
  Vielzahl von Anbietern und Nachfragern

43 Welche Marktform ist in der sozialen Marktwirtschaft erstrebenswert?

Das **Polypol**, das auch als **vollkommene Konkurrenz** bezeichnet wird, ist die beste Marktform für die Verbraucher. Sie garantiert marktgerechte Preise und die beste Versorgung der Marktteilnehmer.

44 Nennen Sie ein Beispiel für ein Oligopol.

Ein Beispiel für ein **Oligopol** sind die Tankstellennetze, die im Besitz von wenigen Gesellschaften sind. Hier kann es zu Preisabsprachen kommen.

45 Welche Nachteile haben Monopole für die Verbraucher?

Bei einem **Monopol** ist ein einziger Anbieter (oder Nachfrager) ohne Konkurrenz. Der Monopolist kann seinen Gewinn auf Kosten der restlichen Marktteilnehmer maximieren.

4.6 Multiple-Choice

1 **Welche Aussage ist richtig?**

a) Luft ist kein Gut, weil es kostenlos zur Verfügung steht.
b) Ein Haarschnitt ist als Dienstleistung ein Gut.
c) Ein bereits oxidierter Farbbrei ist ein Gut, weil er Geld gekostet hat.
d) Eine Zigarette ist kein Gut, weil Rauchen ungesund ist.

2 **Welche Aussage ist <u>nicht</u> richtig?**

a) Haarspray ist ein Verbrauchsgut.
b) Haarspray ist ein Produktionsgut.
c) Haarspray ist ein Gebrauchsgut.
d) Haarspray ist ein Konsumgut.

3 **Was bedeutet der Satz „Geld ist ein gesetzliches Zahlungsmittel"?**

a) Der Verkäufer muss die Landeswährung annehmen.
b) Geldscheine sind auf Echtheit geprüft.
c) Nur mit dem gesetzlichen Zahlungsmittel (Euro in der Eurozone) darf bezahlt werden.
d) Auch eine andere als die Landeswährung wird beim Kauf als Zahlungsmittel akzeptiert.

4 **Von welchen Faktoren ist der Geldwert abhängig?**

a) Vom Vertrauen der Bevölkerung in das Geld
b) Vom Anteil des Einkommens, der gespart wird
c) Vom Verhältnis der Geld- zur Gütermenge eines Staates
d) Vom Anteil des Geldes, das ausgegeben wird

5 **Bei einer Inflation …**

a) … steigt der Geldwert.
b) … sinkt der Geldwert.
c) … nimmt die Gütermenge stärker zu als die Geldmenge.
d) … ist die Geldmenge in einer Wirtschaft zu gering.

6 **Wie entwickelt sich das Preisniveau, wenn der Diskontsatz erhöht wird?**

a) Dies hat keine Auswirkungen auf das Preisniveau.
b) Die Preise steigen, weil die Zinsen erhöht werden.
c) Die Preise steigen nicht, weil die Geldmenge nicht steigt.
d) Die Diskonterhöhung wirkt sich nicht auf den Geldwert aus.

Volkswirtschaftliche Grundlagen

8 Was ist kein Ziel der Wirtschaftspolitik?
a) Vollbeschäftigung
b) Wirtschaftswachstum
c) Ausgeglichene Zahlungsbilanz
d) Steigender Geldwert

8 Welcher Begriff steht für Konjunkturaufschwung?
a) Expansion
b) Depression
c) Rezession
d) Boom

9 Durch welche Maßnahme kann die Konjunktur angekurbelt werden?
a) Erhöhung der Mehrwertsteuer
b) Erhöhung der Einkommenssteuer
c) Senkung der Staatsausgaben
d) Senkung der Steuern

10 Wie wird die Wirtschaftsordnung der Bundesrepublik Deutschland bezeichnet?
a) Kapitalismus
b) Freie Marktwirtschaft
c) Planwirtschaft
d) Soziale Marktwirtschaft

11 In der Sozialen Marktwirtschaft werden die Preise durch Angebot und Nachfrage bestimmt. Wie entwickeln sich die Preise von Gütern bei einem höheren Angebot?
a) Die Preise steigen.
b) Die Preise sinken.
c) Die Preise verändern sich nicht.
d) Das Preisniveau steigt.

12 Welche Marktform sorgt für optimale Versorgung der Verbraucher mit Gütern bei marktgerechten Preisen?
a) Monopol
b) Oligopol
c) Polypol
d) Staatsmonopol

Lösungen: 1b; 2c; 3a; 4c; 5b; 6c; 7d; 8a; 9d; 10; 11b; 12c

Angewandte Mathematik

1 Basisrechnen

1.1 Grundrechnen

1 Die folgende Aufstellung zeigt die an einem Tag in einem Friseursalon genutzten Geräte, deren Leistung und deren durchschnittliche Betriebsdauer.

2 Klimazongeräte je 1.200 W je 6 Std
5 Hauben   je 520 W je 2,5 Std
6 Föhne   je 750 W je 3,5 Std
9 Lampen   je 100 W je 10,5 Std

Der Preis für eine kWh beträgt inklusive Steuern und Nebenkosten 20,3 Cent.

Berechnen Sie die Stromkosten für einen Tag.

$2 \cdot 1{,}2$ kW $\cdot$ 6 h = 14,4 kWh
$5 \cdot 0{,}52$ kW $\cdot$ 2,5 h = 6,5 kWh
$6 \cdot 0{,}75$ kW $\cdot$ 3,5 h = 15,75 kWh
$9 \cdot 0{,}1$ kW $\cdot$ 10,5 h = 9,45 kWh
Gesamtverbrauch   46,1 kWh
$46{,}1 \cdot 0{,}203$ € = **9,36 €**

---

2 Das Kopfhaar wächst täglich 0,03 cm. Nach wie vielen Tagen erscheint ein Kunde wieder zum Haare Schneiden, wenn das Haar seit dem letzten Haarschnitt um 0,96 cm gewachsen ist?

Die Gesamtlänge wird durch die Wachstumslänge pro Tag geteilt.

0,96 cm : 0,03 cm/Tag = **32 Tage**

---

3 Für eine Haarwäsche werden durchschnittlich 9,5 Liter Wasser verbraucht. Im Monat April wurden insgesamt 320 Haarwäschen ausgeführt. Der Preis für Wasser beträgt einschließlich Mehrwertsteuer 1,49 €/m³. Für das Abwasser fallen Kosten von 1,66 €/m³ an.

Wie hoch sind die Wasserkosten für die Haarwäschen in diesem Monat?

$320 \cdot 9{,}5 = 3.040$ Gesamtverbrauch in Litern
1.000 l = 1 m³ l
3.040 l = 3,040 m³ Verbrauch
1,49 €/m³ + 1,66 €/m³ = 3,15 € Gesamtkosten pro m³ Wasser
$3{,}040 \cdot 3{,}15 = $ **9,58 € Wasserkosten pro Monat**

---

4 Das Schaufenster eines Friseursalons ist durchschnittlich 12 Stunden pro Tag beleuchtet. Die 6 Strahler haben eine Leistung von je 60 Watt. Wie hoch sind die Jahreskosten für die Fensterbeleuchtung bei einem kWh-Preis von 20,2 Cent inklusive Mehrwertsteuer?

$6 \cdot 0{,}060$ kW $\cdot$ 12 h
= 4,32 kWh Tagesverbrauch
4,32 kWh $\cdot$ 365 (Tage pro Jahr)
= 1.576,8 kWh Jahresverbrauch
$1.576{,}8 \cdot 0{,}202$ € = **318,51 € Jahreskosten**

5 Eine Friseurmeisterin erhält von ihrem Lieferanten einen Bonus von 5 %, wenn sie im Kalenderjahr für mindestens 2.500 € Waren bestellt. Bisher hat sie folgende Bestellungen getätigt:

Bestellungen: 15. 02. 235,00 €
06. 04. 735,60 €
28. 05. 318,45 €
16. 10. 643,78 €

Für wie viel Euro muss sie in diesem Kalenderjahr noch Waren bestellen, um den Bonus zu erhalten?

```
   235,00 €
+ 735,60 €
+ 318,45 €
+ 643,78 €
```
1.932,83 € bisherige Bestellungen
2.500 € − 1.932,83 € = **567,17 €**
noch zu erfolgender Bestellwert

1.2 Dreisatzrechnen

Einführung

Der Dreisatz ist die wichtigste Rechenart im beruflichen Bereich einer Friseurin. Mit dem Dreisatz können auch die nachfolgenden Prozentaufgaben gerechnet werden.

Lösung einer Dreisatzaufgabe

Ein Karton mit 24 Flaschen Festiger kostet 15,60 €. Wie viel kosten 7 Flaschen?

Zunächst wird der Lösungsansatz formuliert, d. h., die Aufgabe wird geordnet niedergeschrieben, wobei der gesuchte Wert rechts unten steht.

Lösungsansatz 24 Flaschen ≙ 15,60 €   *Aussagesatz*
7 Flaschen ≙   x   *Fragesatz*

Lösung mit dem Dreisatz (das Ergebnis wird in drei Sätzen ermittelt)

1. Aussagesatz Der Aussagesatz wird aus dem Lösungsansatz übernommen:

24 Flaschen ≙ 15,60 €

2. Mittelsatz Es wird immer auf die einfache Anzahl (hier 1 Flasche) geschlossen:

$$1 \text{ Flasche} \triangleq \frac{15{,}60 \text{ €}}{24}$$

3. Schlusssatz (Lösungsbruch) Es wird auf die gesuchte Mehrzahl (hier 7 Flaschen) geschlossen:

$$7 \text{ Flaschen} \triangleq \frac{15{,}60 \text{ €} \cdot 7}{24}$$

Durch Ausrechnen des Lösungsbruchs erhält man die Lösung:

x = **4,55 €**

Ergebnis: 7 Flaschen Festiger kosten **4,55 €**.

Die drei Schritte des Dreisatzes müssen nicht schriftlich erfolgen. Zur Vereinfachung werden der Ansatz, bestehend aus dem Aussagesatz und dem Fragesatz, und der Lösungsbruch direkt niedergeschrieben.

Angewandte Mathematik

1 Eine Dose Blondierpulver zu 500 ml kostet 5,60 €. Wie hoch ist der Materialpreis für 60 ml Blondierpulver?

Aussagesatz: 500 ml kosten 5,60 €
Fragesatz: 60 ml kosten x

Lösungsbruch: $x = \dfrac{5{,}60\ € \cdot 60}{500}$

Ergebnis: x = 0,67 €

---

2 Der Inhalt einer 0,5-Liter-Flasche Spülung reicht durchschnittlich für 30 Behandlungen. Für wie viele Spülungen reicht eine Flasche mit 1/5 Liter Spülung?

500 ml ≙ 30 Behandlungen
200 ml ≙ x Behandlungen

$x = \dfrac{30 \cdot 200}{500}$

x = 12 Behandlungen

---

3 Für 8 Tuben Haarfarbe zahlt eine Meisterin 34,80 €. Wie hoch ist der Rechnungsbetrag für 15 Tuben?

8 Tuben ≙ 34,80 €
15 Tuben ≙ x

$x = \dfrac{34{,}80\ € \cdot 15}{8}$

x = 65,25 €

---

4 Die Friseurinnen eines Salons sind am Verkaufsumsatz beteiligt. Petra erzielt einen Umsatz von 645 € und erhält dafür eine Verkaufsprovision von 20,96 €. Wie hoch ist ihr Verkaufsumsatz, wenn sie im folgenden Monat 24,12 € Provision erhält?

20,96 € Provision ≙ Umsatz von 645,00 €
24,12 € Provision ≙ Umsatz von x

$x = \dfrac{645{,}00\ € \cdot 24{,}12}{20{,}96}$

x = 742,24 €

---

5 Der Anteil an Kräutern in einer 250-ml-Flasche eines Kräutershampoos beträgt 2,2 g. Wie viel g Kräuter sind in einer Flasche mit einem Inhalt von 75 ml enthalten?

250 ml ≙ 2,2 g Kräuter
75 ml ≙ x

$x = \dfrac{2{,}2\ g \cdot 75}{250}$

x = 0,66 g

2 Prozentrechnen

2.1 Einführung

Beim Prozentrechnen wird jeweils einer der folgenden Werte gesucht:

- **Der Grundwert (Gw)** ist das Ganze. Er entspricht immer 100 %.
  100 % ≙ Gw **(Aussagesatz beim Dreisatz)**
- **Prozentwert (Pw)** ist ein Anteil vom Grundwert. Er entspricht dem
- **Prozentsatz (Ps)**, der in Prozent angegeben ist.
  Ps ≙ Pw **(Fragesatz beim Dreisatz)**

Lösung mit dem Dreisatz:

$$100\,\% \,\widehat{=}\, Gw$$
$$Ps \,\widehat{=}\, Pw$$

Lösungsbruch:

$$Pw = \frac{Gw \cdot Ps}{100}$$

Durch Umstellen des Lösungsbruchs erhält man die Grundgleichung des Prozentrechnens:

$$Gw \cdot Ps = Pw \cdot 100$$

Sie wird jeweils nach dem gesuchten Wert umgestellt:

$$Pw = \frac{Gw \cdot Ps}{100}$$

$$Ps = \frac{Pw \cdot 100}{Gw}$$

$$Gw = \frac{Pw \cdot 100}{Ps}$$

Prozentaufgaben können entweder mit dem Dreisatz oder der Prozentformel gelöst werden.

2.2 Berechnen des Prozentwerts

1 Die Vergütung einer Auszubildenden beträgt 410,00 €. Das Gehalt wird um 4,5 % erhöht. Wie viel Euro verdient sie nach der Erhöhung?
Lösen Sie die Aufgabe mit dem Dreisatz.

Lösung mit dem Dreisatz

$$100\,\% \,\widehat{=}\, 410\,€$$
$$4,5\,\% \,\widehat{=}\, x$$

$$x = \frac{410\,€ \cdot 4,5}{100}$$

$$x = 18,45\,€$$

neue Vergütung: 428,45 €

ANGEWANDTE MATHEMATIK

2 Eine Kundin hat einen Weißanteil von 12 %. Wie viele ihrer 105.000 Haare sind unpigmentiert?
Lösen Sie die Aufgabe mit der Prozentformel.

Lösung mit der Prozentformel
Gw = 105.000 Haare
Ps = 12 %
Pw = x

$$Pw = \frac{Gw \cdot Ps}{100} \qquad Pw = \frac{105.000 \cdot 12}{100}$$

Pw = 12.600 weiße Haare

3 Eine Chefin gewährt den Mitarbeiterinnen für Zusatzverkäufe eine Prämie von 4,25 %. Eine Auszubildende hat Waren im Wert von 165,50 € verkauft. Wie hoch ist die Verkaufszulage?
Lösen Sie die Aufgabe mit dem Dreisatz.

Lösung mit dem Dreisatz
100 % ≙ 165,50 €
4,25 % ≙ x

$$x = \frac{165{,}50 \text{ €} \cdot 4{,}25}{100}$$

x = 7,03 €

4 Die Preise im Salon werden um 6 % heraufgesetzt. Um wie viel verteuert sich ein Herrenhaarschnitt, der vorher 15,00 € kostete?
Lösen Sie die Aufgabe mit der Prozentformel.

Lösung mit der Prozentformel
Gw = 15,00 €
Ps = 6 %
Pw = x

$$Pw = \frac{15 \text{ €} \cdot 6}{100}$$

x = 0,90 €

5 Eine Friseurmeisterin hat vor 3 Jahren schwenkbare Trockenhauben gekauft. Der Anschaffungswert der Hauben betrug 4.400,00 €. Die jährliche Abschreibung beträgt jeweils 20 % vom Anschaffungswert. Berechnen Sie den aktuellen Wert (Buchwert) der Hauben.
Lösen Sie die Aufgabe mit der Prozentformel.

Lösung mit der Prozentformel
Gw = 4.400 €
Ps = 100 % − 60 % = 40 %   Buchwert in %
Pw = x

$$Pw = \frac{4.400 \text{ €} \cdot 40}{100}$$

x = 1.760 € Buchwert

Prozentrechnen

2.3 Berechnen des Prozentsatzes

6 Im Friseurfachmarkt erhält Ilona für einen Föhn, der mit 35 € ausgezeichnet ist, einen Preisnachlass von 5,25 €. Um wie viel Prozent ist der Preis reduziert worden?
Lösen Sie die Aufgabe mit dem Dreisatz.

Lösung mit dem Dreisatz

35 € ≙ 100 %
5,25 € ≙ x %

$$x = \frac{100 \cdot 5{,}25}{35} \%$$

x = 15 %

---

7 Beim Färben mit Pflanzenfarben wird das Pulver mit warmem Wasser zu einem sämigen Brei verrührt. In 185 g eines angerührten Pflanzenbreis sind 35 g Pflanzenfarbe enthalten. Wie hoch ist der prozentuale Anteil der Pflanzenfarbe im Farbbrei?
Lösen Sie die Aufgabe mit der Prozentformel.

Lösung mit der Prozentformel

$$P_s = \frac{P_w \cdot 100}{G_w} \%$$

$$P_s = \frac{35 \cdot 100}{185} \%$$

P_s = 18,9 %

---

8 Ein Trockenhaarschnitt kostet 14,00 €. Dagegen kostet ein Komplettservice mit Waschen, Schneiden und Föhnen 20,00 €. Um wie viel Prozent ist der Komplettservice teurer als der Trockenhaarschnitt?
Lösen Sie die Aufgabe mit dem Dreisatz.

Lösung mit dem Dreisatz

14 € ≙ 100 %
6 € ≙ x %

$$x = \frac{100 \cdot 6}{14} \%$$

x = 42,9 %

---

9 Nach Einführung einer neuen Kosmetikserie reduziert die Meisterin die Tagescreme, die zuvor 6,50 € gekostet hat, auf 3,50 €. Um wie viel Prozent hat sie die Creme reduziert?
Lösen Sie die Aufgabe mit der Prozentformel.

Lösung mit der Prozentformel

$$P_s = \frac{P_w \cdot 100}{G_w} \%$$

$$P_s = \frac{3{,}00 \cdot 100}{6{,}5} \%$$

P_s = 46,15 %

---

10 Für einen Friseursalon wurde ein Frisurencomputer zu einem Anschaffungswert von 4.250,00 € gekauft. Der Buchwert des Computers betrug nach 3 Jahren 1.700 €. Wie hoch war die jährliche Abschreibung in Prozent?
Lösen Sie die Aufgabe mit dem Dreisatz.

Lösung mit dem Dreisatz

4.250 € ≙ 100 %
850 € ≙ x %

$$x = \frac{100 \cdot 850}{4.250} \%$$

x = 20 %

2.4 Berechnen des Grundwerts

11 Eine Kundin verliert täglich durchschnittlich 80 Haare. Das entspricht ungefähr 0,08 % ihres Haarschopfs. Wie viele Haare befinden sich auf dem Kopf der Kundin?

Lösung mit dem Dreisatz

0,08 % ≙ 80 Haare
100 % ≙ x

$$x = \frac{80 \cdot 100}{0{,}08}$$

x = 100.000 Haare

---

12 Die Meisterin räumt ihren Auszubildenden einen Personalrabatt von 20 % ein. Beim Kauf von Haarspray entspricht das 0,65 €. Wie hoch ist der Verkaufspreis des Haarsprays?

Lösung mit der Prozentformel

$$Gw = \frac{Pw \cdot 100}{Ps}$$

$$Gw = \frac{0{,}65 \; € \cdot 100}{20}$$

Gw = 3,25 €

---

13 Für eine Blondierwäsche mischt eine Friseurmeisterin einen Messlöffel Blondierpulver, warmes Wasser, 9%iges Wasserstoffperoxid und 5 ml Shampoo. Der Shampooanteil entspricht 4 % der gesamten Mischung. Wie viel ml des Blondierwaschmittels hat sie hergestellt?

Lösung mit der Prozentformel

$$Gw = \frac{Pw \cdot 100}{Ps}$$

$$Gw = \frac{5 \cdot 100}{4}$$

Gw = 125 ml

---

14 Wie hoch ist das Bruttogehalt einer Friseurin, wenn ihr gesetzlicher Krankenkassenanteil von 6,7 % des Lohnes 84,75 € beträgt?

Lösung mit dem Dreisatz

6,7 % ≙ 84,75 €
100 % ≙ x

$$x = \frac{84{,}75 \; € \cdot 100}{6{,}7}$$

x = 1.264,93 €

---

15 Einer Friseurin werden bei einem Sozialversicherungsanteil von 19,6 % 245,00 € vom Bruttolohn einbehalten. Wie viel verdient sie brutto?

Lösung mit dem Dreisatz

19,6 % ≙ 245,00 €
100 % ≙ x

$$x = \frac{245 \; € \cdot 100}{19{,}6}$$

x = 1.250,00 €

2.5 Vermehrter und verminderter Grundwert

Die Aufgaben zum veränderten Grundwert werden mit dem Dreisatz gerechnet (Rechenweg siehe Aufgabe 16).

16 Eine Auszubildende wird an den Verkaufsumsätzen beteiligt. Sie erhält aufgrund von Umsatzbeteiligungen 34 % ihrer Ausbildungsbeihilfe als besondere Gratifikation ausgezahlt. Insgesamt erhält sie am Monatsende 428,80 € auf ihr Konto überwiesen. Wie hoch ist ihre Ausbildungsvergütung?

Ausbildungsbeihilfe (Grundwert) = 100 %
Umsatzbeteiligung (Prozentwert) = 34 %
Gesamteinkommen (vermehrter Gw) = 134 %

Lösung mit dem Dreisatz

134 % ≙ 428,80 €
100 % ≙ x

$$x = \frac{428{,}80 \, € \cdot 100}{134}$$

x = 320,00 €

17 Nach einer Erhöhung um 5 % beträgt der Preis für einen Damenhaarschnitt 25,20 €. Wie teuer war der Haarschnitt vor der Preiserhöhung?

105 % ≙ 25,20 €
100 % ≙ x

$$x = \frac{25{,}20 \, € \cdot 100}{105}$$

x = 24,00 €

18 Der Bruttobedienungspreis einer Dauerwellbehandlung beträgt 52,20 €. Wie hoch ist der Nettobedienungspreis bei einem Mehrwertsteuersatz von 19 %?

119 % ≙ 52,20 €
100 % ≙ x

$$x = \frac{52{,}20 \, € \cdot 100}{119}$$

x = 43,87 €

19 Eine Friseurmeisterin reduziert den Preis einer Pflegecreme um 25 %. Eine Flasche kostet jetzt 12,45 €. Wie hoch war der alte Preis?

75 % ≙ 12,45 €
100 % ≙ x

$$x = \frac{12{,}45 \, € \cdot 100}{75}$$

x = 16,60 €

20 Der Abschreibungssatz für langfristige Gebrauchsgeräte beträgt 20 % des Anschaffungswerts. Eine Kosmetikliege hatte nach 3 Jahren den Buchwert von 880 €. Wie hoch war der Anschaffungswert?

40 % ≙ 880 €
100 % ≙ x

$$x = \frac{880 \, € \cdot 100}{40}$$

x = 2.200 €

3 Zinsrechnen
3.1 Einführung

Beim Zinsrechnen wird einer der folgenden Werte gesucht:
- **k** ist das Kapital, der geliehene oder verliehene Geldbetrag.
- **t** (von lat. tempus = Zeit) ist der Zeitraum, für den das Kapital zur Verfügung gestellt wird. Bei der Zinsrechnung hat ein Monat immer 30 Tage und das Jahr folglich 360 Tage.
- **p** ist der Zinssatz (Prozentsatz), der für das Leihen oder Verleihen des Kapitals erhoben wird.
- **z** sind die Zinsen in €, die für das Leihen bzw. Verleihen des Kapitals erhoben oder gutgeschrieben werden.

Entwickeln der Zinsformel

Die Friseurin Anja erhält zum Geburtstag Geldgeschenke in Höhe von 420,00 €, die sie vom 16. März 2005 bis zum 5. November desselben Jahres zu einem Zinssatz von 4,5 % anlegt.
Wie viel Zinsen bekommt sie?

Ermittlung der Zeit:

Das jüngere Datum ist von der Anzahl der Tage immer das größere. Von ihm wird das weiter zurückliegende Datum abgezogen.

Tage	Monate	Jahre	
15.	11.	2005	Zuerst werden die Tage abgezogen,
− 6.	3.	2005	dann die Monate und Jahre.
9 Tage	8 Mon.	0 Jahre	= 249 Tage

Lösen mit dem Dreisatz:

4,5 % Verzinsung bedeutet: Für 100 € in 360 Tagen erhält man 4,50 € Zinsen.
Ausgerechnet werden muss: Für 420 € in 249 Tagen erhält man   x € Zinsen.

$$\text{Zinsen} = \frac{4{,}50\ \text{€} \cdot 420 \cdot 249}{100 \cdot 360}$$

Einsetzen der Buchstaben in den Lösungsbruch:

z = Zinsen
k = 420 €
t = 249 T.
p = 4,5 %

$$z = \frac{p \cdot k \cdot t}{100 \cdot 360} \quad \text{Gebräuchlicher ist diese Schreibweise der Zinsformel:} \quad z = \frac{k \cdot t \cdot p}{100 \cdot 360}$$

Umstellen der Grundformel

$$z = \frac{k \cdot t \cdot p}{100 \cdot 360} \rightarrow k = \frac{z \cdot 100 \cdot 360}{t \cdot p}$$

Regel: Wird die Grundgleichung umgestellt, heißt der Zähler immer **z · 100 · 360**.

3.2 Berechnen der Zinsen

1 Am 6. November leiht die Friseurin Anja ihrer Kollegin Jill 830,00 €. Wie viel Zinsen erhält sie dafür bis zum Jahresende bei einem vereinbarten Zinssatz von 5 %?

$z = x$
$k = 830 €$
$t = 55 T.$
$p = 5 \%$

Berechnung der Zeit:

```
  31.   12.
-  6.   11.
-----------
  25 T. 1 Mon. = 55 Tage
```

$$z = \frac{k \cdot t \cdot p}{100 \cdot 360} \qquad z = \frac{830 € \cdot 55 \cdot 5}{100 \cdot 360}$$

z = 6,34 € Zinsen

2 Die Friseurin Jill übernimmt den Salon ihres Ausbildungsmeisters. Das gesamte Inventar und die noch vorhandenen Präparate kosten 18.000 €. Die Bank bietet ihr einen Kredit zu 6,5 % bei monatlicher Zinszahlung an. Wie viel Zinsen müsste sie im Falle einer Geschäftsübernahme monatlich zahlen?

$z = x$
$k = 18.000 €$
$t = 30 T.$
$p = 6,5 \%$

$$z = \frac{k \cdot t \cdot p}{100 \cdot 360} \qquad z = \frac{18.000 € \cdot 30 \cdot 6,5}{100 \cdot 360}$$

z = 97,50 € Zinsen

3 Für die Modernisierung nimmt eine Friseurmeisterin bei ihrer Bank am 3. August einen Kredit in Höhe von 3.500 € auf. Sie zahlt den Betrag am 31. Dezember zurück. Der Zinssatz beträgt 7,5 %. Wie viel Zinsen muss sie dafür zahlen?

$z = x$
$k = 3.500 €$
$t = 148 T.$
$p = 7,5 \%$

```
  31.   12.
-  3.    8.
-----------
  28 T. 4 Mon. = 148 Tage
```

$$z = \frac{k \cdot t \cdot p}{100 \cdot 360} \qquad z = \frac{3.500 € \cdot 148 \cdot 7,5}{100 \cdot 360}$$

z = 107,92 € Zinsen

3.3 Berechnen des Kapitals

4 Für ein am 30. April ausgeliehenes Kapital wurden am 15. August 131,25 € Zinsen gezahlt. Der Zinssatz betrug 7,5 %. Berechnen Sie die Darlehenssumme.

$z = 131,25 €$
$k = x$
$t = 105 T.$
$p = 7,5 \%$

```
  15.   8.
- 30.   4.
-----------
  15 T. 3 Mon. = 105 Tage
```

$$k = \frac{z \cdot 100 \cdot 360}{t \cdot p} \qquad k = \frac{131,25 € \cdot 100 \cdot 360}{105 \cdot 7,5}$$

k = 6.000 €

ANGEWANDTE MATHEMATIK

5 Sarah hat ihre Gesellenprüfung am 25. Januar bestanden. Sie erhält von ihren Kolleginnen Geldgeschenke, die sie noch am selben Tag auf ihr Sparbuch einzahlt. Am Jahresende erhält sie bei 4%iger Verzinsung 7,47 € Zinsen gutgeschrieben. Wie viel Geld hat sie geschenkt bekommen?

z = 7,47 €
k = x
t = 336 T.
p = 4 %

$$\begin{array}{r} 31.\quad 12.\\ -25.\quad 1.\\ \hline 6\ T.\ 11\ Mon. = 336\ Tage \end{array}$$

$$k = \frac{z \cdot 100 \cdot 360}{t \cdot p} \qquad k = \frac{7{,}47\ € \cdot 100 \cdot 360}{336 \cdot 4}$$

k = 200,09 €

---

6 Friseurmeisterin Jill erhält von einer Lieferfirma neue Bedienungsstühle. Wie hoch ist der Rechnungsbetrag, wenn Sie bei einem Zinssatz von 8 % in 4 Monaten und 8 Tagen 71,11 € Zinsen zahlen müsste?

z = 71,11 €
k = x
t = 128 T.
p = 8 %

$$k = \frac{z \cdot 100 \cdot 360}{t \cdot p} \qquad k = \frac{71{,}11\ € \cdot 100 \cdot 360}{128 \cdot 8}$$

k = 2.499,96 €

3.4 Berechnen des Zinssatzes

7 Die Bank zahlt am 17. März 6.300 € aus. Am 27. Oktober desselben Jahres wird der Betrag einschließlich Zinsen zurückgezahlt. Der Gesamtbetrag beläuft sich auf 6.473,25 €. Welcher Zinssatz wurde von der Bank verlangt?

z = 173,25 €
k = 6.300 €
t = 220 T.
p = x

$$\begin{array}{r} 27.\quad 10.\\ -17.\quad 3.\\ \hline 10\ T.\ 7\ Mon. = 220\ Tage \end{array}$$

$$p = \frac{z \cdot 100 \cdot 360}{k \cdot t} \qquad p = \frac{173{,}25\ € \cdot 100 \cdot 360}{6.300\ € \cdot 220}$$

p = 4,5 %

---

8 Für ein Darlehen in Höhe von 8.000 € muss Anja jährlich 440 € Zinsen zahlen. Wie hoch ist der Zinssatz, den die Bank berechnet?

z = 440 €
k = 8.000 €
t = 360 T.
p = x

$$p = \frac{z \cdot 100 \cdot 360}{k \cdot t} \qquad p = \frac{440\ € \cdot 100 \cdot 360}{8.000\ € \cdot 360}$$

p = 5,5 %

Zinsrechnen

9 Jill nimmt vom 2. April bis zum 16. November desselben Jahres einen Kredit in Höhe von 1.080 € auf, um die Rechnung für 3 Trockenhauben bezahlen zu können. Sie zahlt 50,40 € Zinsen. Wie hoch ist der Zinssatz?

$z = 50{,}40$ €
$k = 1.080$ €
$t = 224$ T.
$p = x$

```
  16.   11.
-  2.    4.
─────────────
14 T. 7 Mon. = 224 Tage
```

$$p = \frac{z \cdot 100 \cdot 360}{k \cdot t} \qquad p = \frac{50{,}40 \text{ €} \cdot 100 \cdot 360}{1.080 \text{ €} \cdot 224}$$

$p = 7{,}5\%$

3.5 Berechnen der Zeit

10 Anja zahlt an ihrem Geburtstag einen Betrag von 3.240 € auf ihr Sparkonto ein. Das Guthaben wird mit 5,5 % verzinst. Am 31. Dezember hebt sie die Zinsen in Höhe von 92,07 € ab. An welchem Datum hat Anja das Geld eingezahlt?

$z = 92{,}07$ €
$k = 3.240$ €
$t = x$
$p = 5{,}5\%$

$$t = \frac{z \cdot 100 \cdot 360}{k \cdot p} \qquad t = \frac{92{,}07 \text{ €} \cdot 100 \cdot 360}{3.240 \text{ €} \cdot 5{,}5}$$

t = 186 Tage = 6 Monate und 6 Tage

```
   31.    12.
-   6 T.   6 Mon.
──────────────────
   25.    6.    Tag der Einzahlung
```

11 Die Zahlung einer Rechnung ist versäumt worden. Am 10. September wurde der Rechnungsbetrag von 960,00 € und Verzugszinsen in Höhe von 33,88 €, was einem Zinssatz von 5,5 % entspricht, gezahlt. Wann hätte die Rechnung bezahlt werden müssen?

$z = 33{,}88$ €
$k = 960{,}00$ €
$t = x$
$p = 5{,}5\%$

$$t = \frac{z \cdot 100 \cdot 360}{k \cdot p} \qquad t = \frac{33{,}88 \text{ €} \cdot 100 \cdot 360}{960 \text{ €} \cdot 5{,}5}$$

t = 231 Tage = 7 Monate und 21 Tage

```
   10.    9.
-  21 T.  7 Mon.
──────────────────
   19.    1.    Fälligkeitstag der Rechnung
```

12 Für den Ausbau ihrer Kosmetikabteilung nimmt eine Friseurmeisterin am 6. Februar einen Kredit von 12.800 € auf, der mit 7 % verzinst werden muss. Mit den anfallenden Zinsen zahlt sie 13.113,60 € zurück. Berechnen Sie den Tag der Rückzahlung.

$z = 313,60$ €
$k = 12.800$ €
$t = x$
$p = 7\%$

$$t = \frac{z \cdot 100 \cdot 360}{k \cdot p} \qquad t = \frac{313,60 \text{ €} \cdot 100 \cdot 360}{12.800 \text{ €} \cdot 7}$$

t = 126 Tage = 4 Monate und 6 Tage

```
      6.     2.
+ 6 T.      4 Mon.
─────────────────────
     12.    6.   Tag der Rückzahlung
```

4 Lohnberechnung

1 Der monatliche Bruttolohn einer unverheirateten Friseurin (Lohnsteuerklasse I) beträgt 1.353,00 €. Folgende Abzüge müssen entrichtet werden:

Lohnsteuer: 86,00 €
Kirchensteuer: 8 % von der Lohnsteuer

Der Solidaritätszuschlag wird bei Lohnsteuerklasse I ab einem Jahresbruttolohn von 15.083 € erhoben. Er beträgt in diesem Fall 2,00 € pro Monat. Der Sozialversicherungsanteil beträgt 20,6 % vom Bruttolohn. Wie viel bekommt die Friseurin ausbezahlt?

Bruttolohn	1.353,00 €
– Lohnsteuer	86,00 €
– Kirchensteuer	6,88 €
– Solidaritätszuschlag	2,00 €
– Sozialversicherung	278,72 €
Nettolohn	**979,40 €**

2 Eine Friseurin erhält einen Bruttolohn von 1294,00 €. Das Trinkgeld im Monat März beläuft sich auf 198,90 €. Es wird ein Freibetrag von 50 € geltend gemacht. Wie hoch ist der Nettolohn bei einem Lohnsteuerabzug von 111,50 €, einer Kirchensteuer von 8 % von der Lohnsteuer, einem Solidaritätszuschlag von 6,10 € und Sozialversicherungsbeiträgen von 20,1 %?

Zu versteuerndes Einkommen	1.442,90 €
– Lohnsteuer	111,50 €
– Kirchensteuer	8,92 €
– Solidaritätszuschlag	6,10 €
– Sozialversicherung	290,02 €
Nettolohn	**1.026,36 €**

Verdünnen und Mischen

3 Der Bruttolohn einer unverheirateten Friseurin beträgt 1.176 €. Von diesem Betrag werden 46,09 € Lohnsteuer und davon 8 % Kirchensteuer abgezogen. Der Anteil an Sozialabgaben beträgt 20,2 %. Wie viel bekommt die Friseurin ausbezahlt?

Bruttolohn	1.176,00 €
– Lohnsteuer	46,09 €
– Kirchensteuer	3,68 €
– Sozialversicherung	237,55 €
Nettolohn	**888,68 €**

4 Zusätzlich zu dem Tariflohn von 1.282,50 € erhält eine Betriebsleiterin eines Filialbetriebs eine Gewinnbeteiligung von 300,80 € pro Monat. Wie hoch ist ihr Nettoeinkommen für diesen Monat bei 152,83 € Lohnsteuer, 8 % Kirchensteuer von der Lohnsteuer, einem Solidaritätszuschlag von 9,07 € sowie Sozialabgaben von 19,8 % des Bruttolohns?

Zu versteuerndes Einkommen	1.583,30 €
– Lohnsteuer	152,83 €
– Kirchensteuer	12,22 €
– Solidaritätszuschlag	9,07 €
– Sozialversicherung	313,49 €
Nettolohn	**1.095,69 €**

5 Eine Friseurmeisterin verdient als Salonleiterin brutto insgesamt 1673,90 €. Die Lohnsteuer beträgt 176,91 € (Lohnsteuerklasse IV, verheiratet), die Kirchensteuer beläuft sich auf 8 % von der Lohnsteuer. Ihr werden außerdem der Solidaritätszuschlag in Höhe von 9,66 € und 20,1 % Sozialversicherungsbeitrag abgezogen. Wie hoch ist das Nettogehalt der Salonleiterin?

Bruttolohn	1.673,90 €
– Lohnsteuer	176,91 €
– Kirchensteuer	14,15 €
– Solidaritätszuschlag	9,66 €
– Sozialversicherung	336,45 €
Nettolohn	**1.136,73 €**

5 Verdünnen und Mischen

5.1 Verteilungsrechnen

1 Für eine empfindliche Kopfhaut muss ein Shampoo mit Wasser im Verhältnis 2:5 verdünnt werden. Wie viel ml verdünntes Haarwaschmittel können aus 40 ml Konzentrat hergestellt werden? Wie viel Wasser muss hinzugegeben werden?

Menge 1 (Shampoo) (M_1) = 40 ml
Menge 2 (Wasser) (M_2) =
Menge gesamt (verd. Shampoo) (M_g) = x
M_1 = 2 Teile
M_2 = 5 Teile
M_g = 7 Teile

Lösung mit dem Dreisatz

2 T ≙ 40 ml
7 T ≙ x

$$x = \frac{40 \cdot 7}{2} \quad x = \textbf{140 ml verd. Haarwaschm.}$$

$M_2 = M_g - M_1$
M_g = 140 ml – 40 ml = **100 ml Wasser**

Angewandte Mathematik

2 60 ml eines Haarwaschmittels sollen im Verhältnis 1:12 verdünnt werden. Wie viel ml gebrauchsfertige Waschlösung entstehen dabei und wie viel ml Wasser müssen hinzugegeben werden?

M_1 = 1 Teil
M_2 = 12 Teile
M_g = 13 Teile

1 T = 60 ml
13 T = M_g
M_g = 60 · 13 = **780 ml**
M_2 = 780 ml − 60 ml = **720 ml Wasser**

3 Durch Mischen eines Haarwaschmittelkonzentrats mit Wasser im Verhältnis 1:4 sind 100 ml gebrauchsfertiges Shampoo hergestellt worden. Wie viel ml des Konzentrats und wie viel ml Wasser wurden gemischt?

M_1 = 1 Teil
M_2 = 4 Teile
M_g = 5 Teile

5 T = 100 ml
1 T = M_1
M_1 = 100 ml : 5 = **20 ml**
M_2 = 100 ml − 20 ml = **80 ml Wasser**

4 Für strukturgeschädigtes Haar muss eine Dauerwellflüssigkeit im Verhältnis 1:2 verdünnt werden.
Wie viel ml des Konzentrats und wie viel ml Wasser sind erforderlich, um 75 ml gebrauchsfertige Dauerwellflüssigkeit herzustellen?

M_1 = 1 Teil
M_2 = 2 Teile
M_g = 3 Teile

3 T = 75 ml
1 T = M_1
M_1 = 75 ml : 3 = **25 ml Konzentrat**
M_2 = 75 ml − 25 ml = **50 ml Wasser**

5 Laut Rezeptur werden Pflanzenfarbe und Wasser im Verhältnis 1:6 zusammengegeben. Dabei entstehen 224 g angerührter Farbbrei. Wie viel g Pflanzenfarbe und wie viel g Wasser sind gemischt worden?

M_1 = 1 Teil
M_2 = 6 Teile
M_g = 7 Teile

7 T = 224 g
1 T = M_1
M_1 = 224 g : 7 = **32 g Pflanzenfarbe**
M_2 = 224 g − 32 g = **192 g Wasser**

5.2 Mischungsrechnen

Begriffe:

M_1: Menge des Konzentrats
P_1: Prozentsatz des Konzentrats
M_2: Verdünnungsmittel, z. B. Wasser
M_g: Gesamtmenge nach dem Mischen
P_g: Prozentsatz der Gesamtmenge

Grundformel des Mischungsrechnens: $M_1 \cdot P_1 = M_g \cdot P_g$

---

1 Wie viel ml 15%iges H_2O_2 und Wasser müssen zur Herstellung von 240 ml 9%igem H_2O_2 gemischt werden?

$M_1 = ?$ $\qquad M_g = 240$ ml
$P_1 = 15\%$ $\qquad P_g = 9\%$
$M_2 = ?$

$$M_1 = \frac{M_g \cdot P_g}{P_1} \qquad M_1 = \frac{240 \cdot 9}{15}$$

$M_1 = 144$ ml
$M_2 = 240 - 144 = 96$
$M_2 = 96$ ml Wasser

---

2 Eine Friseurin stellt aus 100 ml eines H_2O_2-Konzentrats 1 l Fixierung mit einem 2,4%igen H_2O_2-Gehalt her. Wie hoch ist der H_2O_2-Gehalt des Konzentrats?

$M_1 = 100$ ml $\qquad M_g = 1000$ ml
$P_1 = ?$ $\qquad P_g = 2,4\%$

$$P_1 = \frac{M_g \cdot P_g}{M_1} \qquad P_1 = \frac{1000 \cdot 2,4}{100}$$

$P_1 = 24\%$

---

3 Für eine Blondierwäsche werden 10 ml Shampoo, 10 ml 18%iges H_2O_2, 75 ml Wasser und 5 ml Blondiercreme gemischt. Wie viel Prozent H_2O_2 enthält die Mischung?

$M_1 = 10$ ml $\qquad M_g = 100$ ml
$P_1 = 18\%$ $\qquad M_2 = 90$ ml
$P_g = ?$

$$P_g = \frac{M_1 \cdot P_1}{M_g} \qquad P_g = \frac{10 \cdot 18}{100}$$

$P_g = 1,8\%$

---

4 Wie hoch ist der H_2O_2-Gehalt einer Blondierwäsche, die aus 30 ml 12%-igem H_2O_2, 15 ml Shampoo, 55 ml Wasser und 20 ml Blondiercreme hergestellt wird?

$M_1 = 30$ ml $\qquad M_2 = 90$ ml
$P_1 = 12\%$ $\qquad M_g = 120$ ml
$P_g = ?$

$$P_g = \frac{M_1 \cdot P_1}{M_g} \qquad P_g = \frac{30 \cdot 12}{120}$$

$P_g = 3\%$

Angewandte Mathematik

5 Eine Friseurmeisterin will aus 12%igem H_2O_2 3%iges herstellen. Wie viel ml Wasser muss sie zu 20 ml des Konzentrats hinzugeben?

$M_1 = 20$ ml $\qquad M_2 = ?$
$P_1 = 12\,\%$ $\qquad M_g = ?$
$P_g = 3\,\%$

$M_g = \dfrac{M_1 \cdot P_1}{P_g}$ $\qquad M_g = \dfrac{20 \cdot 12}{3}$

$M_g = 80$ ml $\qquad M_2 = 80$ ml $- 20$ ml
$M_2 = 60$ ml Wasser

---

6 Für eine Hellerfärbung werden 45 ml 18%iges H_2O_2, 60 ml Spezialfarbe und 15 ml Wasser gemischt. Wie hoch ist der H_2O_2-Anteil der Mischung?

$M_1 = 45$ ml $\qquad M_2 = 75$ ml
$P_1 = 18\,\%$ $\qquad M_g = 120$ ml
$P_g = ?$

$P_g = \dfrac{M_1 \cdot P_1}{M_g}$ $\qquad P_g = \dfrac{45 \cdot 18}{120}$

$P_g = 6{,}75\,\%$

---

7 Wie viel ml destilliertes Wasser müssen zu 240 ml 15%igem H_2O_2 hinzugegeben werden, damit eine 9%ige Lösung entsteht?

$M_1 = 240$ ml $\qquad M_g = ?$
$P_1 = 15\,\%$ $\qquad M_2 = ?$
$P_g = 9\,\%$

$M_g = \dfrac{M_1 \cdot P_1}{P_g}$ $\qquad M_g = \dfrac{240 \cdot 15}{9}$

$M_g = 400$ ml $\qquad M_2 = 400$ ml $- 240$ ml
$M_2 = 160$ ml Wasser

---

8 Für Intensivtönungen wird 3 %iges H_2O_2 benötigt. Ein Vorrat von 300 ml wird aus 50 ml H_2O_2-Konzentrat hergestellt. Wie hoch ist der H_2O_2-Anteil des Konzentrats?

$M_1 = 50$ ml $\qquad M_g = 300$ ml
$P_1 = ?$ $\qquad P_g = 3\,\%$

$P_1 = \dfrac{M_g \cdot P_g}{M_1}$ $\qquad P_1 = \dfrac{300 \cdot 3}{50}$

$P_1 = 18\,\%$

---

9 Welche H_2O_2-Konzentration enthält ein Farbbrei, der aus 50 ml Farbcreme und 40 ml 9%igem H_2O_2 hergestellt worden ist?

$M_1 = 40$ ml $\qquad M_g = 90$ ml
$P_1 = 9\,\%$ $\qquad M_2 = 50$ ml
$P_g = ?$

$P_g = \dfrac{M_1 \cdot P_1}{M_g}$ $\qquad P_g = \dfrac{40 \cdot 9}{90}$

$P_g = 4\,\%$

10 Für eine Färbung werden 9%iges H_2O_2 und Farbcreme gemischt. Dabei entstehen 135 ml Farbbrei mit einem 4%igen Oxidationswert. Wie viel ml Farbcreme sind verwendet worden?

$M_1 = ?$ $M_g = 135$ ml
$P_1 = 9\%$ $P_g = 4\%$
$M_2 = ?$

$$M_1 = \frac{M_g \cdot P_g}{P_1} \qquad M_1 = \frac{135 \cdot 4}{9}$$

$M_1 = 60$ ml
$M_2 = 135$ ml $- 60$ ml
$M_2 = 75$ ml Farbcreme

6 Kalkulationsrechnen

6.1 Kalkulation von Facharbeiten

1 Einführungsaufgabe

Für eine Färbung werden 1 Tube Oxidationshaarfarbe zum Bezugspreis von 6,30 € und 60 ml H_2O_2 zu 9,20 € je Liter gebraucht. Der Preis des Spezialfestigers liegt bei 1,90 €.

Die Preise für das sonstige Material (Shampoo, Spülung usw.) sind in den **Gemeinkosten** enthalten.

Die **Lohnkosten** betragen 14,50 € pro Stunde. Der Arbeitsaufwand für eine Färbung liegt bei 35 Minuten.

Die **Gemeinkosten** eines Betriebes sind zusätzliche Kosten. Sie enthalten den Arbeitgeberanteil für die Sozialversicherungen, Kosten für Urlaub, Feiertage, Fehltage und Wartezeiten sowie die Kosten für Miete, Strom, Heizung, Wasser, Reinigung usw. Die Gemeinkosten betragen in diesem Betrieb 55 % der Lohnkosten.

Der Gewinnaufschlag liegt bei 42% der Selbstkosten.

Addiert man die 19 % Mehrwertsteuer auf den **Nettobedienungspreis**, so erhält man den **Bruttobedienungspreis**.

Kalkulationsschema

Berechnen der Materialkosten

1 Tube Farbe	je Tube	6,30 €	6,30 €
60 ml H_2O_2	je Liter	9,20 €	0,55 €
1 Festiger	je Stück	1,90 €	1,90 €
Materialkosten			8,75 €
Lohnkosten	35 Min. je Std.	14,50 €	8,46 €
Gemeinkosten	55 % der Lohnkosten		4,65 €
Selbstkosten			21,86 €
Gewinn	42 % der Selbstkosten		9,18 €
Nettobedienungspreis			31,04 €
Mehrwertsteuer 19 %			5,90 €
Bruttobedienungspreis			**36,94 €**

ANGEWANDTE MATHEMATIK

2 Für eine Blondierung werden 60 ml Blondierpulver benötigt. Der Bezugspreis für 1.000 ml beträgt 15,25 €. Es sind zusätzlich 60 ml 12%iges H_2O_2 zu 9,20 € je Liter erforderlich. Als Nachbehandlung dient eine Packung zu 2,65 €. Der Spezialfestiger kostet 1,80 €.

Es fallen 45 Minuten Arbeitszeit zu 13,75 € je Stunde an. Der Gemeinkostensatz des Betriebes beträgt 70 % der Lohnkosten und die Gewinnspanne 43 % der Selbstkosten. Die gesetzliche Mehrwertsteuer liegt bei 19 %. Berechnen Sie den Bruttobedienungspreis.

Berechnen der Materialkosten

60 ml Blondierpulver	je 1.000 ml	15,25 €	0,92 €
60 ml H_2O_2	je Liter	9,20 €	0,55 €
1 Packung	je Stück	2,65 €	2,65 €
1 Festiger	je Stück	1,80 €	1,80 €
Materialkosten			5,92 €
Lohnkosten	45 Min. je Std.	13,75 €	10,31 €
Gemeinkosten	70 % der Lohnkosten		7,22 €
Selbstkosten			23,45 €
Gewinn	43 % der Selbstkosten		10,08 €
Nettobedienungspreis			33,53 €
Mehrwertsteuer 19 %			6,37 €
Bruttobedienungspreis			**39,90 €**

3 Zur Erstellung einer Dauerwelle sind 60 ml Dauerwellflüssigkeit erforderlich. Der Bezugspreis liegt bei 12,50 € je Liter. Die Bezugspreise für die Fixierung, von der ebenfalls 60 ml gebraucht werden, und für die Spezialkur betragen 7,90 € je Liter bzw. 2,25 € je Portionsflasche. Die Gesamtarbeitszeit beläuft sich auf 65 Minuten bei einem Stundenlohn von 12,80 €. Der Gemeinkostenzuschlag beträgt 65 % der Lohnkosten und der Gewinn wird mit 36 % veranschlagt. Der gesetzliche Mehrwertsteuersatz liegt bei 19 %. Berechnen Sie den Bruttobedienungspreis.

Berechnen der Materialkosten

60 ml DW-Fl.	je Liter	12,50 €	0,75 €
60 ml H_2O_2	je Liter	7,90 €	0,47 €
1 Kur	je Stück	2,25 €	2,25 €
Materialkosten			3,47 €
Lohnkosten	65 Min. je Std.	12,80 €	13,87 €
Gemeinkosten	65 % der Lohnkosten		9,01 €
Selbstkosten			23,45 €
Gewinn	36 % der Selbstkosten		9,49 €
Nettobedienungspreis			35,84 €
Mehrwertsteuer 19 %			6,81 €
Bruttobedienungspreis			**42,65 €**

4 Für eine Tönung wird eine Tube Tönungsbalsam zu 4,70 € verwendet. Der Spezialfestiger kostet 1,80 €. Die Preise für das sonstige Material (Shampoo, Haarspray usw.) sind in den Gemeinkosten enthalten. Die Lohnkosten betragen 13,50 € pro Stunde. Der Arbeitsaufwand für die Tönung liegt bei 24 Minuten. Der Betrieb rechnet mit einem Gemeinkostensatz von 64 % und einem Gewinn von 38 %. Die Mehrwertsteuer beträgt 19 %. Berechnen Sie den Bruttobedienungspreis.

Berechnen der Materialkosten

1 Tube Tönung	je Tube	4,70 €	4,70 €
1 Festiger	je Stück	1,80 €	1,80 €
Materialkosten			6,50 €
Lohnkosten	24 Min. je Std.	13,50 €	5,40 €
Gemeinkosten	64 % der Lohnkosten		3,46 €
Selbstkosten			15,36 €
Gewinn	38 % der Selbstkosten		5,84 €
Nettobedienungspreis			21,20 €
Mehrwertsteuer 19 %			4,03 €
Bruttobedienungspreis			**25,23 €**

Kalkulationsrechnen

5 Die Materialkosten für eine Färbung liegen bei 12,30 € und der Stundenlohn beträgt 12,60 €. Es wird eine Arbeitszeit von 55 Minuten veranschlagt. Die Gemeinkosten belaufen sich auf 55 % der Lohnkosten. Der Betrieb kalkuliert mit einem Gewinn von 36 %. Der Mehrwertsteuersatz beträgt 19 %. Berechnen Sie den Bruttobedienungspreis.

Materialkosten			12,30 €
Lohnkosten	55 Min. je Std.	12,60 €	11,55 €
Gemeinkosten	55 % der Lohnkosten		6,35 €
Selbstkosten			**30,20 €**
Gewinn	36 % der Selbstkosten		10,87 €
Nettobedienungspreis			41,07 €
Mehrwertsteuer 19 %			7,80 €
Bruttobedienungspreis			**48,87 €**

6 Die Selbstkosten für eine Dauerwelle belaufen sich auf 28,20 €. Der Gewinn liegt bei 34 % der Selbstkosten. Berechnen Sie den Netto- und den Bruttobedienungspreis der Dauerwellbehandlung.

Selbstkosten		**28,20 €**
Gewinn	34 % der Selbstkosten	9,59 €
Nettobedienungspreis		**37,79 €**
Mehrwertsteuer 19 %		7,18 €
Bruttobedienungspreis		**44,97 €**

7 Die Lohnkosten für einen Herrenhaarschnitt liegen bei 8,20 €. Wie hoch sind die Gemeinkosten bei einem Gemeinkostenprozentsatz von 86 %?

Lohnkosten		8,20 €
Gemeinkosten	86 % der Lohnkosten	**7,05 €**

8 Für „Waschen/Legen" werden in einem Friseursalon 35 Minuten Arbeitszeit zugrunde gelegt. Die Jahreslohnkosten des Salons liegen bei 64.820,00 €. Die Gesamtzahl der Arbeitstage aller Mitarbeiterinnen beträgt 635 mit 8-stündiger Arbeitszeit täglich. Der Kalkulationszuschlag beläuft sich auf 84 %. Berechnen Sie den Minutenkostenfaktor und den Bruttobedienungspreis.

Berechnen der Arbeitskosten pro Minute:
64.820,00 € : 304.800 (Jahresminuten)
= 0,21 € Arbeitskosten pro Minute

Berechnen des Minutenkostenfaktors
Der Minutenkostenfaktor errechnet sich aus den Arbeitskosten pro Minute und dem Kalkulationszuschlag.

0,21 € + 84 % Kalkulationszuschlag
(Zusammenfassung von Gemeinkosten, Gewinn, Mehrwertsteuer)
= 0,39 € Minutenkostenfaktor des Betriebs

Berechnung des Bedienungspreises:
0,39 € · 35 = **13,65 €**

6.2 Kalkulation von Handelswaren

9 Eine Friseurmeisterin bestellt eine Kosmetikserie für den Verkauf. Der **Listenpreis** beträgt 142,60 €. Weil der Betrieb einen großen Teil seiner Salon- und Verkaufswaren bei diesem Lieferanten bestellt, erhält er auf alle Waren einen Rabatt von 25 %. Der auf der Rechnung ausgewiesene Betrag ist der **Rechnungspreis**. Die Meisterin begleicht die Rechnungen grundsätzlich eine Woche nach Erhalt der Ware, um noch 2 % Skonto abziehen zu können. Der zu zahlende Betrag ist der **Einkaufspreis**. **Bezugskosten** entstehen durch Bestellung, Verpackung und Porto. Zu dem Einkaufspreis werden die Bezugskosten von 1,20 € addiert. Man erhält so den **Bezugspreis** (Einstandspreis). Dem Betrieb entstehen Kosten für Verkaufspersonal, Miete, Strom, Heizung usw. Sie machen 22 % des Bezugspreises aus. Man bezeichnet sie als **Handlungskosten**. Sie werden auf den Bezugspreis aufgeschlagen. Handlungskosten und Bezugskosten ergeben die **Selbstkosten**.

Wird der **Gewinn** von 34 % auf die Selbstkosten addiert, so erhält man den **Nettoverkaufspreis**.

Zum Nettoverkaufspreis kommt die Mehrwertsteuer von 19 %. Das Ergebnis ist **der Bruttoverkaufspreis**.

Kalkulationsschema

Listenpreis	142,60 €
– Rabatt 25 %	– 35,65 €
Rechnungspreis	106,95 €
– Skonto 2 %	– 2,14 €
Einkaufspreis	104,81 €
+ Bezugskosten	+ 1,20 €
Bezugspreis	106,01 €
+ Handlungskosten (22 % des Bezugspreises)	+ 23,32 €
Selbstkosten	129,33 €
+ Gewinn (34 % der Selbstkosten)	+ 43,97 €
Nettoverkaufspreis	173,30 €
+ Mehrwertsteuer (19 % des Nettoverkaufspreises)	+ 32,93 €
Bruttoverkaufspreis	206,23 €

10 Der Bezugspreis einer Kosmetikserie liegt bei 21,25 €. Die Meisterin rechnet mit einem **Kalkulationszuschlag** von 68 %. Der **Kalkulationszuschlag** enthält die Handlungskosten, den Gewinn und die Mehrwertsteuer.

Berechnen Sie den Bruttoverkaufspreis.

Die Handlungskosten plus Gewinn plus Mehrwertsteuer können zum **Kalkulationszuschlag** zusammengefasst werden.

Bezugspreis	21,25 €
+ Kalkulationszuschlag (68 % des Bezugspreises)	+ 14,45 €
Bruttoverkaufspreis	35,70 €

Kalkulationsrechnen

11 Vom Rechnungspreis einer Pflegeserie in Höhe von 58,20 € zieht der Betriebsinhaber 2 % Skonto ab. Die Bezugskosten für den Versand belaufen sich auf 2,30 €. Der Kalkulationszuschlag beträgt 63,5 %. Berechnen Sie den Bezugspreis und den Bruttoverkaufspreis.

Rechnungspreis	58,20 €
– Skonto 2 %	– 1,16 €
Einkaufspreis	57,04 €
+ Bezugskosten	+ 2,30 €
Bezugspreis	59,34 €
+ Kalkulationszuschlag (63,5 % des Bezugspreises)	+ 37,68 €
Bruttoverkaufspreis	**97,02 €**

12 Eine Friseurmeisterin bezieht 40 Flaschen Haarspray zum Preis von 68,04 €. Für wie viel Euro verkauft sie eine Flasche Haarspray, wenn sie einen Kalkulationszuschlag von 78 % zugrunde legt?

Bezugspreis pro Flasche	1,70 €
+ Kalkulationszuschlag (78 % des Bezugspreises)	+ 1,33 €
Bruttoverkaufspreis	**3,03 €**

13 Ein Lieferant bietet eine Tönung bei Abnahme von 50 Stück zu folgenden Konditionen an:

Listenpreis: 2,25 € je Stück
Rabattsatz: 25 %
Skonto: 2,5 %

Bezugskosten fallen nicht an.

Friseurmeisterin Inge bestellt 50 Tönungen zu diesen Bedingungen.

Wie hoch ist der Bruttoverkaufspreis einer einzelnen Tönung, wenn der Kalkulationszuschlag bei 75 % liegt?

Listenpreis	2,25 €
– Rabatt 25 %	– 0,56 €
Rechnungspreis	1,69 €
– Skonto 2,5 %	– 0,04 €
Einkaufspreis	1,65 €
Bezugspreis	1,65 €
+ Kalkulationszuschlag 75 %	+ 1,24 €
Bruttoverkaufspreis	**2,89 €**

Prüfung

1 Gesetzliche Regelungen

Die Zwischenprüfung und die Gesellenprüfung sind im Bundesgesetzblatt vom 29.1.1997 gesetzlich geregelt. Hier sind die allgemeinen Inhalte der Fertigkeits- und der Kenntnisprüfungen festgelegt.

1.1 Zwischenprüfung

Fertigkeitsprüfung

Die Fertigkeitsprüfung erstreckt sich auf den Nachweis der Fertigkeiten, die der Prüfling laut Rahmenlehrplan bis zur Zeit der Zwischenprüfung erlernt haben soll. Die Arbeitsproben und das Prüfungsstück müssen in sechs Stunden angefertigt sein.

Als Arbeitsproben werden vorgeschlagen:
1. Ermitteln der Kundenwünsche, Durchführen einer Haar- und Kopfhautbeurteilung sowie Führen eines Beratungsgespräches im Hinblick auf Haarpflegemaßnahmen
2. Ausführen eines Damenhaarschnittes
3. Formen und Lacken der Nägel sowie Durchführen einer Handmassage
4. Schneiden und Föhnen einer Herrenfrisur unter Berücksichtigung modischer Tendenzen sowie Durchführen einer Massage der Kopfhaut
5. Ausführen einer handgelegten Wasserwelle am Medium
6. Wickeln einer Dauerwelle am Medium

Als Prüfungsstück kommt insbesondere in Betracht:
Gestalten einer Frisur nach einer vom Prüfling mitzubringenden Vorlage sowie eines Tages-Make-ups.

Kenntnisprüfung

Zum Nachweis der Kenntnisse soll der Prüfling in insgesamt 180 Minuten Aufgaben, die sich auf praxisbezogene Fälle beziehen sollen, aus folgenden Gebieten schriftlich lösen:
1. Berufsbildung, Aufbau und Organisation des Ausbildungsbetriebes, Arbeits- und Tarifrecht
2. Arbeitsschutz, Arbeitssicherheit, Gesundheitsschutz, Umweltschutz und rationelle Energieverwendung
3. Beurteilen des Haares, der Haut und der Nägel sowie Auswählen von Pflegemethoden und -präparaten
4. Werkzeuge und Grundtechniken des Haarschneidens und der Frisurengestaltung
5. Gestalten eines Tages-Make-ups und einer Maniküre
6. Kundenbetreuung

Gesetzliche Regelungen

1.2 Gesellenprüfung

Die Gesellenprüfung erstreckt sich auf die im Ausbildungsrahmenlehrplan festgelegten Fertigkeiten und Kenntnisse sowie auf den im Berufsschulunterricht vermittelten Lehrstoff, soweit er für die Berufsausbildung wesentlich ist.

Fertigkeitsprüfung

Zum Nachweis der Fertigkeiten soll der Prüfling in insgesamt höchstens zehn Stunden sechs Arbeitsproben durchführen und ein Prüfungsstück anfertigen. **Als Arbeitsproben kommen insbesondere in Betracht:**

1. Ausführen eines Herrenhaarschnittes mit verschiedenen Schneidetechniken, insbesondere Übergangsschneiden sowie Gestalten einer Frisur
2. Ausführen eines Damenhaarschnittes nach Vorlage
3. Ausführen einer Dauerwelle am Damenkopf sowie Gestalten einer Frisur
4. Gestalten einer Frisur am Medium unter Berücksichtigung verschiedener Einlegetechniken sowie Einarbeiten von Haarersatz
5. Durchführen einer pflegenden kosmetischen Behandlung einschließlich Hautbeurteilung und Gesichtsmassage sowie Aufstellen eines Behandlungsplanes
6. Führen eines kundenorientierten Beratungsgespräches zu einer der unter Nummer 1, 2, 3, 4 oder 5 aufgeführten Arbeitsproben

Dabei sind Arbeitsschutz, Arbeitssicherheit und Gesundheitsschutz, Umweltschutz und rationale Energieverwendung sowie die Planung der Arbeitsabläufe zu berücksichtigen.

Als Prüfungsstück kommt insbesondere in Betracht:

Gestalten einer Damenfrisur unter Berücksichtigung der Kopf- und Gesichtsform, der Haarqualität und -quantität einschließlich einer Haarfärbung sowie eines Make-ups zu besonderen Anlässen mit dekorativer Gestaltung der Nägel.

Kenntnisprüfung

Zum Nachweis der Kenntnisse soll der Prüfling in den Prüfungsfächern Technologie, Gestaltung, Kundenberatung und betriebliche Arbeitsgestaltung sowie Wirtschafts- und Sozialkunde schriftlich geprüft werden. Die Aufgaben sollen sich auf praxisbezogene Fälle beziehen. **Insbesondere kommen Aufgaben aus folgenden Gebieten in Betracht:**

1. im Prüfungsfach Technologie

   a) Arbeitsschutz, Arbeitssicherheit, Gesundheitsschutz, Umweltschutz und rationelle Energieverwendung

   b) Haarschneidetechniken nach System

   c) Verfahren der farbverändernden Haarbehandlungen einschließlich Berechnung von Mischungsverhältnissen

   d) Dauerwellverfahren und -präparate einschließlich Kostenberechnung

   e) Hautbeurteilung und Verfahren der pflegenden Kosmetik

2. im Prüfungsfach Gestalten:

   a) Grundsätze der Gestaltung bei Frisuren, farbverändernden Haarbehandlungen und der dekorativen Kosmetik

   b) Einflüsse von kulturellen und modischen Strömungen

   c) Frisurengestaltung mit Haarersatz und Schmuck

3. im Prüfungsfach Kundenberatung und betriebliche Arbeitsgestaltung:
   a) Regeln und Techniken der Gesprächsführung
   b) betriebliche Arbeits- und Organisationsmittel
   c) Aufstellen von Behandlungsplänen
   d) Grundlagen der Preisgestaltung

4. im Prüfungsfach Wirtschafts- und Sozialkunde:
Allgemeine wirtschaftliche und gesellschaftliche Zusammenhänge der Berufs- und Arbeitswelt

Für die schriftliche Kenntnisprüfung gelten folgende zeitliche Höchstwerte für die Fächer:

Technologie	120 Minuten
Gestaltung	90 Minuten
Kundenberatung	90 Minuten
Wirtschafts- und Sozialkunde	60 Minuten

2 Zwischenprüfungsarbeiten

Arbeit 1

1 Die Hygieneverordnung schreibt Desinfektionen von Schneidewerkzeugen vor. Was verstehen Sie unter einer Desinfektion?

---

2 Krankheitserreger werden in Bakterien, Viren und Pilze unterteilt. Welche der folgenden Krankheitserreger sind keine Bakterien?

a) Streptokokken
b) Bazillen
c) Spirillen
d) Dermatophyten

---

3 Welcher der aufgeführten Begriffe steht für die Übertragung von Krankheitserregern?

a) Desinfektion
b) Sensibilisierung
c) Inkubation
d) Infektion

---

4 Nach dem Kontakt mit Allergenen kann der Körper mit der Bildung von Antikörpern reagieren. Wie wird dieser Vorgang genannt?

a) Sterilisierung
b) Sensibilisierung
c) Desensibilisierung
d) Adstringieren

---

5 Die Hygieneverordnung enthält Bestimmungen zum Desinfizieren von Werkzeugen, mit denen die Haut verletzt werden kann. Wie oft müssen diese im Normalfall desinfiziert werden?

a) Nach jedem Gebrauch
b) Einmal täglich
c) Nur nach einer Verletzung der Haut
d) Einmal wöchentlich

---

6 Der Friseurin stehen unterschiedliche Schutzhandschuhe zur Verfügung. Welche Schutzhandschuhe kennen Sie und bei welchen Facharbeiten müssen sie jeweils getragen werden?

---

7 Zum Schutz der Umwelt können Sie auch im Friseursalon beitragen. Durch welche Maßnahme wird die Umwelt <u>nicht</u> geschont?

a) Rauchverbot im Salon
b) Verwendung unterschiedlicher Handtuchgrößen
c) Verwendung von Haarspray aus der Sprühflasche
d) Sparsamer Umgang mit heißem und kaltem Wasser

8 Durch falsche Handhabung eines Föhns können Unfälle verursacht werden. Beschreiben Sie, wie Sie Fehler beim Umgang mit einem Föhn vermeiden.

9 **Berechnen der Stromkosten**

Das Schaufenster eines Friseursalons ist durchschnittlich 12 Stunden pro Tag beleuchtet. Die 8 Strahler haben eine Leistung von je 60 Watt. Wie hoch sind die Jahreskosten (365 Tage) für die Fensterbeleuchtung bei einem KWh-Preis von 20,2 Cent inklusive Mehrwertsteuer?

10 Bei bestimmten Facharbeiten wird die Schuppenschicht des Haares geöffnet. Durch welche Chemikalien wird sie danach wieder geschlossen?
   a) Netzmittel
   b) Pufferstoffe
   c) Laugen
   d) Säuren

11 Welches sind die Ursachen der männlichen Glatze?
   a) Nur männliche Hormone
   b) Nur Veranlagung
   c) Veranlagung und falsche Kopfhautpflege
   d) Erbliche Veranlagung und Androgene

12 Die physikalische Eigenschaft des Haares, Feuchtigkeit aus der Luft aufzunehmen, wird als Hygroskopizität bezeichnet. Welche Auswirkung hat die Aufnahme von Feuchtigkeit für die fertige Frisur? Wie kann die Frisur geschützt werden?

13 In welchem Bereich des Haarfollikels erfolgt die Versorgung des Haares mit Nährstoffen?
   a) Haarpapille und Haarmatrix
   b) Talgdrüse
   c) Verformungszone
   d) Innere und äußere Wurzelscheide

14 Der Haarwechsel vollzieht sich in drei Phasen. Nennen Sie diese Phasen und ihre ungefähre Dauer.

15 Welcher der aufgeführten Begriffe ist <u>keine</u> Bezeichnung für eine Haarschicht?
   a) Mark
   b) Cortex
   c) Corium
   d) Cuticula

16 In den Shampoos sind unterschiedliche Tensidarten enthalten. Welche Aussage über amphotere Tenside ist richtig?
   a) Amphotere Tenside haben eine negative Ladung.
   b) Amphotere Tenside haben eine positive Ladung.
   c) Amphotere Tenside sind positiv und negativ geladen.
   d) Amphotere Tenside haben keine elektrische Ladung.

Zwischenprüfungsarbeiten

17 Für die Reinigungswirkung eines Shampoos ist das Tensid verantwortlich. Worin liegen seine Vorteile gegenüber der Seife?

18 Verdünnen von Konzentraten
60 ml eines Haarwaschmittels sollen im Verhältnis 1:5 verdünnt werden. Wie viel ml gebrauchsfertige Waschlösung entstehen dabei und wie viel ml Wasser müssen hinzugegeben werden?

19 Die Oberhaut besteht aus fünf einzelnen Schichten. Welche Schicht gehört zur Oberhaut?
a) Epidermis
b) Corium
c) Subkutis
d) Körnerzellenschicht

20 Welche Schuppen dürfen im Salon nicht behandelt werden?
a) Trockene Schuppen
b) Ölige Schuppen
c) Schuppen, die sich nach unsachgemäßem Auftragen von Chemikalien bilden
d) Schuppen, die bei der Pilzflechte entstehen

21 Welche Aussage trifft zu? Der Vertikalschnitt ist ...
a) ... ein Querschnitt.
b) ... ein Stumpfschnitt.
c) ... ein Horizontalschnitt.
d) ... eine Feinabstufung.

22 Wie heißen Farben, die sich im Farbkreis gegenüberstehen, und welches Farbergebnis entsteht beim Mischen dieser Farben?

23 Die Haarfarben können in warme und kalte Farben eingeteilt werden. Welche Farben gehören zu den warmen und welche zu den kalten Farben?

24 Mischfarben zweiter Ordnung entstehen durch Mischen ...
a) ... der Grundfarben.
b) ... der Mischfarben erster Ordnung.
c) ... der Grundfarben und der benachbarten Mischfarben.
d) ... der Komplementärfarben.

25 Mit der Maniküre sollen Finger und Nägel optisch der Idealform angeglichen werden. Bei einer Kundin mit kurzen Fingern und breiten Nägeln wird eine Maniküre durchgeführt. Wie muss der Nagel geformt werden, damit die Finger schlanker erscheinen?
a) Länglich oval
b) Rechteckig, die Ecken leicht abgerundet
c) Spitz zulaufend
d) Kurz und gerade

26 Zum Nagel gehören sichtbare und unsichtbare Bereiche. Welcher Teil eines Nagels ist sichtbar?
a) Nagelmatrix
b) Nagelplatte
c) Nagelbett
d) Nagelwurzel

27 Welche Gestaltungsregel gilt grundsätzlich, wenn ungünstige Gesichtsformen kaschiert werden sollen?

28 Nennen Sie die Vertragspartner, die am Abschluss eines Ausbildungsvertrages beteiligt sind.

29 Eine werdende Mutter hat das Recht auf …
a) … verkürzte Arbeitszeit.
b) … Befreiung von bestimmten Facharbeiten.
c) … zusätzliche Pausen zum Ausruhen.
d) … Gelegenheit zum Hinlegen.

30 Von den fünf Sozialversicherungen sind vier für den Arbeitnehmer beitragspflichtig. Für welche Sozialversicherung brauchen Arbeitnehmer keine Beiträge zu zahlen?
a) Unfallversicherung
b) Pflegeversicherung
c) Arbeitslosenversicherung
d) Rentenversicherung

31 Welche der aufgeführten Personengruppen ist nicht versicherungspflichtig?
a) Leiterin einer Friseurfiliale
b) Angestellte Friseurmeisterin
c) Im Salon ihres Ehemann angestellte Friseurin
d) Inhaberin eines kleinen Friseursalons

32 Welcher Kaufvertrag ist gültig?
a) Der 5-jährige Julian verkauft seine Playstation an einen Freund.
b) Die 16-jährige Gisela kauft sich von ihrem Konfirmationsgeld eine Zimmereinrichtung.
c) Der 17-jährige Bernd kauft sich von seinem Taschengeld einen Hund.
d) Die 15-jährige Elisabeth kauft sich von ihrem Taschengeld ein Paar Schuhe.

33 Eine Kundin möchte von Ihnen wissen, was der Begriff „Kontur" bedeutet. Erklären Sie ihr diesen Begriff und nennen Sie die einzelnen Abschnitte der Kontur.

34 Welcher Begriff wird für die Begrenzung zwischen Frisur und Gesicht verwendet?
   a) Kontur
   b) Haaransatzlinie
   c) Äußere Umrisslinie
   d) Innere Umrisslinie

35 Durch die Gestaltung der Frisur können unvorteilhafte Formen von Kopf und Gesicht ausgeglichen werden. Wie können Sie eine fliehende Stirn kaschieren?
   a) Voller, voluminös frisierter Pony
   b) Zurückgekämmtes Haar
   c) Betonter Ober- und Hinterkopf
   d) Volle Seitenpartien

36 Eine Kundin hat ein rundes Gesicht. Mit welcher Frisur können Sie die Gesichtsform vorteilhafter gestalten?
   a) Die Seitenpartien werden möglichst kurz geschnitten.
   b) Der Oberkopf wird flach frisiert.
   c) Das gesamte Haar wird zurückgesteckt.
   d) Die Seitenpartien werden ins Gesicht gekämmt und der Oberkopf wird voll gestaltet.

37 Jedes professionell geführte Telefonat im Salon besteht aus sechs Phasen. Nennen Sie diese.

38 Welche nonverbalen Ausdrucksmittel gibt es?

39 Eine Stammkundin äußert ihrer Friseurin gegenüber, dass sie ihre Frisur langweilig findet. Wie sollte die Friseurin auf diese Äußerungen reagieren?
   a) Die Friseurin hält einen Vortrag, um die Kundin zu überzeugen.
   b) Die Friseurin sollte nicht diskutieren und eine neue Frisur gestalten.
   c) Sie sollte ihr sagen, dass ihr die bisherige Frisur aber gut steht.
   d) Sie sollte die Wünsche der Kundin durch Fragen und Zuhören ermitteln.

40 Wie signalisieren Sie einer neuen Kundin, dass Sie sie gerne bedienen?
   a) Sie fragen die Kundin, warum sie in unseren Salon kommt.
   b) Sie bitten die Kundin, die gewünschte Frisur zu beschreiben.
   c) Sie stellen zunächst fest, welche Haar- und Kopfhautprobleme die Kundin hat.
   d) Sie nehmen Blickkontakt zur Kundin auf und gehen freundlich auf sie zu.

41 Was verstehen Sie unter dem Begriff „Kommunikation"?

Arbeit 2

1 Die wichtigste Aufgabe der Hygiene im Friseursalon besteht darin, Infektionskrankheiten vorzubeugen. Was verstehen Sie unter einer Infektion?

2 Im Wesentlichen werden drei Gruppen von Krankheitserregern unterschieden. Um welche Krankheitserreger handelt es sich dabei?

3 Es werden chemische und physikalische Desinfektionsverfahren unterschieden. Ein chemisches Verfahren ist das Desinfizieren ...
  a) ... mit Wasserdampf.
  b) ... mit UV-Strahlen.
  c) ... durch Verbrennen.
  d) ... mit Alkohol.

4 Wie wird eine Rückbildung von Antikörpern genannt?
  a) Sterilisierung
  b) Sensibilisierung
  c) Desensibilisierung
  d) Adstringieren

5 Warum darf bei den Friseur-Facharbeiten kein Schmuck an den Händen getragen werden?
  a) Der Schmuck könnte Schaden nehmen.
  b) Handschmuck enthält in jedem Fall Allergene.
  c) Das Arbeiten mit Werkzeugen wird erschwert.
  d) Feuchtigkeit und Waschmittelreste verbleiben unter dem Schmuck und fördern so Hautkrankheiten.

6 Was verstehen Sie unter einer Hautallergie?
  a) Trockene und empfindliche Haut
  b) Überempfindlichkeit der Haut gegenüber bestimmten Chemikalien
  c) Entzündungen der Haarfollikel
  d) Bildung von Papeln und Pusteln

7 Welche Maßnahme reduziert die Atemwegsbelastung für die Friseurin? (2 richtige Antworten)
  a) Verwendung von Haarsprays mit feinerer Düse
  b) Verwendung von Blondiergranulat
  c) Absolutes Rauchverbot im Salon
  d) Haarspray mit alkoholischem Lösungsmittel

8 Was müssen Sie laut Hygieneverordnung bei Schneidewerkzeugen wie Messern und Scheren nach jeder Benutzung vornehmen?

9 Grundrechnen

Eine Kundin mit mittellangem Haar möchte gern eine Langhaarfrisur. Dazu müsste das Haar mindestens 20 cm länger sein. Sie möchte von Ihnen wissen, wie lange sie ihr Haar wachsen lassen muss, bis die gewünschte Frisur möglich ist.

Nach welcher Zeit hat die Kundin bei einem täglichen Haarwachstum von 0,03 cm die Voraussetzungen für die Frisur erfüllt?

10 Verdünnen von Lösungen

Ein Shampoo wird im Verhältnis 1:4 verdünnt. Es werden täglich 2 Liter verdünntes Shampoo verbraucht. Wie hoch sind die Kosten, wenn das Konzentrat 12,00 € pro Liter kostet?

11
Damit die Wirkstoffe besser ins Haar gelangen können, muss die Schuppenschicht bei bestimmten Facharbeiten geöffnet werden. Welche Chemikalien werden dazu eingesetzt?
a) Oxidationsmittel
b) Säuren
c) Reduktionsmittel
d) Alkalien

12
Es gibt sehr viele Ursachen für den Verlust von Haaren. Diese werden in drei Gruppen eingeteilt. Nennen Sie diese drei Formen des Haarausfalls.

13
Die Kapillarität ist ein Begriff aus der Physik. Sie ist besonders bei der Dauerwelle von großer Bedeutung. Was verstehen Sie unter dem Begriff „Kapillarität"?
a) Aufnahme von Feuchtigkeit aus der Luft
b) Aufnahme von Wasser bei direktem Kontakt
c) Selbstständiges Steigen von Flüssigkeit in engen Röhrchen
d) Elektrische Aufladung der Haare

14 Welcher der folgenden Begriffe steht für die Schuppenschicht des Haares?
a) Cortex
b) Cuticula
c) Cutis
d) Corium

15
Kunden sind häufig an Zahlen zum Kopfhaar interessiert. Eine Kundin möchte z. B. alles über die maximal mögliche Länge ihrer Haare, die Lebensdauer, die Anzahl der täglich ausfallenden Haare, das Längenwachstum eines Haares pro Monat und die Reißfestigkeit von Haaren wissen. Geben Sie ihr die gewünschten Antworten.

16
Die häufigste Form des Haarausfalls ist die männliche Glatze. Welche Ursachen liegen ihr zugrunde?

17 Welcher der aufgeführten Begriffe zählt zur Gruppe der Haarschäden?
a) Psoriasis
b) Gedrehtes Haar
c) Trichorrhexis nodosa
d) Poröses Haar

18 Für Reinigungsmittel gibt es unterschiedliche Tenside. Welche Aussage über die nichtionogenen Tenside ist richtig?
a) Sie heben die negative Ladung des Haares nicht auf.
b) Sie heben aufgrund ihrer Ladung die negative Ladung des Haares auf.
c) Sie beseitigen die elektrostatische Aufladung des Haares.
d) Sie weisen eine positive und negative Ladung auf.

19 Durch welche Eigenschaften der Tenside ist ihre Waschwirkung zu erklären?

20 Eine Kundin mit langem Haar kommt zum Schneiden. Das Haar ist durch Aufhellungen vorgeschädigt. Im Gespräch erfahren Sie, dass die Haare schon gewaschen sind. Sie entscheiden sich für eine Ansatzwäsche, weil ... (3 richtige Antworten)
a) ... die Umwelt dadurch geschont wird.
b) ... die Haarlängen und -spitzen nicht zusätzlich belastet werden.
c) ... Sie so Shampoo, Wasser und Energie sparen.
d) ... die Kopfhaut weniger belastet wird.

21 Die Gewebsspannung der Haut wird durch die Begriffe „Turgor" und „Tonus" umschrieben. Der Turgor der Haut ist ...
a) ... die Gewebsspannung, die aus den elastischen Fasern resultiert.
b) ... die Gewebsspannung, die auf den Wassergehalt der Haut zurückzuführen ist.
c) ... die Gewebsspannung, die durch den Fettanteil der Haut bestimmt wird.
d) ... der durch die Gewebsspannung bedingte natürliche Glanz der Haut.

22 Die Nagelmykose ist eine Pilzinfektion der Nägel. Nägel mit einer Nagelmykose erkennt man an ...
a) ... weißen Flecken.
b) ... Querrillen.
c) ... spröden, brüchigen Nägeln.
d) ... Nagelverdickung und -verfärbung.

23 Nennen Sie drei Scherenarten und beschreiben Sie, wie sich diese Scheren im Aufbau und in ihrem Einsatzbereich unterscheiden.

24 Farben, die im Farbkreis einander gegenüberliegen, sind ...
a) ... Komplementärfarben.
b) ... getrübte Farben.
c) ... Spektralfarben.
d) ... Mischfarben.

25 Komplementärfarben werden in der Fachpraxis eingesetzt, um ...
a) ... leichten Grauanteil abzudecken.
b) ... unerwünschte Farbtöne auszugleichen.
c) ... das Haar leicht aufzuhellen.
d) ... die Farbtiefe zu verändern.

26 Aus dem Zusammenspiel der natürlichen Farben von Haar, Teint und Augen ergeben sich die vier unterschiedlichen Farbtypen. Wie werden diese Farbtypen bezeichnet?

27 Eine Kundin mit einer länglich-schmalen Gesichtsform wünscht sich ein vorteilhafteres Aussehen. Welche Gesichtspartien schattieren Sie dunkel, damit das Gesicht ovaler erscheint?

28 Dem Berufsausbildungsverhältnis liegt der Ausbildungsvertrag zugrunde. Welche Möglichkeiten gibt es, das Ausbildungsverhältnis vorzeitig aufzulösen, und wann endet es automatisch?

29 Wann beginnt die Rechtsfähigkeit eines Menschen und wann endet sie?

30 Die Berufsgenossenschaften sind die Träger der ...
a) ... Unfallversicherung.
b) ... Pflegeversicherung.
c) ... Arbeitslosenversicherung.
d) ... Rentenversicherung.

31 Welche Leistung erbringt die Arbeitslosenversicherung _nicht_?
a) Zahlung von Arbeitslosengeld
b) Förderung der Umschulung von Arbeitslosen
c) Zahlung von Arbeitslosengeld II
d) Vermittlung von Arbeitslosen

32 Es werden einseitige und zweiseitige Rechtsgeschäfte unterschieden. Wann liegt ein einseitiges Rechtsgeschäft vor? (2 richtige Antworten)
a) Kauf einer Fahrkarte am Automaten
b) Erwerb von Lebensmitteln im Selbstbedienungsgeschäft
c) Auflösung eines Ausbildungsvertrages während der Probezeit
d) Kündigung eines Arbeitsverhältnisses

33 Wer erhält Erziehungsgeld?
a) Die Mutter oder der Vater des Kindes, wenn deren Einkommen unter einer festgelegten Grenze liegt
b) Nur die Mutter
c) Der Vater oder die Mutter, unabhängig von der Höhe des Einkommens
d) Die Mutter eines Kindes, das tagsüber von der Großmutter versorgt wird

34 Als Silhouette einer Frisur bezeichnet man die …
a) … Kammführungslinie.
b) … Kontur.
c) … Tampeln.
d) … äußere Umrisslinie.

35 Wodurch kann ein rundes Gesicht vorteilhafter erscheinen?
a) Haar ins Gesicht frisiert
b) Zurückgekämmtes Haar
c) Betonter Ober- und Hinterkopf
d) Volle Seitenpartien

36 Eine Kundin leidet unter der Seborrhoea oleosa. Ihr Haar fettet in kurzer Zeit vom Ansatz bis zu den Spitzen durch. Bisher ist sie von allen Präparaten enttäuscht. Was sagen Sie ihr?
a) Sie geben der Kundin Recht, damit die Situation freundlich bleibt.
b) Sie fragen die Kundin nach den verwendeten Präparaten.
c) Sie widersprechen der Kundin, weil sie die Fachfrau sind.
d) Sie zeigen der Kundin, dass die Wirkung sogar auf der Verpackung zu lesen ist.

37 Was verstehen Sie unter dem Begriff „nonverbale Kommunikation"? Geben Sie hierzu Beispiele.

38 Worauf sollte eine Friseurin hinsichtlich des Wirkattributes „Kleidung" achten?

39 Nennen Sie die vielfältigen Aufgaben und Tätigkeiten innerhalb des Dienstleistungsbereiches „Friseur".

40 Die Friseurin muss bestimmte Anforderungen hinsichtlich ihres Rollenverhaltens/ihrer Rollenattribute erfüllen. Beschreiben Sie diese Anforderungen näher.

3 Gesellenprüfungsarbeiten

Technologie 1

1 Welche Begriffserklärung trifft auf die Hygiene zu?
  a) Größtmögliche Sauberkeit im privaten und beruflichen Bereich
  b) Alle vorbeugenden Maßnahmen, die der Gesunderhaltung dienen
  c) Abtöten von Bakterien, Pilzen und Viren
  d) Desinfizieren der Schneidewerkzeuge nach jedem Gebrauch

2 Der Friseurin stehen unterschiedliche Desinfektionsmethoden zur Verfügung. Unterteilen Sie die Desinfektionsverfahren und nennen Sie jeweils Beispiele.

3 Zur Vermeidung von Hautallergien müssen unterschiedliche Schutzhandschuhe getragen werden. Welche Handschuhe werden bei welchen Facharbeiten eingesetzt?

4 In welcher Bestimmung sind die Regeln für den Hautschutz enthalten?
  a) TRGS 530 (Technische Regeln für Gefahrstoffe)
  b) Infektionsschutzgesetz
  c) Hygieneverordnung
  d) Bestimmungen zur Unfallverhütung

5 Zur Erhaltung der Umwelt kann auch ein Friseursalon beitragen. Nennen Sie Maßnahmen, durch die im Friseurberuf die Umweltbelastungen verringert werden können.

6 Ein voller Haarschopf verliert täglich ca. 80 bis 120 Haare. Dennoch entstehen dabei keine Kahlstellen. Geben Sie hierfür eine Erklärung.

7 Berechnen Sie die Gesamthaarmenge einer Kundin, die täglich durchschnittlich 85 Haare verliert. Ihr täglicher Haarausfall entspricht 0,08 % ihres gesamten Haarschopfs.

8 In den Oxidationshaarfarben mit der Farbrichtung Asch ist ein geringer Blauanteil enthalten. Wie werden die natürlichen Aschtöne gebildet?
  a) Ausschließlich durch die Eumelanine im Haar
  b) Durch das Fehlen der Eumelanine im Haar
  c) Durch einen geringeren Anteil von Eumelaninen
  d) Durch einen geringeren Anteil von Phäomelaninen

9 Eine wichtige physikalische Eigenschaft von Haaren ist die Kapillarwirkung. Was bedeutet Kapillarität und welche Bedeutung hat die Kapillarwirkung für die Friseurfacharbeiten?

10 Zu den Haarschaftveränderungen gehören die Haaranomalien und die Haarschäden. Nennen Sie die Ursachen der Haarschäden.

11 Haaranomalien sind genetisch bedingte Veränderungen des Haares. Bei welchem Begriff handelt es sich um eine Haaranomalie?
a) Psoriasis
b) Alopecia totalis
c) Trichotillomanie
d) Trichorrhexis nodosa

12 Die Friseurin muss bei einem vorliegenden Haarausfall erkennen, um welche Form des Haarausfalls es sich handelt. Auf dieser Grundlage kann eine richtige Beratung erfolgen. Nennen Sie die drei unterschiedlichen Formen des Haarausfalls.

13 Es werden reversible und irreversible Formen des Haarausfalls unterschieden. Welche der unter 12 aufgeführten Formen des Haarausfalls ist in jedem Fall reversibel?

14 Die Eigenschaften eines Shampoos hängen von seiner Zusammensetzung ab. Gemeinsam ist allen Shampoos, dass das Haar gereinigt werden muss, gut kämmbar ist und die Kopfhaut nicht gereizt wird. Durch welche Wirkstoffgruppen werden diese Ziele erreicht?

15 Nachbehandlungspräparate müssen nach allen chemischen Behandlungen des Haares eingesetzt werden. Welche Aufgabe nehmen sie _nicht_ wahr?
a) Verbessern der Haarstruktur
b) Pflege der Kopfhaut
c) Schützen des Haares vor UV-Strahlen
d) Bekämpfen von Schuppen

16 Nach der Menge und der Konsistenz des produzierten Talgs werden die Hauttypen unterschieden. Wie heißt der Hauttyp, der durch übermäßige Produktion von flüssigem Talg gekennzeichnet ist?
a) Seborrhoea sicca
b) Seborrhoea oleosa
c) Normale Haut
d) Sebostase

17 Der Hauttalg ist ein „natürliches Produkt" zum Schutz und zur Pflege der Haut. Welche Aufgaben hat der Hauttalg?

18 Eine häufig vorkommende Hautfunktionsstörung sind die Komedonen. Es handelt sich dabei um …
a) … Talgdrüsenentzündungen.
b) … eitrige Pusteln.
c) … gestaute und verhärtete Talgpfropfen.
d) … Milien.

19 In den Oxidationshaarfarben ist als wichtiger Wirkstoff ein Alkali enthalten. Welche Aufgabe hat es beim Mischen mit der H_2O_2-Lösung?
 a) Es öffnet die Schuppenschicht.
 b) Es hebt die Wirkung der Stabilisierungssäure im H_2O_2 auf.
 c) Es macht ein Waschen im Normalfall überflüssig.
 d) Es verhindert elektrostatisches Aufladen der Haare.

20 Wie unterscheiden sich Effilierscheren und Modellierscheren in ihrem Aufbau und in ihrem Einsatzbereich?

21 Berechnen Sie die Stärke eines H_2O_2-Konzentrats.
Eine Friseurin stellt aus 100 ml eines speziellen H_2O_2-Konzentrats 2 l Fixierung mit einem 1,8%igen H_2O_2-Gehalt her. Wie hoch ist der H_2O_2-Gehalt des Konzentrats?

22 Alkalische Wellmittel enthalten eine Vielzahl von Inhaltsstoffen. Welche dieser Stoffe sind an der Umformung des Haares beteiligt, also wellwirksame Substanzen?

23 Die Dauerwellflüssigkeit wird auf den Wickel aufgetragen und gelangt dann durch den Wickel an die Längen und Spitzen des Haares. Welche physikalische Eigenschaft des Haares ist dafür verantwortlich?
 a) Kapillarität
 b) Hygroskopizität
 c) Saugfähigkeit
 d) Elektrostatische Aufladung

24 Neben den Wasserstoff- und Salzbrücken werden bei der Dauerwelle auch die Schwefelbrücken gelöst. Welcher Wirkstoff ist für diesen chemischen Vorgang verantwortlich?
 a) Ammoniumhydrogencarbonat
 b) Tensid
 c) Ammoniumthioglykolat
 d) Alkali

25 Für chemisch vorbehandeltes Haar wird eine „schwächere" Dauerwellflüssigkeit gewählt. Es handelt sich dabei um ein Wellmittel …
 a) … mit niedriger Alkalität und niedrigem Thioglykolatanteil.
 b) … mit einem geringen Anteil an Schutzstoffen.
 c) … mit niedriger Alkalität und hohem Anteil an Thioglykolat.
 d) … mit großem Anteil an Schutzstoffen und Thioglykolat.

26 Der wesentliche Bestandteil einer Fixierung ist das H_2O_2. Welche Aufgabe hat dieser Wirkstoff in der Fixierung?
 a) Es löst die Cystinbrücken.
 b) Es schließt die Disulfidbrücken.
 c) Es löst die Schwefelbrücken.
 d) Es adstringiert das Haar.

27 Gegenfarben, auch Komplementärfarben genannt, sind Begriffe aus der Farbenlehre. Warum heißen sie Gegenfarben und welche Bedeutung haben sie für die Färbepraxis?

28 Die Farbkarten der Farbenhersteller geben einen Überblick über die angebotenen Oxidationshaarfarben. Nach welchem Prinzip sind die Haarfarben in den Farbkarten geordnet?

29 Der Begriff „Braun" hat in der Friseurpraxis eine doppelte Bedeutung. Welche Aussage ist richtig?
   a) Braun ist ausschließlich eine Bezeichnung für eine Farbrichtung.
   b) Braun ist ausschließlich eine Bezeichnung für einen Bereich der Farbtiefe.
   c) Braun ist eine andere Bezeichnung für Rot-Orange.
   d) Braun ist eine getrübte Farbe, die aus Orange und Schwarz gemischt werden kann.

30 Tönungen haben im Gegensatz zu Oxidationsfarben einen begrenzten Einsatzbereich. Für welche Farbwünsche können sie eingesetzt werden?

31 Zur Erreichung der gewünschten Aufhellung beim Blondieren tragen auch die Pufferstoffe im Blondierpulver bei. Welche Aufgaben haben sie beim Blondieren?
   a) Sie sorgen dafür, dass der Blondierbrei sauer reagiert.
   b) Sie sind für die Quellung des Haares verantwortlich.
   c) Sie sorgen dafür, dass trotz der Zugabe der sauer eingestellten H_2O_2-Lösung der Blondierbrei alkalisch bleibt.
   d) Sie verhindern das Ablaufen des Blondierbreis.

32 Bei einer Blondierung werden je nach Kundenwunsch unterschiedliche Blondiertechniken eingesetzt. Welche Blondiertechniken kennen Sie?

33 Nennen Sie die beiden Komponenten, aus denen die Färbepräparate bestehen.

34 Eine Kundin mit normal verschmutztem Haar wünscht eine Färbung. Warum ist in diesem Fall eine Haarwäsche vor dem Färben nicht erforderlich?
   a) Kleine Farbunterschiede, verursacht durch Verschmutzung des Haares, fallen kaum auf.
   b) Das H_2O_2 sorgt für einen Farbausgleich.
   c) Die im Färbepräparat enthaltenen Tenside beseitigen leichte Verunreinigungen.
   d) Die Alkalien haben eine reinigende Wirkung.

35 Die Oxidationshaarfarben sind auf das Färben von Haaren mit „normaler" Haarstruktur eingestellt. Wie verhalten sie sich aber beim Färben von glasig-hartem Haar?

36 Für die Bezeichnung von Haarfarben werden oft einfache Begriffe gewählt, die eine Vorstellung von der Farbe vermitteln. Welche Haarfarben sind nicht nach einer Holzart benannt worden? (2 richtige Antworten)
   a) Mahagoni
   b) Kastanie
   c) Palisander
   d) Purpur

37 Berechnen Sie den Bruttobedienungspreis für eine Tönung.

Für eine Tönung liegt der Materialverbrauch bei 6,50 €. Die Lohnkosten betragen 14,50 € pro Stunde. Der Arbeitsaufwand für die Tönung liegt bei 24 Minuten. Der Betrieb rechnet mit einem Gemeinkostensatz von 62 % und einem Gewinn von 36 %. Die Mehrwertsteuer beträgt 19 %.

38 Frau Schöne kommt zu einer Kosmetikbehandlung in Ihren Salon. Sie legt Wert auf eine gründliche, pflegende Kosmetik mit einer Gesichtsmaske. Erklären Sie ihr, welche Wirkstoffe eine Gesichtsmaske enthält und worin ihre besondere Wirkung besteht.

39 Für die Heimbehandlung empfehlen Sie der Kundin eine Nachtcreme. Auf die Frage, was der Hauptbestandteil ist, sagen Sie: Die Nachtcreme ist ...
  a) ... ein Fettgemisch.
  b) ... eine W/Ö-Emulsion.
  c) ... eine Ö/W-Emulsion.
  d) ... eine Mischemulsion.

Technologie 2

1 Nennen Sie die Bereiche der Hygiene und führen Sie jeweils drei Hygienemaßnahmen auf.

2 Keime können auf unterschiedliche Weise übertragen werden. Nennen und erklären Sie die beiden Formen der Infektion.

3 Nach einem Kontakt mit Allergenen kann der Körper mit der Bildung von Antikörpern reagieren. Wie heißt dieser Vorgang?
  a) Sterilisierung
  b) Sensibilisierung
  c) Desensibilisierung
  d) Adstringieren

4 Leider ereignen sich auch im Friseursalon Unfälle. Um diese zu vermeiden, muss man deren Ursachen kennen. Nennen Sie häufige Unfallursachen im Friseurbetrieb.

5 Durch sparsamen Energieverbrauch können Sie einen Beitrag zur Reduzierung der Umweltbelastung und zur Senkung der Betriebskosten leisten. Berechnen Sie die Stromkosten für einen Arbeitstag in einem Friseursalon.

Die folgende Aufstellung zeigt die an einem Tag in einem Friseursalon genutzten Geräte und deren durchschnittliche Betriebsdauer.

2 Klimazongeräte   je 1.200 W   je   5,5 Std
4 Hauben   je   550 W   je   2,5 Std
8 Föhne   je   750 W   je   3,5 Std
9 Lampen   je   100 W   je 10,5 Std

Der Preis für eine kWh beträgt inklusive Steuern und Nebenkosten 20,6 Cent.

PRÜFUNG

6 Bei vielen Facharbeiten wird auch die Umwelt belastet. Welche der aufgeführten Maßnahmen ist umweltbelastend?
a) Verwendung von Pumpsprays
b) Verwendung unterschiedlicher Handtuchgrößen
c) Verwendung von Deospray
d) Regulierung der Raumtemperatur

7 Der Haarfollikel besteht wie die Haut und das Haar aus mehreren Schichten. Dies sind …
a) … Cuticula und Cortex.
b) … Haarbalg und Wurzelscheide.
c) … Epidermis und Corium.
d) … Subcutis und Medulla.

8 Das Haar ist aus drei Schichten aufgebaut. Nennen und beschreiben Sie die Schichten des Haares.

9 Welcher der aufgeführten Begriffe ist die Bezeichnung für eine Haarschicht?
a) Corium
b) Cortex
c) Matrix
d) Cutis

10 Es gibt eine Vielzahl unterschiedlicher natürlicher Haarfarben. Erklären Sie, wie diese Farbtöne entstehen.

11 Bei der Entscheidung, ob Sie mit einer Tönung oder Färbung das Farbziel einer Kundin erreichen können, schätzen Sie den Weißanteil des Haares. Wie viele ihrer 106.000 Haare sind unpigmentiert, wenn der Weißanteil bei 18 % liegt?

12 Das Haar verfügt über mehrere physikalische Eigenschaften. Welche von ihnen ist für das Färben wichtig?
a) Dehnbarkeit
b) Reißfestigkeit
c) Saugfähigkeit
d) Kapillarität

13 Über die Ursachen, die zu einer Glatze führen, gibt es sehr viele irrige Meinungen. Welcher der aufgeführten Gründe führt <u>nicht</u> zur männlichen Glatze?
a) Veranlagung zur Glatze bei Männern
b) Veranlagung zur Glatze bei älteren Frauen
c) Ein hoher Androgenspiegel bei Männern ohne erbliche Veranlagung zur Glatze
d) Veranlagung und ein eher geringer Anteil an männlichen Hormonen

14 Für Reinigungsmittel gibt es unterschiedliche Tenside. Welche Aussage über die anionischen Tenside ist richtig?
  a) Anionische Tenside haben eine gute Waschwirkung.
  b) Anionische Tenside haben eine positive Ladung.
  c) Anionische Tenside sind positiv und negativ geladen.
  d) Anionische Tenside haben keine elektrische Ladung.

15 Jede chemische Behandlung des Kopfhaares muss mit einer Nachbehandlung abgeschlossen werden. Beschreiben Sie die Wirkungsweise von Nachbehandlungspräparaten.

16 Kunden mit ansteckenden Kopfhauterkrankungen dürfen im Salon nicht bedient werden. Hierzu gehören …
  a) … trockene Schuppen.
  b) … ölige Schuppen.
  c) … Psoriasis.
  d) … Scherpilzflechte.

17 Haaranomalien gehören zu den Haarschaftveränderungen. Erklären Sie den Begriff Haaranomalie und nennen Sie einige Beispiele.

18 Aus welcher Gewebsart besteht die Lederhaut?
  a) Epidermales Deckgewebe
  b) Verhorntes Deckgewebe
  c) Muskelgewebe
  d) Bindegewebe

19 Nennen Sie die Schutzaufgaben der Haut.

20 Welche Verhornungsstörungen darf die Kosmetikerin mit einem Messer entfernen?
  a) Milien
  b) Viruswarzen
  c) Alterswarzen
  d) Hühneraugen

21 Eine wichtige Chemikalie in der Dauerwellflüssigkeit sowie in Blondier- und Färbemitteln sind Alkalien. Wie wirken sie auf das Haar?
  a) Das Haar wird adstringiert.
  b) Die Salzbrücken werden geschlossen.
  c) Die Haarstruktur wird gelockert.
  d) Die Schuppenschicht wird geschlossen.

PRÜFUNG

22 Vom pH-Wert hängt die Wirksamkeit vieler Friseurpräparate ab. In welchem pH-Bereich liegen Friseurpräparate?
a) pH-Bereich 0–14
b) pH-Bereich 0–7
c) pH-Bereich 7–14
d) pH-Bereich 3–10

23 Welcher der aufgeführten Stoffe ist ein Reduktionsmittel?
a) H_2O_2-Lösung
b) Ammoniumthioglykolat
c) Pufferstoffe
d) Alkalien

24 Das Graduieren ist eine wichtige Technik beim Haare Schneiden. Was verstehen Sie unter einer Graduierung?

25 Welche Aufgaben nehmen Spülungen und Packungen nicht wahr?
a) Sie reduzieren restliches H_2O_2.
b) Sie neutralisieren restliches Alkali.
c) Sie sorgen für die Keratinhärtung.
d) Sie beseitigen Kopfschuppen.

26 Nach dem Einwirken der Dauerwellflüssigkeit müssen die Schwefelbrücken wieder geschlossen werden. Welche chemische Substanz übernimmt diese Aufgabe?
a) Wasserstoffperoxid
b) Tensid
c) Ammoniumthioglykolat
d) Emulgator

27 Der Friseurin stehen auf die unterschiedlichen Haarqualitäten abgestimmte Wellmittel zur Verfügung. Für ein schwer wellbares Haar wählt sie eine Wellflüssigkeit mit …
a) … einem hohen Anteil an Schutzstoffen.
b) … höherer Alkalität und höherem Thioglykolatanteil.
c) … niedriger Alkalität.
d) … niedrigem Anteil an Schutzstoffen und an Thioglykolat.

28 Eine Kundin ist mit ihrer Dauerwelle unzufrieden, weil die Umformung zu schwach ist. Die Friseurin hatte die Haarstruktur nicht richtig beurteilt und eine zu schwache Wellflüssigkeit gewählt. Was ist während der Einwirkzeit falsch gelaufen?
a) Es wurden zu wenig Cystinbrücken gelöst.
b) Es wurden zu wenig Salzbrücken gelöst.
c) Es wurden mehr als 20 % der Schwefelbrücken gelöst.
d) Die gelösten Disulfidbrücken wurden nur unvollständig wieder geschlossen.

29 Berechnen Sie den Bruttobedienungspreis einer Dauerwelle.
Die Materialkosten betragen 3,32 €.
Die Lohnkosten liegen bei 12,60 €.
Der Gemeinkostenzuschlag beträgt 65 % der Lohnkosten, der Gewinn wird mit 34 % der Selbstkosten veranschlagt.
Der gesetzliche Mehrwertsteuersatz liegt bei 19 %.

30 Grundsätzlich sollte die Friseurin ein Farbziel mit der geringsten Belastung des Haares erreichen. Dies kann die Tönung leisten, weil dabei kein chemischer Eingriff in die Haarstruktur erfolgt. Welche Farbwünsche können mit einer Tönung jedoch nicht erfüllt werden?

31 Eine Kundin erkundigt sich nach den Eigenschaften von Pflanzentönungen. Nennen Sie ihr die Vorteile der Pflanzentönungen gegenüber den reinen Pflanzenfarben.

32 Welche Aussage ist richtig?
a) Asch ist eine Bezeichnung für die Farbtiefe einer Haarfarbe.
b) Aschtöne gibt es ausschließlich als direktziehende Farbstoffe.
c) Aschtöne werden eingesetzt zur Abdeckung von gelb-roten Tönen.
d) Aschtöne können zum Färben bei hohem Weißanteil eingesetzt werden.

33 Beim Färben laufen zwei Oxidationsvorgänge ab. Erklären Sie die beiden Vorgänge.

34 Das H_2O_2 im Färbepräparat hat zwei Aufgaben. Welche? (2 richtige Antworten)
a) Es neutralisiert das Alkali, damit der Sauerstoff frei wird.
b) Es hellt nur die natürlichen Pigmente auf.
c) Es hellt die im Haar befindlichen künstlichen und natürlichen Pigmente auf.
d) Es stellt aus Farbvorstufen künstliche Pigmente her.

35 Die Oxidationshaarfarben sind auf „normales" Haar eingestellt. Mit welchen Abweichungen vom Farbziel müssen Sie rechnen, wenn das vorliegende Haar nicht dem „normalen" Haar entspricht?

36 Bei der Haarbeurteilung stellen Sie fest, dass das Haar glasig-hart ist. Welcher Arbeitsgang wird zur Abdeckung des vorliegenden Haares empfohlen?
a) Zuführen von Wärme
b) Verwenden einer Borstenmischung
c) Voranlagern von Rottönen
d) Wahl eines dunkleren Farbtons

37 Berechnen Sie die H_2O_2-Konzentration der Färbemischung.
Für eine Hellerfärbung werden 45 ml 12%iges H_2O_2, 60 ml Spezialfarbe und 15 ml Wasser gemischt.

38 Ein italienischer Maler bevorzugte eine bestimmte Farbe. Welche der aufgeführten Haarfarben ist nach ihm benannt worden?
  a) Tizian
  b) Zyklamen
  c) Kupfer
  d) Ayer's Rock

39 Mit Pflanzenfarben kann man nicht alle Farbziele erreichen. Für welchen Farbwunsch können sie eingesetzt werden?
  a) Veränderung der Farbnuance
  b) Veränderung der Farbtiefe um mehrere Töne
  c) Leichte Aufhellung
  d) Abdecken eines hohen Weißanteils

40 Zum Reinigen der Gesichtshaut wird auch alkoholhaltiges Gesichtswasser eingesetzt. Damit wird der Fettschmutz …
  a) … emulgiert.
  b) … dispergiert.
  c) … gelöst.
  d) … neutralisiert.

Beraten und Verkaufen 1

1 Sämtliche Facharbeiten, die eine Friseurin gegenüber der Kundin erbringt, werden allgemein als „Dienstleistung" bezeichnet. Erklären Sie den Begriff „Dienstleistung".

2 Die Friseurin muss in Bezug auf ihre Berufsrolle unterschiedliche Erwartungen der Kundin erfüllen. Diese Erwartungen beziehen sich unter anderem auf die Wirkattribute des Menschen. Nennen Sie drei Wirkattribute des Menschen.

3 Im Salon hat sich aufgrund der Erkrankung einer Mitarbeiterin eine Verzögerung bei der Bedienung der angemeldeten Kundin ergeben. Wie hat sich die Friseurin in diesem Fall zu verhalten?
  a) Sie erklärt der Kundin den Grund für die Verzögerung, bittet um Verständnis und verspricht eine schnellstmögliche Bedienung.
  b) Sie fordert sie auf, in ca. einer Stunde noch einmal wiederzukommen.
  c) Sie empfängt die Kundin freundlich und bittet sie, schon einmal in der Kabine Platz zu nehmen.
  d) Sie empfängt sie freundlich und lässt die Auszubildende die Haar- und Kopfhautreinigung durchführen.

4 Der Umgang und die Kommunikation mit der Kundin erfolgen überwiegend über die Verwendung nonverbaler Ausdrucksformen. Nonverbale Ausdrucksformen gehen dabei von körpersprachlichen Ausdrucksmitteln aus. Zählen Sie die verschiedenen körpersprachlichen Ausdrucksmittel auf.

5 Bei der Erklärung von Frisuren oder auch während des kurzweiligen Gesprächs mit der Kundin „redet" die Friseurin nicht selten mit Händen und Füßen. Beschreiben Sie für das Ausdrucksmittel „Hände" zwei verschiedene Ausdrucksformen und deren Botschaften.

6 Welche Botschaften vermittelt das Ausdrucksmittel „Körperhaltung" in der nachfolgenden Abbildung?

7 Eine Auszubildende schaut während der Ausführungen einer Kundin nach oben. Welche Botschaft geht in diesem Fall von der Blickrichtung aus?
  a) Persönliches Wissen abrufend
  b) Überlegend, nach konstruierten Lösungen suchend
  c) Inneres Selbstgespräch
  d) Hilfe erflehend

8 Welche Sprachfunktionen verbergen sich hinter den folgenden Aussagen der Friseurin gegenüber einer Kundin?
  a) „Nehmen Sie bitte schon einmal Platz."
  b) „Mit einer Ansatzwelle erreicht man mehr Stand und Volumen."
  c) „Die Frisur steht Ihnen ganz ausgezeichnet und unterstreicht Ihren Typ."

9 Eine Friseurin macht ihrer Kundin einen Frisurenvorschlag. Woran kann sie eindeutig erkennen, dass die Kundin eine genaue Vorstellung von der Frisur hat und ihren Ausführungen folgen konnte?

10 Auf Fachmessen und Modepräsentationen kann sich eine Friseurin über aktuelle Trends und Entwicklungen in ihrer Berufsbranche informieren. Auffallend ist bei den verschiedenen Beiträgen und Beschreibungen die Verwendung von Fachsprache. Welche Vorteile sehen Sie in der Verwendung von Fachsprache?

11 Was bedeutet „Sprachkompetenz"?
  a) Fähigkeit zur Selbstkritik
  b) Beratungsinhalte fachsprachlich darstellen zu können.
  c) Sprachliche Kommunikationsfähigkeit
  d) Fremdsprachenkenntnisse

PRÜFUNG

12 Ihr Beruf erfordert im Umgang mit den Kunden in jedem Falle ein „typgerechtes" Beratungsangebot. Die Festlegung auf einen bestimmten Typen nennt man Typisierung. Erläutern Sie den Begriff „Typisierung".

13 Im Rahmen einer Beratung treffen Sie auf eine „skeptische" Kundin. Wie verhalten Sie sich dieser Kundin gegenüber?

14 Ihre Kundin wünscht eine Frisur, die aus Ihrer Sicht nicht zum Typ passt. Wie verhalten Sie sich in dieser Situation?
   a) Sie ignorieren den Kundenwunsch.
   b) Sie erstellen die gewünschte Frisur.
   c) Sie verweisen auf die Salonphilosophie und lehnen diesen Schnitt ab.
   d) Sie sagen offen und ehrlich, dass die Frisur der Kundin nicht steht.
   e) Sie machen eine Typberatung und variieren die Frisur passend zum Typ.

15 Einem qualitätsbewussten Kundentyp ist ...
   a) ... ein preisgünstiges Angebot wichtig.
   b) ... ein hochwertiges Arbeitsgerät des Friseurs wichtig.
   c) ... ein gehobenes Dienstleistungsangebot wichtig.
   d) ... ein selbstbewusstes Auftreten der Friseurin wichtig.

16 Wenn Sie als Friseurin der Kundin gegenüber eine fachliche oder private Äußerung tun, vermitteln Sie nach Schulz v. Thun gleichzeitig vier Botschaften. Nennen Sie diese.

17 Von Watzlawick stammt der Hinweis, dass zwischenmenschliche Kommunikation unter anderem analog und/oder digital erfolgen kann. Was bedeutet „Digitale Kommunikation"?
   a) Reden ohne Punkt und Komma
   b) Fachgespräch über die Wachstumsphase
   c) Verständigung, die eine Schlussfolgerung beinhaltet
   d) Verständigung mittels Körpersprache
   e) Schriftsprachliche Verständigung

18 Der Friseurmeister stellt gegenüber seiner Auszubildenden heraus, wie wichtig gerade die Begrüßung der Kundin für den weiteren Umgang mit ihr ist. Welche Ziele verfolgen Sie bei der Begrüßung der Kundin?

19 Erhebungen haben gezeigt, dass den Kundinnen beim Friseurbesuch Entspannung und eine positive Gesprächsatmosphäre außerordentlich wichtig sind. Wie sorgen Sie für eine positive Gesprächsatmosphäre?

20 Die Auszubildende Anja hat im Rahmen der zahlreichen Kundenkontakte erfahren, dass die meisten Kundinnen eine gewisse Vorstellung von der neuen Frisur bzw. dem neuen Farbwunsch haben und diese der Friseurin gegenüber gerne darstellen. Was bedeutet in diesem Zusammenhang die Verpflichtung der Friseurin zum „Aktiven Zuhören"?

21 Ihre Kollegin, die gerade eine Kundin bedient, wird am Telefon verlangt. Wie verhalten Sie sich in dieser Situation?
 a) Ich erkläre dem Gesprächsteilnehmer, dass die Kollegin im Moment beschäftigt sei.
 b) Ich erkläre der Gesprächsteilnehmerin, dass die Kollegin im Moment beschäftigt sei und sie daher zu einem späteren Zeitpunkt noch einmal anrufen möge.
 c) Ich ermittle den Grund des Anrufes und bemühe mich dazu Stellung zu nehmen.
 d) Ich hole die Kollegin an das Telefon.

22 Jeder Saloninhaber verwaltet in der Regel ein breit gefächertes und umfassendes Warensortiment. Daher ist es sinnvoll, eine „Sortimentsgliederung" vorzunehmen. Nach welchen Kriterien werden die Waren dabei gegliedert?

23 Für eine Tönung wird eine Tube Tönungsbalsam zu 4,70 € verwendet. Der Spezialfestiger kostet 1,80 €. Die Preise für das sonstige Material (Shampoo, Haarspray usw.) sind in den Gemeinkosten enthalten. Die Lohnkosten betragen 13,50 € pro Stunde. Der Arbeitsaufwand für die Tönung liegt bei 24 Minuten. Der Betrieb rechnet mit einem Gemeinkostensatz von 64 % und einem Gewinn von 38 %. Berechnen Sie den Bruttobedienungspreis.

Beraten und Verkaufen 2

1 In vielen Salons wird insbesondere von der Geschäftsleitung darauf geachtet, dass die Kundenkartei regelmäßig und gewissenhaft geführt wird. Begründen Sie, worin der Nutzen dieser Verwaltungsaufgabe liegt.

2 Geänderte Preise stoßen bei Kunden meist auf Unverständnis oder führen zu kritischen Äußerungen, wie die neue Preisstruktur zu begründen sei. Sie reagieren darauf mit der Aussage: „Eine Preisänderung bei den Produkten/Dienstleistungen ist erforderlich … (2 richtige Antworten)
 a) … wenn sich die Nachfragesituation verändert."
 b) … wenn sich die Kostensituation des Salons verändert."
 c) … wenn die Kosten für den Betriebsausflug höher ausgefallen sind."
 d) … wenn eine Mitarbeiterschulung stattgefunden hat."

3 Sie werden als Mitarbeiterin eines Salons aufgefordert, durch kreative und fantasievolle Werbung im Schaufenster neue Kunden anzusprechen. Doch Vorsicht, die Marketingmaßnahme „Werbung" unterliegt gesetzlichen Bestimmungen! Welche Arten und Formen von Werbung sind danach verboten?

4 Die Friseurmeisterin Fischer möchte sich selbstständig machen und denkt in diesem Zusammenhang auch über die unterschiedlichen Standorte für einen Salon nach. Welche Vor- und Nachteile bringt eine Innenstadtlage des Salons mit sich?

5 Die Zufriedenheit von Kunden und ihre langfristige Bindung an den Salon/die Friseurin ergeben sich auch durch das Angebot von Nebenleistungen. Welche Leistungen dieser Art halten Sie für besonders wichtig, wenn Sie einen Salon führen müssen? Geben Sie drei Beispiele.

6 Friseurmeisterin Schön plant die Einrichtung eines Salons in einem Stadtteil, von dem sie weiß, dass es dort bereits eine Reihe von Mitbewerbern gibt. Frau Schön ist sich sicher, dass eine Niedrigpreisstrategie das richtige Konzept für ihren neuen Salon ist. Welche Grundsätze und Überlegungen spielen bei der Niedrigpreisstrategie eines Salons eine Rolle?

7 Mit einem guten Marketing können die Erfolgschancen eines Unternehmens gesteigert werden. Sie haben von einer Unternehmensberatung ein Marketingkonzept entwickeln lassen und setzen dieses auch konsequent um. Woran lassen sich die Erfolge des Konzeptes ablesen? Geben Sie dafür fünf Beispiele.

8 Kundin Gerneschön hat von Ihnen eine Blondierung erhalten. Sie halten nach dieser Behandlung das Auftragen einer Packung für notwendig. Mit welchen Argumenten empfehlen Sie der Kundin die Haarpackung?
a) Die Restalkalien werden nachhaltig in ihrer Wirkung unterstützt.
b) Durch die Produktanwendung erfolgt die schleichende Aufhellung der Haare in kontrollierter Form.
c) Das restliche H_2O_2 wird durch Antioxidantien unwirksam und eine weitere Aufhellung der Haare dadurch unterbunden.
d) Die adstringierende Wirkung findet in erster Linie in der Medulla statt.

9 Eine ökologisch orientierte Kundin benötigt für ihr strukturgeschädigtes Haar eine Pflege-Spülung zur Heimbehandlung. Welche Hinweise zum Produkt überzeugen die Kundin und führen zu einer Kaufentscheidung?
a) Die Wirkstoffe dieses Produkts lassen sich mithilfe der Portionsflasche besonders gut auf die Haarpartien aufbringen.
b) Die enthaltenen Wirkstoffe entfalten eine sehr angenehme natürliche Duftnuance.
c) Insbesondere die keratinaffinen Stoffe sorgen bei Ihrem Haar für einen nachhaltigen Strukturausgleich.
d) Mit dieser Spülung gleichen Sie die Haarstruktur aus; die Flasche können Sie bei Bedarf in unserem Salon wiederbefüllen.

10 Sie empfehlen einer Kundin anhand einer Abbildung in einer Fachzeitschrift eine Frisur. Die Kundin schüttelt den Kopf und sagt: „Diese Frisur gefällt mir nicht."
a) Warum sollten Sie bei diesem Kundeneinwand die Rückfrage-Methode anwenden?
b) Wenden Sie die Rückfrage-Methode auf die oben dargestellte Situation an.

11 Verkaufspsychologen haben festgestellt, dass im Rahmen von Verkaufsgesprächen Reizwörter wie „teuer" oder „billig" vermieden werden sollten. Welche geeigneteren Begriffe für das Wort „billig" kennen Sie? (Geben Sie drei Beispiele.)

12 Im Salon Harmonie ist es eine bewährte Strategie, bei der Preisnennung die Sandwich-Methode anzuwenden. Wie gehen Sie dabei vor?

13 Kundinnen kaufen eine Dienstleistung oder ein Produkt, wenn sie davon in ganz persönlicher Hinsicht überzeugt sind. Überzeugen lassen sich Kundinnen durch eine schlüssige Argumentation. Formulieren Sie eine vollständige Argumentation (These, Argument, Beleg) am Beispiel des Verkaufs der Dienstleistung „Volumenwelle".

14 Sie beobachten, wie die Altgesellin im Rahmen der Haar- und Kopfhautdiagnose der Kundin eine Ware vorlegt. Welche Ziele verfolgt Ihre Kollegin damit?

15 Ihr Chef bittet Sie, im Rahmen eines Übungsabends „Beratungsgespräch" über die Unterschiede von offenen und geschlossenen Fragen zu referieren. Was müssen Sie in Ihrem Beitrag ansprechen?

16 Die Waren in Ihrem Salon können in ganz unterschiedlichen Verkaufsformen angeboten werden. Damit hängt ebenfalls zusammen, mit welcher Intensität und Kompetenz das Beratungsgespräch geführt werden muss. Welche Kompetenzen der Salonmitarbeiter erfordert die Verkaufsform „Beratungsverkauf"?
 a) Wenig Kenntnisse über Eigenschaften und Verwendung von Waren
 b) Die richtige Einordnung von Waren in die entsprechenden Regalzonen
 c) Fundierte Kenntnisse über Inhaltsstoffe und Eigenschaften der Verkaufsprodukte
 d) Bestimmte Präsentationstechniken der Waren in Körben

17 Was ist ein Kaufmotiv?
 a) Ein Anlass, der die Kundin zum Kauf einer Ware oder Dienstleistung bewegt
 b) Der bargeldlose Zahlungsverkehr im Dienstleistungsbereich
 c) Umfangreiche Marketingbemühungen des Friseurunternehmens
 d) Bestimmte Frisurenausschnitte in Fachzeitschriften, die als Friseurdienstleistung zu kaufen sind

18 Welches der nachfolgenden Kaufmotive ist vernunftbetont?
 a) Nachahmungstrieb
 b) Geldersparnis
 c) Angst
 d) Kontakt

19 Vom Rechnungspreis einer Pflegeserie in Höhe von 58,20 € zieht der Betriebsinhaber 2 % Skonto ab. Die Bezugskosten für den Versand belaufen sich auf 2,30 €. Der Kalkulationszuschlag beträgt 63,5 %. Berechnen Sie den Bezugspreis und den Bruttoverkaufspreis.

20 Sie sollen das Verkaufsregal gründlich reinigen und mit einem bestimmten Warensortiment bestücken. Erläutern Sie Verkaufsintensität und Warenangebote in der „Sichtzone".

Gestalten 1

1 Was verstehen Sie unter dem Begriff „Elemente der Formgestaltung" und welche dieser Elemente werden bei der Frisurengestaltung eingesetzt?

2 Was verstehen Sie unter „Frisurenumriss"?
a) Begrenzungslinie der Frisur
b) Begrenzungslinie zwischen Gesicht und Haaransatz
c) Ausschließlich die äußere Umrisslinie
d) Nur die innere Umrisslinie

3 Gestalten Sie Frisuren mit einer aktivierten und einer nichtaktivierten Textur.

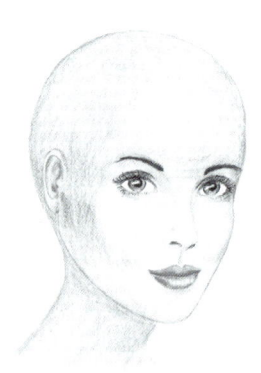

4 Die Wirkung der Augen wird durch die Form und die Länge der Augenbrauen bestimmt. Welche Form hat eine ideale Augenbraue?
Mit welchen Hilfsmitteln werden Beginn und Ende einer Augenbraue ermittelt?

5 Die äußere Umrisslinie entspricht der …
a) … Kammführungslinie.
b) … Haaransatzlinie.
c) … der Konturenlinie.
d) … der Silhouette der Frisur.

6 Welches Gestaltungsprinzip liegt bei einer Frisur vor, die ihren Ausgang in einem Mittelscheitel hat und deren Seiten gleich gestaltet sind?
a) Symmetrie
b) Asymmetrie
c) Rhythmus
d) Kontrast

Gesellenprüfungsarbeiten

7 **Die Kinnspitze sollte mit einem dunkleren Rouge geschminkt werden bei ...**
   a) ... einer breiten Gesichtsform.
   b) ... einer runden Gesichtsform.
   c) ... einem Gesicht mit einem spitzen Kinn.
   d) ... einer quadratischen Gesichtsform.

8 **Korrigieren Sie die abgebildete runde Gesichtsform durch ein dunkleres Make-up.**

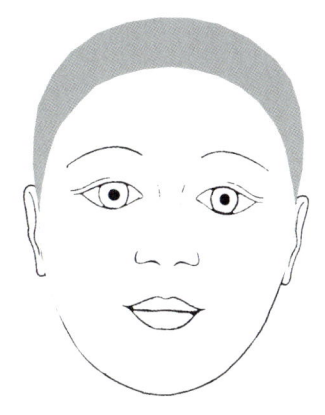

9 **Durch welche Merkmale sind ungünstige Kopfformen bestimmt? Beschreiben Sie, wie diese Mängel ausgeglichen werden können.**

10 **Tragen Sie die Grundfarben sowie die Mischfarben 1. Ordnung in den Farbkreis ein.**

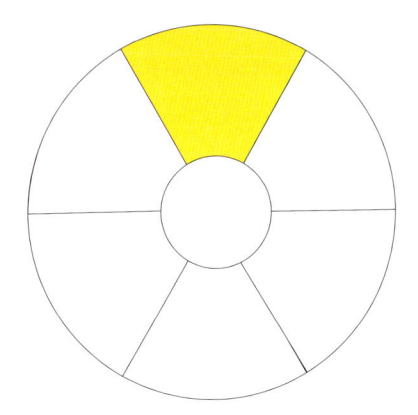

11 **Mischfarben zweiter Ordnung entstehen durch Mischen ...**
   a) ... der Mischfarben erster Ordnung.
   b) ... der Grundfarben und der benachbarten Mischfarben.
   c) ... der Komplementärfarben.
   d) ... der Grundfarben.

12 Weißes Licht setzt sich zusammen aus … (2 richtige Antworten)
   a) … den sechs Spektralfarben.
   b) … getrübten Farben.
   c) … aus Mischfarben 1. und 2. Ordnung.
   d) … den Lichtstrahlen Rot, Orange, Gelb, Grün, Blau und Violett.

13 Bei der additiven Farbmischung …
   a) … entsteht ein helleres Farbergebnis.
   b) … entsteht ein dunkleres Farbergebnis.
   c) … werden die Farben in ihrer Wirkung aufgehoben.
   d) … entstehen Mischfarben 2. Ordnung.

14 Warum sollte das künstliche Licht im Salon dem weißen Tageslicht entsprechen?

15 Ein Kunde ist nicht glücklich über seine fliehende Stirn. Wie können Sie diesen Mangel ausgleichen? Sie empfehlen ihm …
   a) … einen Vollbart, der von der Stirn ablenkt.
   b) … eine leichte Umformung, um einen volumigen Pony zu erzielen.
   c) … eine volle Nackenpartie.
   d) … einen Kurzhaarschnitt.

16 Welche Farbe wird zu den warmen Farben gezählt?
   a) Grün
   b) Blauviolett
   c) Rotorange
   d) Blaugrün

17 Welche Farbtypen werden eher durch warme Farben gekennzeichnet? (2 richtige Antworten)
   a) Frühlingstyp
   b) Sommertyp
   c) Herbsttyp
   d) Wintertyp

18 Der Wintertyp ist gekennzeichnet durch …
   a) … hellen Teint.
   b) … wasserblaue Augen.
   c) … hellblondes Haar.
   d) … Haarfarbe im Braunbereich.

19 Nennen Sie charakteristische Gestaltungselemente der Biedermeier-Frisuren für Frauen.

20 Welche Stilrichtung folgte dem Barock?
- a) Renaissance
- b) Rokoko
- c) Biedermeier
- d) Mittelalter (Gotik)

21 Die abgebildete Frisur wurde im 17. Jahrhundert von adeligen Damen in Frankreich getragen.

- a) Wie wird die abgebildete Frisur genannt?
- b) In welcher Stilepoche wurde diese Frisur getragen?
- c) Beschreiben Sie die Frisur.

Gestalten 2

1 Linien sind ein wesentliches Element der Formgestaltung und der Frisur. Geben Sie hierzu Beispiele.

2 Welche Linie gehört nicht zur Kontur?
- a) Stirntampel
- b) Ohrbogen
- c) Seitentampel
- d) Rundschnittlinie

3 Was verstehen Sie unter dem Begriff „Textur" und welche Möglichkeiten der Gestaltung der Textur kennen Sie?

4 Erläutern Sie die Gestaltungsprinzipien Symmetrie und Asymmetrie.

5 Asymmetrische Frisuren sind eher …
a) … ausgewogen.
b) … geordnet.
c) … streng.
d) … interessant.

6 Bei der Frisurengestaltung haben Sie die Möglichkeit, das Erscheinungsbild der Kundin zu bestimmen. Welche Ziele kann die Formgestaltung dabei haben?

7 Welcher der aufgeführten Begriffe ist kein Gestaltungsprinzip bei der Erstellung von Frisuren?
a) Harmonie
b) Symmetrie
c) Reihung
d) Steigerung

8 Durch welche Merkmale wird ein Gesicht bestimmt?

9 Grundsätzlich werden drei Nagelformen unterschieden. Nennen Sie die Nagelformen und beschreiben Sie, wie diese die Finger und die Hände optisch verändern können.

10 Eine Kundin möchte für eine festliche Veranstaltung ein ausgefallenes Nageldesign. Entwerfen Sie für diesen Anlass zwei Vorschläge.

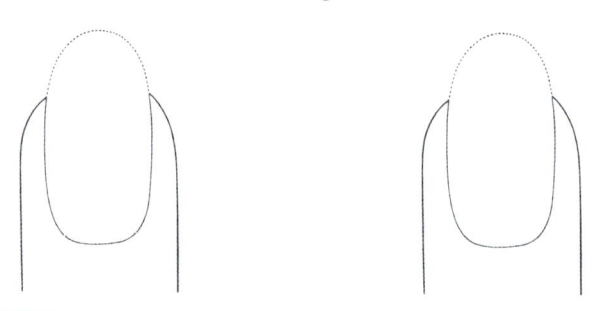

11 Mit der inneren Umrisslinie können die Gesichtsform und die Gesichtsgröße optisch verändert werden. Was erreichen Sie durch eine eng gehaltene innere Umrisslinie?
a) Stark ausgeprägte Wangenknochen werden kaschiert.
b) Das Gesicht erscheint eher größer.
c) Das Gesicht erscheint kleiner.
d) Sie hat keinen Einfluss auf die Form des Gesichtes.

12 Ein Gegenstand wird als schwarz wahrgenommen, wenn …
a) … alle Spektralfarben reflektiert werden.
b) … ein Teil der auffallenden Spektralfarben reflektiert wird.
c) … ein bestimmter Bereich der Spektralfarben absorbiert wird.
d) … alle Spektralfarben absorbiert werden.

13 Wie würden Sie die Frisur bei einer runden Gesichtsform gestalten, damit das Gesicht ovaler erscheint?
   a) Die innere Frisurenumrisslinie weit gestalten
   b) Die Seitenpartien möglichst kurz schneiden
   c) Das gesamte Haar zurückstecken
   d) Die Seitenpartien ins Gesicht kämmen und den Oberkopf voll gestalten

14 Die Helligkeit einer Farbe hat einen Einfluss auf die Wirkung von Flächen.
Nennen Sie Beispiele.

15 Eine Kundin hat eine eher dreieckige Gesichtsform. Ihre Haare sind sehr kurz, sodass sie damit die Gesichtsform nicht kaschieren kann. Korrigieren Sie die Gesichtsform durch ein dunkles Rouge. Beschreiben Sie Ihre Vorgehensweise.

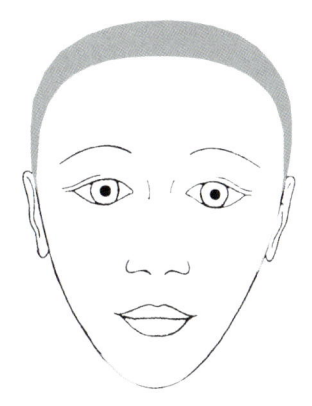

16 Bei der subtraktiven Farbmischung entstehen ...
   a) ... hellere Farbtöne.
   b) ... dunklere Farbtöne.
   c) ... Naturtöne.
   d) ... Mischfarben 2. Ordnung.

17 Die Sonnenstrahlen enthalten neben den Spektralfarben und den Infrarot-Strahlen noch die ultravioletten Strahlen. Hierbei handelt es sich um ...
   a) ... Strahlen, die die Erdatmosphäre nicht durchdringen.
   b) ... sichtbare Strahlen des Violett-Bereichs.
   c) ... Wärmestrahlen.
   d) ... kurzwellige, unsichtbare Strahlen, die Hautbräunung, aber auch Hautschäden hervorrufen.

18 Der Kontrast gilt als Gestaltungsprinzip bei der Form- und Farbgebung. Bei welchen der aufgeführten Facharbeiten wird dieses Prinzip eingesetzt?
   a) Frisur mit Mittelscheitel
   b) Einsalz eines Tönungsfestigers im Naturbereich
   c) Herrenfrisur mit Seitenscheitel
   d) Helle Strähnen in dunkelbraunem Haar

PRÜFUNG

19 Welches Merkmal gehört zum Sommertyp?
   a) Haarfarbe: Rotgold bis Braun
   b) Augenfarbe: Braun
   c) Leichte Sommersprossen
   d) Graublaue Augen

20 In der Barockzeit trugen die Damen des französischen Hochadels kunstvolle Frisuren und die Männer eine lange Perücke. Wie heißen die Frisur und die Perücke und nach welchem Gestaltungsprinzip wurden sie erstellt?

21 Welche Stilrichtung folgte dem Rokoko?
   a) Renaissance
   b) Biedermeier
   c) Klassizismus
   d) Barock

22 Die europäische Kultur ist stark von den Kulturen des Altertums beeinflusst worden. Ordnen Sie den Jahreszahlen die drei für die Stilepochen des Mittelalters und der Neuzeit bedeutenden Kulturen zu.

ca. 3000 bis 500 v. Chr.:

ca. 600 bis 200 v. Chr.:

ca. 300 v. bis 500 n. Chr.:

23 Die abgebildete Frisur wurde im 18. Jahrhundert von adeligen Damen in Frankreich getragen.

a) Wie wird die abgebildete Frisur genannt?
b) In welcher Stilepoche wurde diese Frisur getragen?
c) Beschreiben Sie die Frisur.

Wirtschaftslehre und Sozialkunde 1

1 Bei jedem Vertrag ergeben sich für die Vertragspartner Rechte und Pflichten. Welche Pflichten ergeben sich aus dem Ausbildungsvertrag für den Auszubildenden?

2 Eine Innung ist ein freiwilliger Zusammenschluss von Handwerksmeistern, der eine Vielzahl von Aufgaben ehrenamtlich erfüllt. Nennen Sie die Aufgaben, die eine Friseurinnung wahrnimmt.

3 Die Innungen eines Berufes sind zu Landesinnungsverbänden zusammengeschlossen. Diese übernehmen übergeordnete Aufgaben für die Innungen. Um welche Aufgaben handelt es sich dabei?
  a) Aushandeln der Tarifverträge
  b) Abnahme von Meisterprüfungen
  c) Erarbeiten der halbjährlichen Modeempfehlung
  d) Kontrolle der Ausbildungsbetriebe

4 Berechnen Sie den Nettolohn.
Der monatliche Bruttolohn einer unverheirateten Friseurin (Lohnsteuerklasse I) beträgt 1.453,00 €.
Folgende Abzüge müssen entrichtet werden:
Lohnsteuer: 86,00 €
Kirchensteuer: 8 % der Lohnsteuer
Solidaritätszuschlag: 2,00 €
Sozialversicherungsanteil: 20,6 % vom Bruttolohn
Wie viel bekommt die Friseurin ausbezahlt?

5 Die Handwerkskammern sind die überfachlichen Organisationen des Handwerks auf der Ebene des Regierungsbezirks. Welche der aufgeführten Pflichten obliegt nicht einer Handwerkskammer?
  a) Vorbereiten auf die Meisterprüfung
  b) Erstellen von Gutachten
  c) Schlichten von Streitigkeiten zwischen Meistern und Kunden
  d) Durchführen von Gesellenprüfungen

6 Während einer Arbeitslosigkeit ist der Betroffene weiterhin gesetzlich krankenversichert. Wer zahlt in diesem Fall die Beiträge?
  a) Während der Arbeitslosigkeit werden keine Beiträge bezahlt.
  b) Der Staat übernimmt die Kosten.
  c) Die Beiträge zahlt die Arbeitslosenversicherung.
  d) Der Arbeitslose muss die Beiträge zahlen.

7 Welche Personengruppe ist „beschränkt geschäftsfähig" und welche Rechtsgeschäfte darf der betreffende Personenkreis ohne Zustimmung der Erziehungsberechtigten abschließen?

8 Für alle Arbeitnehmer gilt eine gesetzliche Kündigungsfrist. In Ausnahmefällen braucht der Arbeitgeber sie nicht einzuhalten. Dies gilt bei …
a) … Reklamationen aufgrund schlechter Arbeit.
b) … schlechter Betriebsauslastung.
c) … Arbeitsverweigerung.
d) … Einstellung eines neuen Mitarbeiters mit niedrigerer Lohngruppe.

9 Eine notarielle Beurkundung eines Vertrages ist erforderlich beim …
a) … Pachtvertrag.
b) … Testament.
c) … Kauf von sehr teuren Objekten, wie z. B. Flugzeugen.
d) … Grundstückskauf.

10 Eine Kundin lässt sich von ihrem Friseur ein kleines Haarteil anfertigen. Dabei ist ein formloser Vertrag zwischen ihr und der Friseurmeisterin abgeschlossen worden. Um welche Vertragsart handelt es sich?
a) Kaufvertrag
b) Werkvertrag
c) Werklieferungsvertrag
d) Dienstvertrag

11 Sie können in fast allen Geschäften bargeldlos zahlen und per Internet Ihre Bankgeschäfte durchführen. Nennen Sie die Vorteile des bargeldlosen Zahlungsverkehrs.

12 Eine Kundin nimmt den preiswerten Dienstag-Tarif zu 20 % Rabatt in Anspruch. Welcher Vertrag liegt vor?
a) Dienstvertrag
b) Werkvertrag
c) Kaufvertrag
d) Arbeitsvertrag

13 Beim Abschluss von Tarifverträgen wird die Arbeitgeberseite der Friseure vertreten von …
a) … ausgewählten Friseurbetrieben.
b) … Friseurinnungen.
c) … dem Landesinnungsverband.
d) … dem Bundesinnungsverband.

14 Eine selbstständige Friseurmeisterin haftet im Falle eines Konkurses …
a) … mit dem Geschäftsvermögen.
b) … mit ihrem gesamten Vermögen.
c) … mit ihrem Vermögen und dem Vermögen des Ehemanns.
d) … nur, wenn übermäßige Geldentnahme aus dem Betriebsvermögen vorliegt.

15 Der Friseur im Frankfurter Flughafen hat eine internationale Kundschaft. Ihm werden häufig andere Zahlungsmittel als der Euro angeboten. Welche Aussage ist richtig?
 a) Er darf ausländische Zahlungsmittel nicht annehmen.
 b) Er kann sie annehmen.
 c) Er muss auf der Bezahlung in Euro bestehen.
 d) Er darf nur den Dollar annehmen, weil er die internationale Leitwährung ist.

16 Erklären Sie, warum Luft, die kostenlos zur Verfügung steht, im volkswirtschaftlichen Sinn ein Gut ist.

17 Der Preis von Gütern und Dienstleistungen hängt von Angebot und Nachfrage ab. Wie verändert sich der Preis einer Ware, wenn bei gleich bleibendem Angebot die Nachfrage steigt?
 a) Der Preis bleibt gleich.
 b) Der Preis steigt.
 c) Der Preis sinkt.

18 Die Konjunktur eines Landes wird durch die wirtschaftliche Gesamtlage bestimmt und ist durch ein ständiges Auf und Ab gekennzeichnet, die als Wellenbewegung grafisch dargestellt werden können. Zeichnen Sie den Konjunkturverlauf und tragen Sie die Konjunkturphasen ein.

19 Bei welcher Marktform liegt in einem Wirtschaftssektor eine alleinige Marktbeherrschung vor?
 a) Monopol
 b) Oligopol
 c) Polypol
 d) Vollkommene Konkurrenz

20 Jeder Staat gibt sich eine Wirtschaftsordnung. Sie ist der gesetzliche Rahmen für das Wirtschaften eines Landes. Nennen Sie die bekanntesten Wirtschaftsordnungen.

Wirtschaftslehre und Sozialkunde 2

1 Zu Beginn einer jeden Berufsausbildung wird ein Ausbildungsvertrag abgeschlossen. Welche Vertragspartner unterschreiben den Vertrag?

2 Der Ausbildungsvertrag ist für beide Partner bindend. Aus welchem Grund kann das Ausbildungsverhältnis durch den Ausbildenden gekündigt werden?
 a) Kündigung wegen geringer Eignung für den Ausbildungsberuf
 b) Einsparungsmaßnahmen des Betriebs
 c) Bei längerer Krankheit des Auszubildenden
 d) Grober Verstoß des Auszubildenden gegen den Ausbildungsvertrag

3 Für die Berufsausbildung hat sich das „duale System" bewährt. Erklären Sie diesen Begriff und erläutern Sie, für welche Aufgaben die Partner des dualen Systems jeweils verantwortlich sind.

4 Die Friseurinnungen sind auf Landesebene und auf Bundesebene organisiert. Wie heißt die Organisation der Friseure auf Bundesebene und welche Aufgaben hat sie?

5 In welchem Fall liegt eine Berufsunfähigkeit vor? Eine Friseurin …
  a) … kann aufgrund von Herzproblemen nicht mehr arbeiten.
  b) … ist wegen eines Bandscheibenschadens mehr als 6 Wochen arbeitsunfähig.
  c) … hat bei gebeugter Arbeitshaltung ständig Rückenschmerzen.
  d) … reagiert auf die Inhaltsstoffe von Haarfarben mit einem allergischen Ekzem.

6 Die Unfallversicherung hat die Aufgabe, Arbeitsunfälle und Berufserkrankungen zu verhindern. Wie kann sie dieses Ziel im Friseurberuf erreichen?

7 Die gesetzlichen Rentenversicherungen haben zusätzlich zur Zahlung von Renten noch die Aufgabe, für die Erhaltung der Arbeitskraft ihrer Mitglieder zu sorgen. Welche Maßnahmen zielen auf die Erhaltung und Wiederherstellung der Arbeitskraft?

8 Welche der aufgeführten Einrichtungen ist der Träger für die Unfallversicherung der Friseure?
  a) Bundesinnungsverband der Friseure
  b) Landesversicherungsanstalt
  c) Bundesagentur für Arbeit
  d) Berufsgenossenschaft für Gesundheitsdienst und Wohlfahrtspflege

9 Zusätzlich zu den gesetzlichen Sozialversicherungen sind einige Individualversicherungen auch für eine angestellte Friseurin wichtig. Welches ist die wichtigste Individualversicherung? Begründen Sie Ihre Entscheidung.

10 Das Jugendarbeitsschutzgesetz enthält Bestimmungen, die jugendliche Arbeitnehmer vor zu starken beruflichen Belastungen schützen sollen. Nennen Sie die Bestimmungen zur Arbeitszeit und zum Berufsschulbesuch.

11 Ab welchem Lebensalter sind Personen beschränkt geschäftsfähig und in welchem Umfang können Sie Geschäfte gültig abschließen?

12 Ein Kaufvertrag kommt durch einen Kaufantrag und Annahme des Kaufantrags zustande. Erklären Sie am Beispiel einer Kundin, die eine Nachtcreme kauft, wie der Vertrag in diesem Fall rechtskräftig wird.

Gesellenprüfungsarbeiten

13 Welche Organisation vertritt die angestellten Friseurinnen bei den Tarifabschlüssen?
a) Gewerkschaft Ver.di
b) Betriebsräte
c) Gesellenvertretung der Innungen
d) Gewerkschaft für öffentlichen Dienst, Transport und Verkehr (ÖTV)

14 Eine Kundin kauft eine Nährcreme. Zu Hause bemerkt sie, dass die Creme schon geöffnet worden war. Die Kundin hat das Recht ... (2 richtige Antworten)
a) ... einen Preisnachlass zu verlangen.
b) ... die Zahlung zu verweigern.
c) ... Schadenersatz zu verlangen.
d) ... vom Vertrag zurückzutreten.

15 Unterscheiden Sie an Beispielen aus der Friseurpraxis Konsumgüter von Produktionsgütern.

16 Die bargeldlose Zahlung hat sich heute weitestgehend durchgesetzt. Nennen Sie verschiedene Möglichkeiten der bargeldlosen Zahlung.

17 Der Euro ist für die Bundesrepublik Deutschland das gesetzliche Zahlungsmittel. Was bedeutet der Ausdruck „gesetzliches Zahlungsmittel"?

18 Welche Aussage ist richtig?
a) Eine Haushaltsschere ist ein Produktionsgut.
b) Eine Effilierschere ist ein Konsumgut.
c) Eine Modellierschere ist sowohl Gebrauchsgut als auch Produktionsgut.
d) Eine Modellierschere ist sowohl Verbrauchsgut als auch Produktionsgut.

19 Welches ist kein Merkmal der sozialen Marktwirtschaft?
a) Die Unternehmen sind vorwiegend in privater Hand.
b) Der Staat hat eine besondere Verantwortung für die sozial Schwachen.
c) Nur der Markt entscheidet über die Einkommen der Bürger.
d) Der Preis von Gütern und Dienstleistungen wird durch Angebot und Nachfrage bestimmt.

20 Die Wirtschaftsordnung eines Landes ist der Rahmen, in dem sich eine Volkswirtschaft entwickelt. Welche Wirtschaftsordnung hat sich die Bundesrepublik Deutschland gegeben?
a) Zentralverwaltungswirtschaft
b) Kapitalistische Marktwirtschaft
c) Planwirtschaft
d) Soziale Marktwirtschaft

4 Lösungen Zwischenprüfung

Nr.	Aufgaben	Punkte
Arbeit 1		
	Multiple-Choice: 2d; 3d; 4b; 5d; 7c; 10d; 11d; 13a; 15c; 16c; 19d; 20d; 21b; 24c; 25a; 26b; 29d; 30a; 31d; 32d; 34d; 35a; 36d; 39 d; 40d	25
1	Unschädlichmachen aller Krankheitskeime	2
6	Latexhandschuhe für Haarwäsche und Kopfmassage mit Haarwasser Einmalhandschuhe zum Färben, Blondieren, Tönen usw. Haushaltshandschuhe zum Desinfizieren und Reinigen von Räumen	3
8	Der Föhn darf nicht mit Wasser in Berührung kommen. Wird der Föhn nicht mehr benötigt, so wird er am Stecker aus der Steckdose gezogen. Dabei wird die Steckdose festgehalten. Defekte müssen vom Fachmann repariert werden.	3
9	12 · 8 · 0,060 · 365 · 0,202 € = 424,68 €	3
12	Das Haar nimmt die Luftfeuchtigkeit auf. Dadurch werden die Wasserstoffbrücken geöffnet und die Frisur fällt zusammen. Das Haar kann durch Wasser abweisende Präparate wie Festiger und Haarspray geschützt werden.	3
14	– Wachstumsphase (Anagenphase): 4–6 Jahre – Übergangsphase (Katagenphase): 2–4 Wochen – Ruhephase (Telogenphase): 3–4 Monate	3
17	Die Vorteile eines synthetischen Tensids gegenüber der Seife sind: • Die Reinigungswirkung ist besser. • Der pH-Wert kann eingestellt werden. • Tenside bilden keine Kalkseife.	3
18	1 Teil Konzentrat + 5 Teile Wasser sind 6 Teile insgesamt. 1 Teil = 60 ml 6 Teile = 60 · 6 = 360 ml Es entstehen 360 ml Waschlösung. Es müssen 300 ml Wasser hinzugegeben werden.	4
22	Gegenfarben (Komplementärfarben) Beim Mischen heben sie sich in ihrer Farbigkeit auf.	3

Lösungen Zwischenprüfung

Nr.	Aufgaben	Punkte
23	Warme Farben: Rot, Orange, Gelb Kalte Farben: Grün, Blau, Violett	3
27	Gesichtspartien, die optisch zurücktreten sollen, werden schattiert, also mit dunklerem Farbton behandelt.	3
28	Der Ausbildungsvertrag wird zwischen dem Ausbilder und dem Auszubildenden abgeschlossen. Bei minderjährigen Auszubildenden ist zusätzlich der gesetzliche Vertreter beteiligt.	3
33	Die Kontur ist die Begrenzungslinie zwischen der Haarwuchsgrenze und Gesicht bzw. Nacken. Sie besteht aus Stirntampeln, Seitentampeln, Ohrbogen und Nackentampeln.	2
37	Ein **professionelles Telefonat** besteht aus den folgenden Phasen: 1. Begrüßung 2. Kundenwunsch ermitteln 3. Kundenwunsch aufnehmen bzw. spiegeln 4. Angebot bzw. Vorschlag 5. Vereinbarung 6. Verabschiedung	6
38	**Die nonverbalen Ausdrucksmittel des Menschen sind**: 1. Mimik 2. Gestik 3. Körperhaltung 4. Körperbewegung 5. Körperdistanz	5
41	Kommunikation ist die Verständigung mit anderen Personen.	3
	Mögliche Gesamtpunktzahl	**77**

Arbeit 2

	Multiple-Choice: 3d; 4c; 5d; 6b; 7b+c; 11d; 13c; 14b; 17d; 18a; 20 a+b+c; 21b; 22d; 24a; 25b; 30a; 31c; 32c+d; 33a; 34d; 35a; 36b	22
1	Eine Infektion ist die Übertragung von Krankheitserregern.	2
2	Bakterien, Viren, Pilze	2

PRÜFUNG

Nr.	Aufgaben	Punkte
8	Die Hygieneverordnung schreibt vor, dass Werkzeuge, mit denen die Haut verletzt werden kann, nach jedem Gebrauch desinfiziert werden müssen.	2
9	20 : 0,03 = 666 Tage = 1 Jahr, 10 Monate, 2 Tage (bei 30 Tagen pro Monat)	3
10	1 Teil Konzentrat + 4 Teile Wasser = 5 Teile gesamt 5 Teile = 2 l 1 Teil = 0,4 l 1 l Konzentrat kostet 12,00 € 0,4 l kosten 4,80 € (12,00 € : 10 = 1,20 € pro 0,1 l 4 · 1,20 € = 4,80 €)	4
12	Es werden die folgenden Formen des Haarausfalls unterschieden: androgenetischer Haarausfall, kreisrunder Haarausfall, (symptomatisch-) diffuser Haarausfall	3
15	maximale Länge: ca. 70 cm, selten erheblich länger Lebensdauer: ca. 6 Jahre täglicher Haarsausfall: ca. 60–80 Haare Wachstum: ca. 1 cm pro Monat Reißfestigkeit: gesundes Haar reißt bei ca. 100 g Belastung (aber abhängig von seiner individuellen Stärke)	4
16	Die Ursachen für die Entstehung einer männlichen Glatze sind Vererbung und männliche Hormone (Androgene).	2
19	Für die Waschwirkung der Tenside sind drei Eigenschaften verantwortlich: • Herabsetzung der Oberflächenspannung des Wassers • Emulgiervermögen • Schaumbildung	2
23	Haarschneideschere; Modellierschere; Effilierschere • Mit der Haarschneideschere werden die Haare stumpf geschnitten. • Die Modellierschere ist einseitig gezahnt. Sie erfasst ca. 50 % der Haare. • Die Effilierschere ist beidseitig gezahnt. Sie erfasst ca. 1/3 der Haare.	3
26	Frühlingstyp, Sommertyp, Herbsttyp, Wintertyp	3
27	Mit einem dunkleren Make-up werden der Kinnbereich und die obere Stirn mattiert.	3

Nr.	Aufgaben	Punkte
28	Beendigung des Ausbildungsverhältnisses: • Während der Probezeit ohne Angabe von Gründen von beiden Seiten möglich • Nach der Probezeit mit einer vierwöchigen Kündigungsfrist bei Berufswechsel (nur durch den Auszubildenden) • Nach bestandener Abschlussprüfung endet es automatisch.	3
29	Die Rechtsfähigkeit eines Menschen beginnt mit Vollendung der Geburt und endet mit dem Tod.	2
37	Nonverbale Kommunikation bedeutet Verständigung ohne Worte. Hierzu dienen Mimik, Blickkontakt, Gestik und Körperhaltung.	3
38	Die **Kleidung** am Arbeitsplatz ist auch als Aushängeschild des Betriebes zu betrachten. Sie muss daher sauber und gepflegt sein, um den Anspruch auf Fachkompetenz zu unterstreichen.	5
39	Der **Dienstleistungsbereich** der Friseurin umfasst die folgenden Aufgaben: • Kundenempfang • Ermittlung des Kundenwunsches • Beratung • Umsetzung des Beratungsergebnisses (z. B. Färben, Schneiden, Dauerwellen) • Verkauf von Waren und Dienstleistungen	5
40	**Rollenverhalten**: Die Friseurin muss aufmerksam sein, gut organisiert und gezielt handeln, ein sicheres Auftreten zeigen, freundlich und ausgeglichen gegenüber der Kundschaft sein, Interesse an den Bedürfnissen der Kundin erkennen lassen usw. **Rollenattribute**: Die Friseurin muss auf ein gepflegtes Äußeres (Kleidung, Frisur, persönliche Hygiene, Make-up) achten.	6
	Mögliche Gesamtpunktzahl	79

5 Lösungen Gesellenprüfung

5.1 Technologie

Technologie 1

	Multiple-Choice: 1b; 4a; 8d; 11d; 15d; 16b; 18c; 19b; 23a; 24c; 25a; 26b; 29d; 31c; 34c; 36b+d; 39b	17
2	Es werden physikalische und chemische Desinfektionsverfahren unterschieden: • Physikalische Desinfektion erfolgt durch Auskochen, Verbrennen, Wasserdampf und UV-Strahlen. • Bei der chemischen Desinfektion werden Desinfektionsmittel als Tauchbad oder Spray eingesetzt. Die Haut wird mit 60–70%igem Alkohol desinfiziert.	4

Nr.	Aufgaben	Punkte

3	Handschuhe werden bei folgenden Facharbeiten getragen:
	• Haarwäsche, Kopfmassage mit Haarwasser:
	  Handschuhe aus Naturkautschuk (Latex)
	• Färben, Blondieren, Tönen, Dauerwellen, Fixieren:
	  Einmalhandschuhe aus Polyethylen
	• Nassreinigen und Desinfizieren von Werkzeugen und Räumen:
	  Haushaltshandschuhe aus Polyvinylchlorid (PVC)
		4

5	Durch folgende Maßnahmen kann die Umweltbelastung verringert werden: • Reduzierung des Abfalls durch Verwendung von Großgebinden und Nachfüllsystemen • Verwendung von Mehrwegverpackungen • Sparsamer Umgang mit Präparaten • Sparsamer Umgang mit Wasser und Energie	4
7	0,08 % = 85 Haare 100 % = x $x = \dfrac{85 \cdot 100}{0,08}$ **x = 106.250 Haare**	4
6	Die Haare sind in Wachstumsgruppen von drei bis vier Haaren angeordnet. Die Haare einer Gruppe fallen nicht gleichzeitig, sondern zeitlich versetzt aus. So können keine Kahlstellen entstehen.	3
9	Als Kapillarität wird das selbstständige Aufsteigen von Wasser in engen Röhrchen (Kapillaren) bezeichnet. Zwischen den einzelnen Haaren einer Haarsträhne befinden sich Hohlräume, die wie Kapillaren wirken, d. h. sie können Flüssigkeiten transportieren. Sie leiten z. B. die aufgetragene Wellflüssigkeit vom Ansatz bis zur Spitze.	3
10	Haarschäden werden durch äußere Einwirkungen verursacht. Hierzu gehören chemische, mechanische und thermische Einflüsse sowie die Einwirkung von UV-Strahlen.	3
12	Es werden drei Formen des Haarausfalls unterschieden: • Haarausfall des männlichen Typs (Glatze) • Kreisrunder Haarausfall (Alopecia areata) • Symptomatisch-diffuser Haarausfall	4
13	In jedem Fall reversibel ist der Haarausfall nach schweren fiebrigen Erkrankungen (symptomatisch-diffuser Haarausfall).	3

Nr.	Aufgaben	Punkte
14	Alle Shampoos enthalten die sog. Basiswirkstoffe: • Tenside zum Reinigen • Rückfetter zur Vermeidung von Juckreiz und Verhinderung des Austrocknens von Haut und Haar • Konditionierungsmittel zur Verbesserung der Kämmbarkeit und zur Vermeidung elektrostatischer Aufladung	4
17	Der Hauttalg fettet Haut und Haar. Dabei erfüllt der Talg folgende Aufgaben: • Er hält Haut und Haar geschmeidig, • sorgt für natürlichen Glanz, • schützt vor äußeren Einflüssen, • verhindert das Austrocknen (Erhalt der Fett-Wasser-Balance).	4
20	• Effilierscheren sind beidseitig gezahnt. Aufgrund der Zahnung erfasst die Effilierschere nicht alle Haare. Die Haarpartie wird effiliert (ausgedünnt). • Modellierscheren sind einseitig gezahnt. Aufgrund der einseitigen Zahnung werden mehr Haare beim Schließen der Schere erfasst als mit der Effilierschere. Modellierscheren ermöglichen ein Stumpfschneiden mit geringer Graduierung.	4
21	M_1 : 100 ml $\quad$ M_g : 2000 ml P_1 : ? $\quad\quad\quad$ P_g : 1,8 % $P_1 = \dfrac{M_g \cdot P_g}{M_1} \quad\quad P_1 = \dfrac{2000 \cdot 1,8}{100}$ **$P_1 = 36\ \%$**	4
22	Die wellwirksamen Inhaltsstoffe einer Wellflüssigkeit sind Ammoniumthioglykolat (ATG) und Alkalisierungsmittel. Die übrigen Wirkstoffe optimieren den Wellvorgang.	3
27	Gegenfarben stehen im Farbkreis einander gegenüber. Sie heben sich gegenseitig in ihrer Farbwirkung auf. Mit den Gegenfarben lassen sich unerwünschte Farbnuancen korrigieren. Gegenfarbenpaare: Rot – Grün Blau – Orange Gelb – Violett	4
28	Die Haarfarben werden nach ihrer Farbtiefe und Farbrichtung geordnet und in den Farbkarten systematisch erfasst.	3

Nr.	Aufgaben	Punkte
30	Tönungen werden eingesetzt, um • Naturtöne aufzufrischen, • die Farbrichtung zu verändern, • Farben zu korrigieren, z. B. einen Orangestich nach Blondierungen, • direktziehende Farbstoffe vor Färbungen anzulagern, z. B. Rot, • die ersten weißen Haare zu kaschieren.	4
32	Je nach Farbziel werden unterschiedliche Blondiertechniken eingesetzt: • Ansatzblondierung • Ganzblondierung • Blondierwäsche • Strähnentechniken • Auftragen von Aufhellern (Haarfestiger mit H_2O_2)	5
33	Die zum Färben erforderlichen Mittel sind: • Die Oxidationshaarfarbe mit den Pigmentvorstufen (Farbbildnern) • Die H_2O_2-Lösung als Oxidationsmittel	2
35	Bei glasig-hartem Haar kann eine Borstenmischung eingesetzt werden. Dabei wird die Farbe und das H_2O_2 im Verhältnis 2:1 gemischt. Die höhere Alkalikonzentration lockert die Haarstruktur, der höhere Anteil an Farbbildnern sorgt für die gewünschte Farbtiefe. Die geringere Gesamtmenge an H_2O_2 wird durch die höhere Konzentration des H_2O_2 ausgeglichen.	4
37	**Materialkosten** 6,50 € **Lohnkosten** für 24 Min. (je Std. 14,50 €) 5,80 € Gemeinkosten 62 % der Lohnkosten 3,60 € **Selbstkosten** 15,90 € Gewinn 36 % der Selbstkosten 5,72 € **Nettobedienungspreis** 21,62 € Mehrwertsteuer 19 % 4,11 € **Bruttobedienungspreis** **25,73 €**	8
38	Masken werden zu Beginn einer kosmetischen Behandlung eingesetzt. Es sind W/Ö-Emulsionen und wasserfreie Präparate mit Mineralfetten sowie Paraffinen. Masken sind kaum durchlässig für Wärme und Feuchtigkeit. Sie führen deshalb zu einem Temperatur- und Feuchtigkeitsstau und dadurch zu einer Quellung der Haut.	4
	Mögliche Gesamtpunktzahl	**102**

Nr.	Aufgaben	Punkte
	Technologie 2	
	Multiple-Choice: 3b; 6c; 7b; 9b; 12c; 13c; 14a; 16d; 18d; 20a; 21c; 22d; 23b; 25d; 26a; 27b; 28a; 32c; 34c+d; 36b; 38a; 39a; 40c	23
1	Man unterteilt die Hygiene in drei Bereiche: • Öffentliche Hygiene: Straßenreinigung, Müllentsorgung, Abwasser • Persönliche Hygiene: Körperpflege, gesunde Ernährung, körperliche Betätigung (Sport) • Gewerbliche Hygiene: Vermeidung von Infektionskrankheiten im Salon	3
2	Es werden zwei Formen der Infektion unterschieden, die direkte und die indirekte Infektion: • Bei der direkten Infektion werden Krankheitserreger unmittelbar von Mensch zu Mensch übertragen. • Dagegen werden bei der indirekten Infektion Krankheitserreger durch einen Zwischenträger, wie z. B. Werkzeug, übertragen.	3
4	Die Unfälle im Friseurhandwerk werden häufig durch scharfe oder spitze Werkzeuge, Friseurchemikalien, hohe Temperaturen oder elektrischen Strom verursacht.	3
5	$2 \cdot 1{,}2$ kW $\cdot$ 5,5 h = 13,20 kWh $4 \cdot 0{,}55$ kW $\cdot$ 2,5 h = 5,50 KWh $8 \cdot 0{,}75$ kW $\cdot$ 3,5 h = 21,00 KWh $9 \cdot 0{,}1$ kW $\cdot$ 10,5 = 9,45 KWh Gesamtverbrauch 49,15 KWh 49,15 $\cdot$ 0,206 € = **10,12 €**	5
8	Die äußere Schicht des Haares ist die Schuppenschicht. Sie besteht aus sechs bis acht Lagen von übereinander liegenden Cuticulazellen, die durch eine Kittsubstanz miteinander verbunden sind. Die Faserschicht ist die zweite Schicht des Haares. Sie setzt sich zusammen aus länglichen Zellen (Spindelzellen), die eine faserige Struktur aufweisen. Das Mark befindet sich in der Haarmitte. Es besteht aus rundlichen Zellen, die eine schwammige Masse bilden.	5
10	Die natürliche Haarfarbe ist abhängig von den beiden Pigmentarten im Haar: • Die Menge der dunklen Pigmente (Eumelanine) bestimmt die Farbtiefe (den Helligkeitsgrad) des Haares. • Der Anteil der gelblich-roten Pigmente (Phäomelanine) bestimmt die Farbrichtung (Farbnuance) des Haares.	5

Nr.	Aufgaben	Punkte
11	**Lösung mit der Prozentformel** Gw = 106.000 Haare Ps = 18 % Pw = x $Pw = \dfrac{Gw \cdot Ps}{100}$ $\qquad Pw = \dfrac{106.000 \cdot 18}{100}$ **Pw = 19.080 weiße Haare**	5
15	Nachbehandlungspräparate haben folgende Wirkungen. Sie • adstringieren und glätten das Haar, • sorgen für eine ausgeglichene Wasser-Fett-Balance im Haar, • verbessern die Struktur des Haares und pflegen die Kopfhaut, • machen restliche Chemikalien unwirksam, • verhindern elektrostatische Aufladung, • schützen das Haar vor UV-Strahlen.	6
17	Haaranomalien sind genetisch bedingte Veränderungen des Haarschafts. Die bekanntesten Haaranomalien sind: • Haarknötchen (knötchenförmige Verdickungen des Haarschafts) • Bandhaar: Es ist im Gegensatz zum normalen Haar, das einen runden oder leicht ovalen Querschnitt aufweist, stark abgeflacht.	3
19	Die Haut erfüllt die folgenden Schutzaufgaben: • Schutz vor chemischen Schädigungen, z. B. Alkalien • Schutz vor mechanischen Schädigungen, z. B. Druck, Stoß • Schutz vor Schädigungen durch UV-Strahlen • Schutz vor biologischen Schädigungen, z. B. Bakterien	4
24	Als Graduierung wird eine Feinabstufung der Haare im Konturenbereich bezeichnet. Die Stärke der Graduierung ist abhängig von der Winkelhaltung der Passees.	3
29	**Materialkosten** 3,32 € **Lohnkosten** 12,60 € **Gemeinkosten** 65 % der Lohnkosten 8,19 € **Selbstkosten** 24,11 € Gewinn 34 % der Selbstkosten 8,20 € **Nettobedienungspreis** 32,31 € Mehrwertsteuer 16 % 5,17 € **Bruttobedienungspreis** **37,48 €**	8

Nr.	Aufgaben	Punkte
30	Folgende Farbziele können durch eine Tönung nicht erzielt werden: • Haare aufhellen • Weiße Haare abdecken • Dauerhafte Farbveränderungen erzielen	3
31	Pflanzentönungen erzielen eine größere Nuancenvielfalt als die reinen Pflanzenfarben, ohne dass dabei die Vorteile der reinen Pflanzenfarben verloren gehen. Sie haben zudem eine größere Deckkraft.	3
33	Die beiden Oxidationsvorgänge sind der Aufhellungsvorgang und der Kupplungsvorgang: • Beim Aufhellungsvorgang bleicht der Sauerstoff die im Haar befindlichen Pigmente. • Beim Kupplungsvorgang verbindet der Sauerstoff die kleinen Farbvorstufen (Farbbildner) zu größeren Pigmenten, die nicht mehr aus dem Haar gelangen können.	5
35	Abweichungen vom „Normalfall" haben Einfluss auf das Farbergebnis. Es kann heller, dunkler oder ungleichmäßiger werden als die Zielfarbe. Abweichungen vom „normalen" Haar müssen als „Sonderfälle" beim Färben berücksichtigt werden. So nimmt z. B. feines Haar die Farbe schneller an als dickes Haar. Ebenso dringen die Farbbildner schneller in strukturgeschädigtes Haar als in glasig-hartes Haar.	4
36	$M_1 = 45$ ml $\qquad M_g = 120$ ml $P_1 = 12\%$ $\qquad P_g = ?$ $M_2 = 75$ ml $P_g = \dfrac{M_1 \cdot P_1}{M_g} \qquad P_g = \dfrac{45 \cdot 12}{120}$ $P_g = 4,5\%$	5
Mögliche Gesamtpunktzahl		**96**

Nr.	Aufgaben	Punkte
	5.2 Beraten und Verkaufen	
	Beraten und Verkaufen 1	
	Multiple-Choice: 3a; 7d; 11c; 14e; 15c; 17e; 21c	7
1	Eine **Dienstleistung** ist ein durch eine Person erbrachtes immaterielles Wirtschaftsgut. Dieses dient der Befriedigung eines menschlichen Bedürfnisses.	4
2	**Wirkattribute** sind die äußeren Merkmale des Menschen. Hierzu gehören: • Kleidung • Schmuck • Verhalten • Frisur • Körperhygiene • Sprache	6
	Die nonverbalen Ausdrucksmittel des Menschen sind: • Mimik • Gestik • Körperhaltung • Körperbewegung • Körperdistanz	5
5	Mit den **Handflächen** kann zum Ausdruck gebracht werden: • Handfläche nach vorne bedeutet Ablehnung, Abgrenzung und auf Distanz halten. • Handfläche nach unten geöffnet signalisiert Beschwichtigung und Passivität.	4
6	**Botschaften**: Traurigkeit, Schuld, Resignation	3
8	In den Aussagen werden die **Grundfunktionen der Sprachverwendung** deutlich: a) Appell b) Darstellung c) Ausdruck	3
9	Beide Kommunikationspartner haben anhand der **Verwertung** die Möglichkeit zu überprüfen, ob die getroffene Aussage beim Angesprochenen richtig angekommen ist. Gerade im Rahmen des Beratungsgespräches ist es für die Friseurin bedeutsam zu beobachten, ob die Kundin ihren Aussagen/Ausführungen folgen konnte oder ob eine weitere Erklärung erforderlich ist.	8

Lösungen Gesellenprüfung

Nr.	Aufgaben	Punkte
10	Die **Vorteile der Fachsprache**: 1. Fachsprache ist national und international gebräuchlich. 2. Fachsprache ist ausdrucksökonomisch. 3. Fachsprache ist unter Fachleuten ein unmissverständliches und eindeutiges Verständigungsmittel.	6
12	Bei einer **Typisierung** werden Individuen aufgrund bestimmter Merkmale zu verschiedenen Gruppen (Typen) zusammengefasst. So stuft man eventuell alle Kundinnen, die einen Chignon zeigen, als „konservative" Typen ein.	5
13	Die Friseurin muss ihren Vorschlag bei einer **skeptischen Kundin** selbstbewusst und selbstsicher vertreten. Vage oder ungenaue Formulierungen, zögerliche Beschreibungen und Ausführungen wecken noch mehr Skepsis. Der Kundin muss Gelegenheit und ausreichend Zeit gegeben werden, die Ware selbst zu prüfen und auszuprobieren.	8
16	Die **vier Botschaften** einer Mitteilung sind: • eine Aussage über einen bestimmten Sachverhalt (**Sachinhalt**) • ein Hinweis über die Beziehung der Kommunikationspartner zueinander (**Beziehung**) • eine Aufforderung zum Handeln (**Appell**) • eine Information über sich selbst (**Selbstoffenbarung**)	8
18	Bei der **Begrüßung** • zeigen Sie Ihre Bereitschaft zur Kontaktaufnahme, • bekunden Sie Ihr Interesse an der Kundin und verschaffen Sie sich eine Orientierung über den Kunden(typ).	6
19	Eine **positive Gesprächsatmosphäre** enthält folgende Gesichtspunkte: • Aktives Zuhören • Konzentration • sich Zeit nehmen • Empathie	4
20	**Aktives Zuhören** bedeutet • die (nahezu uneingeschränkte) Bereitschaft, die in Mitteilungen enthaltenen Botschaften und Informationen auch aufzunehmen und geistig zu verarbeiten. • dem Gesprächspartner die Bereitschaft zum Zuhören durch entsprechende Hinweise, z. B. Nachfragen, deutlich zu machen.	4

Nr.	Aufgaben	Punkte
22	Die **Sortimentgliederung** erfolgt nach folgenden Gesichtspunkten: • Fachbereiche • Warenbereiche • Warengruppe • Artikelgruppe • Artikel	5
23	**Berechnen der Materialkosten** 1 Tube Tönung je Tube 4,70 € 4,70 € 1 Festiger je Stück 1,80 € 1,80 € **Materialkosten** 6,50 € **Lohnkosten** für 24 Min. je Std. 13,50 € 5,40 € Gemeinkosten 64 % der Lohnkosten 3,46 € **Selbstkosten** 15,36 € Gewinn 38 % der Selbstkosten 5,84 € **Nettobedienungspreis** 21,20 € Mehrwertsteuer 19 % 4,03 € **Bruttobedienungspreis** 25,23 €	8
	Mögliche Gesamtpunktzahl	**94**

Beraten und Verkaufen 2

Multiple-Choice: 2a+b; 8c; 9d; 16c; 17a; 18b — 7

Nr.	Aufgaben	Punkte
1	Die **Vorteile einer Kundenkartei** sind: • Orientierung für den Fall, dass eine andere Mitarbeiterin als bisher die Kundin bedienen muss • Erkenntnisse über Dienstleistungen, die erbracht wurden • Erkenntnisse über Allergien der Kundin • Informationen über die benutzten Produkte	4
3	Folgende **Formen der Werbung** sind **nicht erlaubt**: • Irreführende Werbung • Unzumutbare Werbung • Vergleichende Werbung	3
4	Eine **Innenstadtlage** hat Vor- und Nachteile: • Ein **Vorteil** ist die hohe Passantendichte. • Ein **Nachteil** sind hohe Mietkosten.	4

Lösungen Gesellenprüfung

Nr.	Aufgaben	Punkte
5	Folgende Nebenleistungen sind besonders wichtig: • die kostenlose und ausführliche Beratung, • die Reklamationsbearbeitung, • Ergänzungsbehandlungen (Kopfmassage, Handmassage, kleines Tages-Make-up nach der Haarbehandlung)	6
6	Bei der **Niedrigpreis-Strategie** ist der Preis das wichtigste Werbeargument. Die Preise liegen unter denen der vergleichbaren Mitbewerber. Aufgrund der niedrigen Preise wird bei den Kundinnen das Image eines Niedrigpreisgeschäftes erzeugt. Zielgruppen solcher Salons sind z. B. Kundinnen, die wenig Wert auf Exklusivität legen, oder auch solche, die wenig Geld zur Verfügung haben.	8
7	1. Allgemeine Kundenzufriedenheit bezüglich Waren und Dienstleistungen 2. Eine große Stammkundschaft 3. Wettbewerbsfähigkeit des Unternehmens gegenüber der Konkurrenz 4. Gutes Image 5. Steigerung von Umsatz und Gewinn	10
10	a) Die **Rückfrage-Methode** wird angewendet, wenn die Kundin einen unklaren Einwand vorträgt, bei dem die Friseurin nicht genau weiß, wogegen sich dieser richtet. b) Sie signalisieren zunächst, dass Sie den Einwand ernst nehmen. Anschließend versuchen Sie, den unklaren Einwand durch eine Rückfrage zu konkretisieren. Dadurch erhalten Sie zusätzliche Informationen von der Kundin. Diese Informationen helfen, das Verkaufsgespräch fortzuführen.	6
11	• Die Ware ist preisgünstig. • Das Angebot ist preiswert. • Das Produkt kostet weniger als vergleichbare Produkte anderer Hersteller.	6
12	Bei der **Sandwichmethode** wird der Preis zwischen den Argumenten versteckt genannt, sodass der Nutzen der Ware bzw. Dienstleistung gegenüber dem Preis in den Vordergrund rückt. Durch diese Art der Preiseinbindung tritt der Preis in den Hintergrund und „belastet" nicht das Verkaufsgespräch und die Kaufbereitschaft der Kundin.	8
13	Diese Volumenwelle ist für Sie geeignet (**These**), weil sie mit der Luftdusche geknetet werden kann und Sie Zeit beim Trocknen sparen (**Argumente**). Meine Kollegin Eva ist mit dieser Art von Umformung bei sich selbst auch sehr zufrieden und kann die leichte Anwendung und die Zeitersparnis beim Trocknen der Haare bestätigen (**Beleg**).	10

Nr.	Aufgaben	Punkte
14	Die **Warenvorlage** • erleichtert der Kundin die Auswahl, • erhöht die Anschaulichkeit und • fördert den Kaufwunsch.	6
15	Die **offenen Fragen**, auch W-Fragen genannt, lassen einen weiten Antwortspielraum zu. Sie beginnen meist mit einem Fragewort (Wer, Wie, Wann, Wo, Was usw.). Bei den **geschlossenen Fragen**, auch als Ja-Nein-Fragen bezeichnet, ist der Antwortspielraum für die Kundin gering	4
19	**Rechnungspreis** 58,20 € – Skonto 2 % – 1,16 € **Einkaufspreis** 57,04 € + Bezugskosten + 2,30 € **Bezugspreis** 59,34 € + Kalkulationszuschlag 63,5 % des Bezugspreises + 37,68 € **Bruttoverkaufspreis** 97,02 €	8
20	Die Sichtzone findet beim Kunden die größte Beachtung, weil sie in Augenhöhe liegt, und deshalb sehr verkaufsintensiv ist. Folgende Artikel können hier bevorzugt platziert werden: • Produktneuheiten • Artikel mit hoher Gewinnspanne • Nachkaufartikel	5
	Mögliche Gesamtpunktzahl	95

Nr.	Aufgaben	Punkte

5.3 Gestalten

Gestalten 1

	Multiple-Choice: 2a; 5d; 6a; 7c; 11b; 12a+d; 13a; 15b; 16c; 17a+c; 18d; 20b	12
1	Gestaltungselemente sind die Bausteine einer Frisur. Sie bestimmen ihre Wirkung. Hierzu gehören: • Linien • Flächen • Haarschmuck	3
3	Nicht aktivierte Frisur aktivierte Frisur	6
4	Die ideale Augenbraue beginnt am inneren Augenwinkel mit der größten Breite, verläuft mit der Augenlidform und verjüngt sich zum Ende. Als Hilfe bei der Gestaltung können Bleistifte benutzt werden.	3

Nr.	Aufgaben	Punkte
8	Dunkles Rouge	5
9	Ungünstige Kopfformen sind durch folgende Merkmale bestimmt: • Flacher Hinterkopf • Fliehende Stirn • Fliehendes Kinn Diese Kopfformen können durch die Frisurgestaltung ausgeglichen werden: • Ein flacher Hinterkopf erhält mehr Haarvolumen. • Bei einer fliehenden Stirn wird ein volumiger Pony frisiert. • Bei einem fliehenden Kinn wird das Haar halblang geschnitten und ins Gesicht gekämmt.	3
10	Mischfarbe 1. Ordnung Grün — Grundfarbe Gelb — Mischfarbe 1. Ordnung Orange — Grundfarbe Blau — Mischfarbe 1. Ordnung Violett — Grundfarbe Rot	4

Lösungen Gesellenprüfung

Nr.	Aufgaben	Punkte
14	Nur ein Licht, das eine dem Tageslicht vergleichbare Zusammensetzung von Spektralfarben aufweist, lässt die Farben ähnlich erscheinen wie im echten Tageslicht. Das Licht normaler Glühbirnen enthält einen höheren Gelb-Anteil. Dadurch erscheinen die Farben lebhafter und wärmer. Dagegen enthält das Licht einer Neonröhre einen höheren Blauanteil. Die beleuchteten Gegenstände wirken deshalb aschig, blass und kälter.	5
19	Die Biedermeier-Frisuren der Frauen sind symmetrisch angeordnet. Ein weiteres charakteristisches Merkmal sind neben dem Mittelscheitel die Y-, V-, U- oder T-förmigen Scheitel. Die Ohrenpartien bestehen aus Schnecken, Hängelocken oder bauschigen Lockenpartien. Auf dem Oberkopf wurden häufig Aufbauten aus Flechtwerk getragen.	6
21	Die abgebildete Frisur ist die Fontange-Frisur. Sie wurde im Barock getragen. Die Fontange-Frisur ist symmetrisch angeordnet. Das am Oberkopf hochfrisierte Haar wurde durch ein Drahtgestell stabilisiert. Kunstvoll angeordnete Locken und Papilloten gaben der Frisur einen besonderen Reiz.	6
	Mögliche Gesamtpunktzahl	**53**

Gestalten 2

Multiple-Choice: 2d; 5d; 7a; 11c; 12d; 13d; 16b; 17d; 18d; 19d; 21c — 11

Nr.	Aufgaben	Punkte
1	Linien als Elemente der Frisur sind: • Kammführungslinie • Scheitel • Umrisslinie • Konturenlinie Linien der Frisurengestaltung sind: • Abteilungslinie • Schnittlinie	4
3	Die Oberfläche einer Frisur ist die Abgrenzung der gesamten Frisur nach außen. Sie wird auch als Textur bezeichnet. Man unterscheidet zwei Formen: • Aktivierte Textur Die Oberfläche der Frisur ist aufgelockert. • Nichtaktivierte Textur Die Oberfläche der Frisur ist glatt.	3

Nr.	Aufgaben	Punkte
4	Symmetrie ist das spiegelbildliche Gleichgewicht von zwei Seiten. Symmetrische Frisuren wirken ausgewogen, klar und geordnet. Bei der Asymmetrie wird die Symmetrie durch eine Gewichtsverlagerung aufgehoben. Asymmetrische Frisuren wirken interessant; sie erzeugen Spannung und Dynamik.	4
6	Die wesentlichen Ziele der Formgestaltung sind: • Unterstreichen des Typs der Kundin • Verändern des Typs • Ausgleichen von unvorteilhaften Formen	4
8	Das Gesicht wird durch die Gesichtsform, Gesichtszonen und Details bestimmt: • Die ideale Gesichtsform ist oval. Abweichungen von der ovalen Form sind runde, rechteckige, dreieckige, und länglich-schmale Formen. • Die Gesichtszonen sind Stirnzone, Mittelzone und Kinnzone. • Zu den Details des Gesichts zählen Augen, Nase, Mund, Wangen und Ohren.	4
9	Im Wesentlichen werden drei Nagelformen unterschieden: • Ovaler Nagel Lässt Finger und Hände schlank und schmal erscheinen. • Langer Nagel Lässt Finger und Hände ebenfalls schlank und schmal erscheinen. • Kurzer Nagel Lässt Finger und Hände eher breiter und grober erscheinen.	4
10		5
14	Grundsätzlich gilt, dass helle Flächen größer und leichter erscheinen. Sie treten in den Vordergrund. Dunkle Flächen wirken dagegen eher kleiner und schwerer; sie treten in den Hintergrund. Sollen Gesichtspartien zurücktreten, werden sie mit dunklen Tönen schattiert. Auf diese Weise wirken sie kleiner.	3

Lösungen Gesellenprüfung

Nr.	Aufgaben	Punkte
15	Korrigieren einer Gesichtsform	4
20	Die Frauen trugen die Fontange-Frisur und die Männer die Allongeperücke. Das Gestaltungsprinzip der Barockfrisuren ist die Symmetrie.	3
22	Die Kulturen des Altertums sind ca. 3000 bis 500 v. Chr.: das ägyptische Altertum ca. 600 bis 200 v. Chr.: das griechische Altertum ca. 300 v. bis 500 n. Chr.: das römische Altertum	3
23	a) Frisur à la Fregatte b) Rokoko c) In die durch ein Drahtgestell stabilisierte Hochfrisur ist ein Segelschiff eingearbeitet. Die Seiten und der Nacken sind mit streng geordneten Locken gestaltet.	4
	Mögliche Gesamtpunktzahl	**56**

5.4 Wirtschaftslehre und Sozialkunde

Wirtschaftslehre und Sozialkunde 1

		Punkte
	Multiple-Choice: 3a; 5d; 6c; 8c; 9d; 10c; 12b; 13c; 14b; 15b; 17b; 19a	12
1	Die wichtigsten Pflichten des Auszubildenden sind: • Lernpflicht • Berufsschulpflicht • Weisungsgebundenheit (betriebliche Anweisungen sind zu befolgen) • Schweigepflicht	4

Nr.	Aufgaben	Punkte
2	Eine Friseurinnung hat die folgenden Aufgaben zu erfüllen: • Überbetriebliche Ausbildung, Fachseminare, Präsentation der Modeempfehlungen • Durchführen von Gesellen- und Zwischenprüfungen • Überwachen der Ausbildung • Schlichten von Lehrlingsstreitigkeiten	4
4	Lohnberechnung Bruttolohn 1.453,00 € – Lohnsteuer 86,00 € – Kirchensteuer 6,88 € – Solidaritätszuschlag 2,00 € – Sozialversicherung 299,32 € **Nettolohn** 1.058,80 €	6
7	Beschränkt geschäftsfähig sind Kinder und Jugendliche vom 7. bis zur Vollendung des 18. Lebensjahrs. Für alle Rechtsgeschäfte ist die Zustimmung der Eltern erforderlich. Gültig sind nur Rechtsgeschäfte im Rahmen des Taschengeldes.	4
11	Der bargeldlose Zahlungsverkehr hat gegenüber der Barzahlung Vorteile. Er ist • schneller und preiswerter, besonders wenn Käufer und Verkäufer sich nicht am selben Ort befinden, • sicherer, weil die Gefahr der Falschgeldannahme nicht besteht, • einfacher, weil keine zusätzlichen Quittungen ausgestellt werden müssen.	4
16	Die wesentliche Eigenschaft eines Gutes ist, dass es Nutzen stiftet bzw. Bedürfnisse befriedigt. Die Luft ist zum Leben erforderlich. Sie ist deshalb ein Gut.	2
18	Hochkonjunktur (Boom) Konjunkturaufschwung (Expansion) Konjunkturabschwung (Rezession) Konjunkturtief (Depression)	4

Nr.	Aufgaben	Punkte
20	Die bekanntesten **Wirtschaftsordnungen** sind: • Soziale Marktwirtschaft • Freie Marktwirtschaft • Sozialistische Planwirtschaft	3
	Mögliche Gesamtpunktzahl	43

Wirtschaftslehre und Sozialkunde 2

Nr.	Aufgaben	Punkte
	Multiple-Choice: 2d; 5d; 8d; 13a; 14a+d; 18c; 19c; 20d	8
1	Der Berufsausbildungsvertrag (Lehrvertrag) wird zwischen dem Ausbildenden (Friseurmeister) und dem Auszubildenden abgeschlossen. Falls der Auszubildende nicht voll geschäftsfähig ist, ist die Einwilligung seines gesetzlichen Vertreters erforderlich.	3
3	Das Wort „dual" leitet sich von dem lateinischen Wort „duo" (= zwei) ab. Bezogen auf die Berufsausbildung bedeutet es, dass sie an zwei Orten stattfindet, dem Betrieb und der Berufsschule. Der Betrieb ist vorwiegend für die planmäßige Vermittlung der Fertigkeiten und Kenntnisse verantwortlich. Die Berufsschule vermittelt in den berufsbezogenen Fächern die für die Ausbildung erforderlichen theoretischen Kenntnisse.	4
4	Der Bundesinnungsverband der Friseure ist der Zentralverband des Deutschen Friseurhandwerks. Er ist der Zusammenschluss aller Landesinnungsverbände der Friseure auf Bundesebene. Er vertritt die Interessen des gesamten Friseurhandwerks, ist zuständig für die Erarbeitung der Modeempfehlung und ist mitverantwortlich für Fachmessen (Hair & Beauty).	3
6	Der Träger der gesetzlichen Unfallversicherung ist die BGW. Sie erlässt die Unfallverhütungsvorschriften für das Friseurhandwerk. Diese Bestimmungen müssen in den Betrieben ausliegen, sodass sich jeder Mitarbeiter informieren kann.	3
7	Durch Rehabilitationsmaßnahmen soll die Arbeitskraft erhalten bzw. wieder hergestellt werden. Hierzu gehören: • Ärztliche Behandlung • Arzneimittel • Kuren • Krankengymnastik	4
9	Die wichtigste Individualversicherung ist die private Haftpflichtversicherung. Sie reguliert alle Schäden, die einem Dritten zugefügt werden. Ohne diese Versicherung kann bei einem verschuldeten Schadensfall das gesamte private Vermögen verloren sein.	3

Nr.	Aufgaben	Punkte
10	Arbeitszeit: täglich 8 Stunden, 5 Arbeitstage pro Woche, Arbeitsbeginn frühestens 6 Uhr, Arbeitsschluss spätestens 20 Uhr Berufsschulunterricht: Freistellung für den Unterricht und Anrechnung des Unterrichts auf die Arbeitszeit	4
11	Beschränkt geschäftsfähig sind Personen zwischen dem 7. und 18. Lebensjahr. Diese Personen können im Rahmen des Taschengeldes gültige Rechtsgeschäfte abschließen.	3
12	Ein Kaufvertrag kommt durch Kaufantrag und durch Annahme des Kaufantrags zustande. Der Kaufantrag geht in der Regel vom Verkäufer aus. Die Friseurin bietet die Nachtcreme an und nennt den Preis. Die Kundin nimmt den Kaufantrag an, indem sie erklärt, die Ware zu dem genannten Preis zu kaufen.	5
15	Konsumgüter sind Güter, die der Endverbraucher für den privaten Bereich verwendet, hierzu gehören z. B. Shampoo und Haarspray. Produktionsgüter dienen der Herstellung von Gütern und Dienstleistungen. Hierzu gehört die Haarschneideschere und das im Salon eingesetzte Shampoo.	3
16	In der heutigen Wirtschaft spielt das Buchgeld eine wichtige Rolle. Beispiele hiefür sind der Scheck, elektronische Überweisungen mit dem Internet, Bezahlung mit Scheckkarten, Abbuchungen.	3
17	Das gesetzliche Zahlungsmittel muss zur Tilgung von Schulden angenommen werden. Der Verkäufer einer Ware kann auf Bezahlung in der Landeswährung bestehen.	4
	Mögliche Gesamtpunktzahl	**50**

6 Bewertung der Prüfungsarbeiten

Die erreichte Punktzahl wird auf das 100er Schema hochgerechnet.

Beispiel:
Die maximale Punktzahl einer Arbeit liegt bei 75 Punkten, ein Prüfling erreicht 59 Punkte.

75 Punkte = 100 Punkte
59 Punkte = x

$$x = \frac{100 \cdot 59}{75}$$

x = 78,7 Punkte

Notenschlüssel

92 – 100 Punkte = sehr gut
81 – 91 Punkte = gut
67 – 80 Punkte = befriedigend
50 – 66 Punkte = ausreichend
30 – 49 Punkte = mangelhaft
 0 – 29 Punkte = ungenügend

Der Prüfling hat folglich mit 78,7 Punkten die Note „**befriedigend**" erzielt.